Ieva Ozolina

Lettisch STRICKEN Socken

50 Strickmuster für Kniestrümpfe, Socken und Stulpen

stiebner

Inhalt

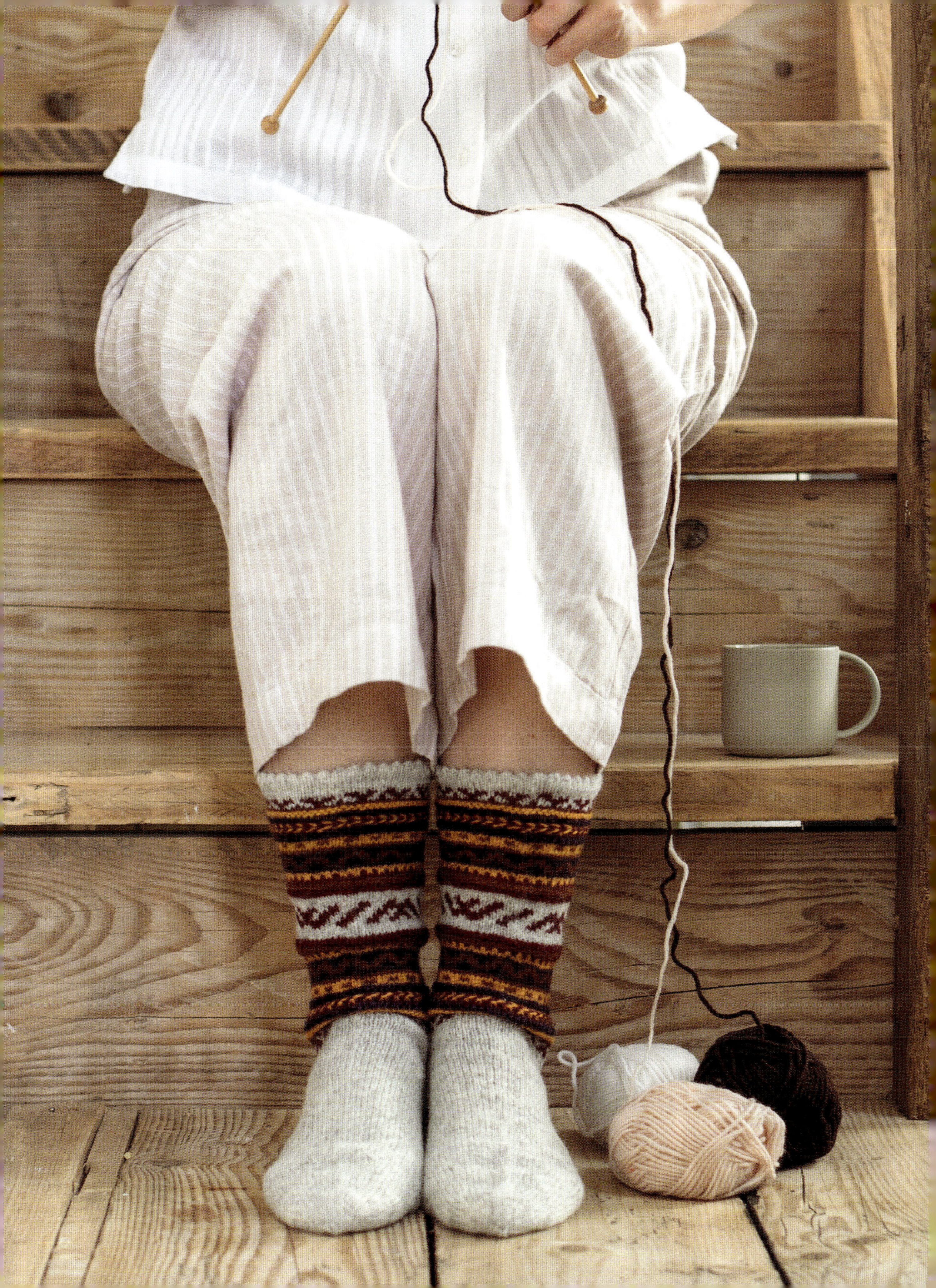

Einführung

Liebe Strickbegeisterte, vielen Dank, dass Sie sich für mein Buch entschieden haben!

Lettland ist ein kleines Land an der Ostsee in Nordeuropa, kleiner als Schottland und mit weniger als halb so vielen Einwohnern. Wegen des feuchten und windigen Küstenklimas braucht man warme Kleidung, dehalb gibt es in Lettland eine lange Stricktradition.

Die ersten Berichte übers Stricken in Lettland reichen zurück bis ins 13. Jahrhundert, aber es wird vermutet, dass die Letten schon viel länger strickten. Dabei hat jede Region ihre ganz eigene Art, Socken zu stricken. Wintersocken wurden aus Schafswolle hergestellt, Sommersocken aus Leinen oder Baumwolle. Die Socken trug man nicht nur zum Wärmen, sondern auch als schmückendes Accessoire.

Socken für den täglichen Gebrauch waren bunt und aus Wolle. Aus praktischen Gründen wurden die Füße einfarbig gestrickt, weil sich dieser Teil am schnellsten abnutzte und dann neu angestrickt werden musste.

Früher färbte man die Wolle mit Pflanzenpigmenten ein, zum Beispiel aus Wurzeln, Blüten oder Pilzen. Die traditionellen Motive und bunten Muster setzten dem Ganzen dann noch das i-Tüpfelchen auf. Besonders elegant dabei waren die Spitzenstrümpfe für Frauen.

Ich habe überall in Lettland nach Beispielen für authentische Socken, knielange Strümpfe und Stulpen gesucht. Dabei halfen mir das Lettische Ethnografische Freilichtmuseum, das Heimat- und Kunstmuseum Madona, das Museum des Kreises Kuldiga und das Liepaja Museum, deren sorgfältig gepflegte historische Sammlungen ich mir jeweils sehr genau ansehen durfte.

Trotzdem geht es hier nicht um die Geschichte, sondern um ein praktisches Strickbuch, in dem ich lettische Stricktraditionen mit einer modernen Perspektive und Umsetzung kombiniert habe.

Ich hoffe, Sie finden Ihr perfektes Paar lettischer Socken, Strümpfe und Stulpen in diesem Buch.

Viel Glück!

Ieva

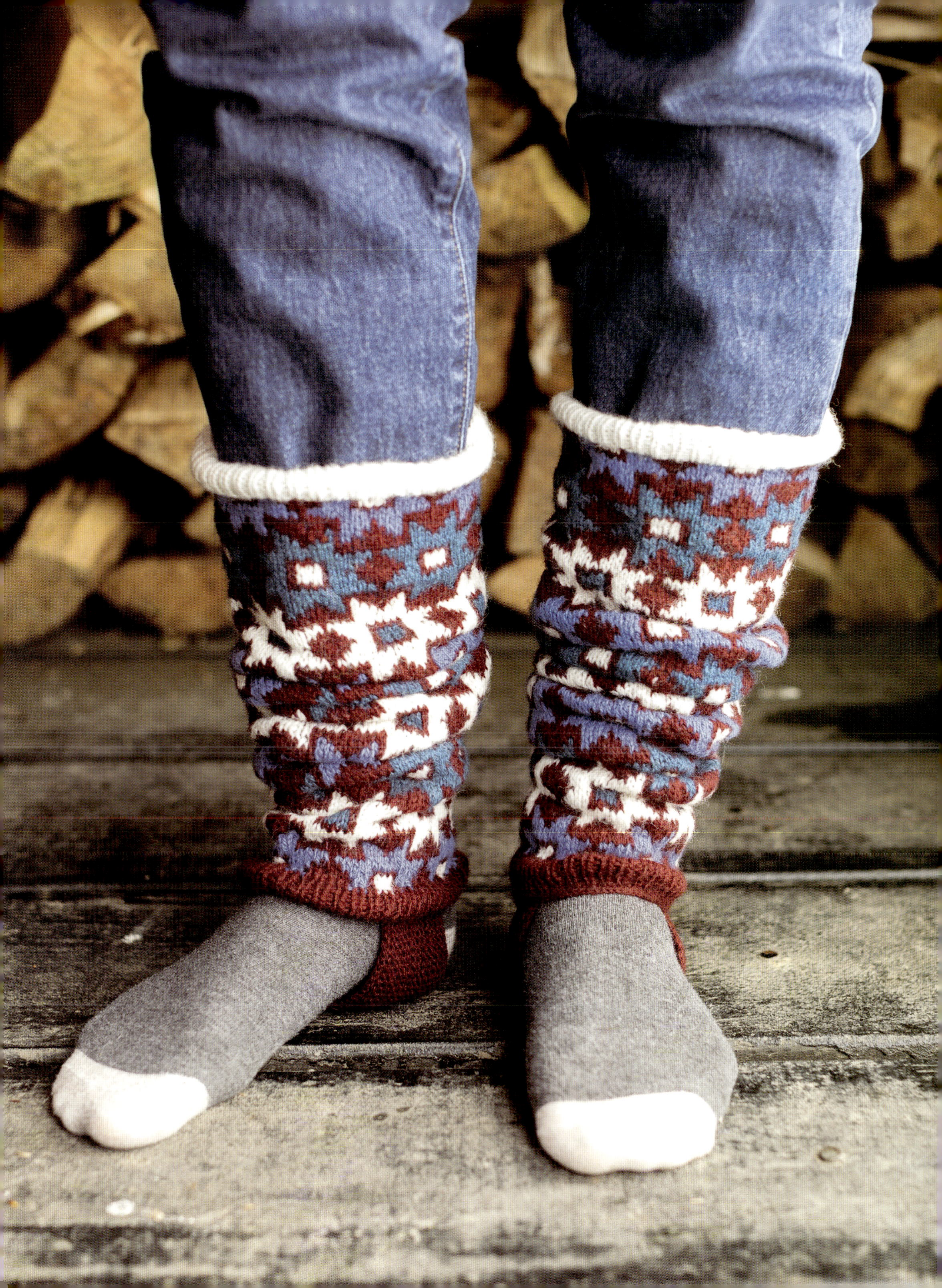

ERLÄUTERUNG DER MOTIVE

Hier finden Sie einige der in lettischen Sockenanleitungen am häufigsten verwendeten Motive, jeweils mit Erklärung ihrer Bedeutung.

DAS ZEICHEN GOTTES In der alten lettischen Mythologie war Gott nicht nur der Vater, sondern auch die Essenz aller Götter. Dieses Motiv stellt den Himmel als Dach über der Erde dar.	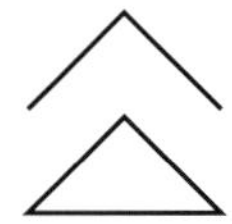
DAS ZEICHEN DER MĀRA Māra ist die Göttin der Erde, des Wassers und aller Kreaturen. Sie ist die Beschützerin der Frauen, insbesondere der Mütter sowie der Kinder. Sie ist die Erdgöttin.	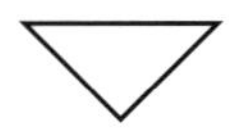
DAS ZEICHEN DER LAIMA Als Göttin des Schicksals bestimmt Laima über Glück und Unglück der Menschen. Der Name leitet sich vom Wort »laime« ab, das »Glück« bedeutet. Das Motiv soll Glück bringen.	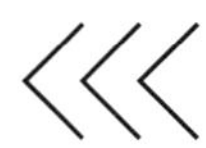
DAS ZEICHEN DES STERNS Der Stern wehrt das Böse ab. Seine einfachste Form ist ein schlichtes Kreuz aus rechtwinkligen Linien – ein Symbol des Feuers und des Lichts. In der lettischen Folklore hat das Kreuz sechs oder acht Strahlen und ist eines der wenigen Symbole, die noch heute Teil der Winterfeste und -zeremonien sind.	
DAS ZEICHEN DES AUSEKLIS (MORGENSTERN) Auseklis ist der Verkünder des neuen Tages und soll die Menschen vor bösen Mächten beschützen, die nachts ihr Unwesen treiben.	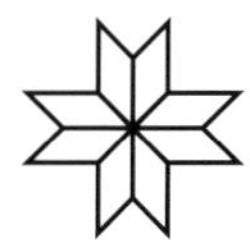
DAS ZEICHEN DER SONNE Die Sonne ist das Hauptgestirn am göttlichen Himmel. Sie gilt als die Göttin der Fruchtbarkeit und ist die Schutzpatronin der Glücklosen. Das Zeichen der Sonne ist in der lettischen Volkskunst das am häufigsten verwendete Motiv.	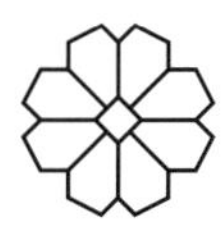
DAS KREUZ DER MĀRA (KREUZ DER KREUZE) Dieses Zeichen steht mit dem Feuer, dem Heim und Produktivität (Fruchtbarkeit) in Verbindung. Es gilt als Schutz- und Segenssymbol sowie als Glücksbringer.	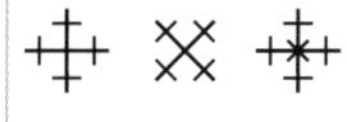
ZALKTIS (SCHLANGE) Zalktis, die Hüterin von Reichtum und Wohlergehen, muss beschützt und umsorgt werden. Sie wurde als heiliges Tier verehrt, das über ein universelles Wissen verfügt. Sie ist das Symbol der Weisheit, der alten Künste und des heiligen Kunsthandwerks.	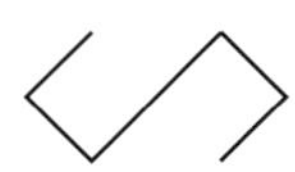

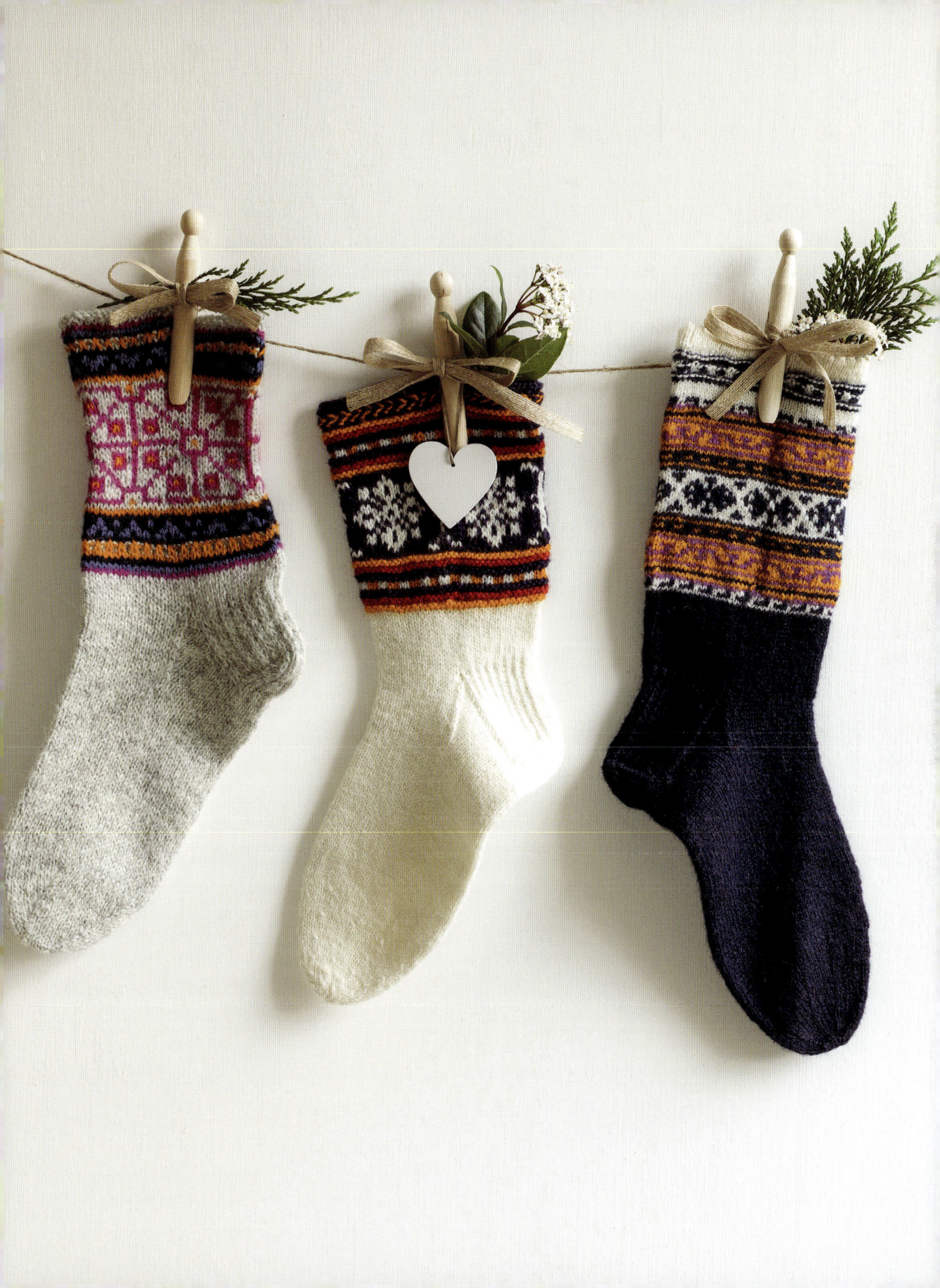

WERKZEUG UND MATERIAL

NADELN

Früher benutzten Sockenstricker winzige Metallnadeln, heute ist die Auswahl groß: Stahl, Aluminium, Bambus, Kunststoff oder Holz. Mit allen kann man Socken stricken, wählen Sie einfach Ihr Lieblingsmaterial.

Traditionell werden lettische Socken auf den fünf Nadeln eines Nadelspiels gestrickt, auch alle Socken, Strümpfe und Stulpen in diesem Buch. Die Stärke variiert von 1,5 bis 3,5 mm.

Bei manchen Projekten kommen 2 oder 3 unterschiedliche Stärken zum Einsatz, um das Bein zu formen – dickere Nadeln für die Waden zum Beispiel und dünnere für Fessel und Fuß.

GARN

Traditionell wird für lettische Socken oder Strümpfe 2-fädige Schafwolle (100 %) verwendet. Für authentische Socken ist das die beste Wahl, weil sie der handgesponnenen Wolle, die früher verarbeitet wurde, am ähnlichsten ist. Außerdem gibt es diese Wolle in einer riesigen Farbauswahl.

Die meisten Socken und einige der Strümpfe sind aus 2-fädiger 100 % Wolle (350 m auf 100 g) gestrickt.

Wenn Sie moderne Wolle vorziehen, können Sie mit 4-fädiger Sockenwolle (75 % Wolle, 25 % Polyamid; 400 m auf 100 g) arbeiten. Die Wolle ist ähnlich dick, aber viel weicher, haltbarer und dehnbarer, wodurch die Socken und Strümpfe viel länger halten.

Einige Socken in diesem Buch sind mit 6-fädiger Sockenwolle (375 m auf 150 g) gestrickt.

Bei jeder Anleitung wird angegeben, wie viele Farben, inklusive der Grundfarbe, gebraucht werden. Die meisten Socken mit einem bunten Bein oder Bündchen haben einen Fuß in der Grundfarbe, sodass die benötigte Wollmenge von der Fuß- und Beinlänge abhängt.

Von der Grundfarbe für ein paar Socken oder Stulpen braucht man ungefähr 50–75 g, dazu ungefähr 25 g von jeder weiteren Farbe. Bei einigen Projekten werden nicht die ganzen 25 g der Kontrastfarben verstrickt.

Für längere Strümpfe braucht man 100–150 g der Grundfarbe.

Die Strickschrift ist hilfreich, um zu sehen, welche Farben wie eingesetzt werden – jedes Kästchen steht für eine Masche in der angegebenen Farbe.

Diese Mengenangaben sind nur als grobe Richtlinie gedacht.

NÜTZLICHES ZUBEHÖR

- Ein dünnes Gummiband kann für besseren Sitz und Halt in das Bündchen eingestrickt werden.
- Ein kräftiger Leinen-, Hanf- oder Nylonfaden kann zur Verstärkung in die Ferse eingestrickt werden. Wenn Sie mit reiner Wolle stricken, ist das unbedingt empfehlenswert.
- Eine scharfe Schere zum Abschneiden des Garnes.
- Ein festes, transparentes Lineal zum Abmessen der Maschenprobe.
- Ein Maßband zum Abmessen der Länge größerer Strickstücke.
- Eine Stick-/Wollnadel mit stumpfer Spitze (eine spitze Nadel würde das Garn teilen und die Strickarbeit verderben).
- Eine Zopfnadel für einige der komplexeren Muster.
- Rostfreie Stecknadeln mit Glaskopf (besser sichtbar) zum Abmessen der Maschenproben.
- Sockenbretter/-schablonen zum Spannen.
- Maschenmarkierer zum Markieren des Rundenbeginns oder einer Musterwiederholung.
- Reihenzähler – hilfreich, um stets zu wissen, wie viele Runden schon gestrickt wurden.
- Notizbuch und Stift als Alternative zum Reihenzähler; auch für Notizen zur Maschenprobe und zu allen Änderungen oder Abwandlungen einer Anleitung.
- Handarbeitsbeutel zum Aufbewahren von Strickarbeit und Zubehör.

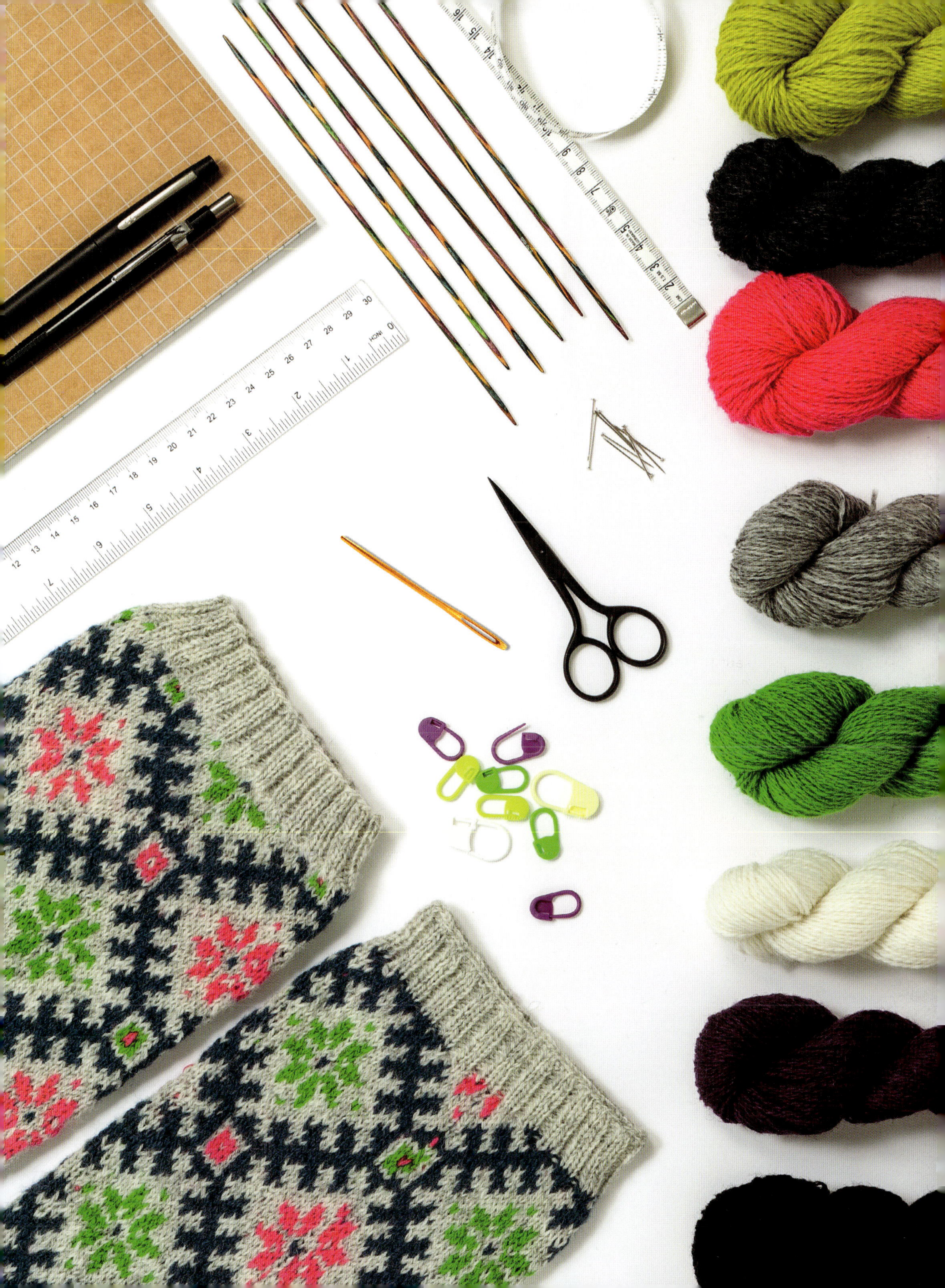

ZUM GEBRAUCH DIESES BUCHES

Zum Stricken diesen Schritten folgen:

1. Unter Werkzeug und Material (S. 8) nachlesen, welche Garn- und Nadelstärke empfohlen wird.

2. Maschenprobe anfertigen (siehe unten) und die Nadelstärke notieren, mit der Ihre Maschenprobe die erforderliche Größe hat. Damit die Maschenprobe bei Einstrickmustern gleichbleibt, ist es vielleicht nötig, auf eine größere Nadelstärke als für einfarbiges, glatt rechtes Stricken zu wechseln oder für krausrechte Einstrickmuster auf eine kleinere Stärke.

3. Socken-, Strumpf- oder Stulpenanleitung auswählen.

4. Wolle und Farben auswählen, dabei darauf achten, genug von jeder Farbe zu haben (s. Garn, S. 8).

5. Die für die ausgewählte Anleitung erforderliche Maschenzahl anschlagen und das entsprechende Bündchen arbeiten, dabei der Grundanleitung (S. 118 f.) folgen.

6. Die Socke weiterstricken, dabei der Grundanleitung und der Strickschrift folgen. Wenn nur eine Strickschrift angegeben ist, muss man sie so oft wie angegeben wiederholen. Wenn zwei Strickschriften zur Anleitung gehören, folgt eine auf die andere.

7. Die Socken vor dem Tragen spannen, da so das Maschenbild gleichmäßiger wird und das Muster ideal zur Geltung kommt (s. Techniken, S. 114 f.).

MASCHENPROBE

Vor Beginn unbedingt eine Maschenprobe anfertigen.

Die Socken sollten am besten etwas lockerer sitzen, damit sich die Zehen darin frei bewegen können – wenn die Socken zu eng oder etwas zu klein sind, sitzen sie nicht bequem.

Die Maschenprobe muss wie die Socken rundgestrickt werden, nicht in Reihen, da die Spannung unterschiedlich ausfällt. Wird in Runden glatt rechts gestrickt, arbeitet man ausschließlich rechte Maschen, beim Stricken in Reihen arbeitet man jedoch rechte und linke Maschen. Häufig werden rechte und linke Maschen unterschiedlich fest gestrickt, sodass eine in Reihen gearbeitete Maschenprobe in Größe und Garnverbrauch von einer rundgestrickten Maschenprobe abweichen würde.

Zu den Anleitungen in diesem Buch gehören auch kurze Stulpen, die nur die Fesseln wärmen (Dagda und Balvi Stulpen); am besten stricken Sie zunächst solche, um zu testen wie fest Sie stricken.

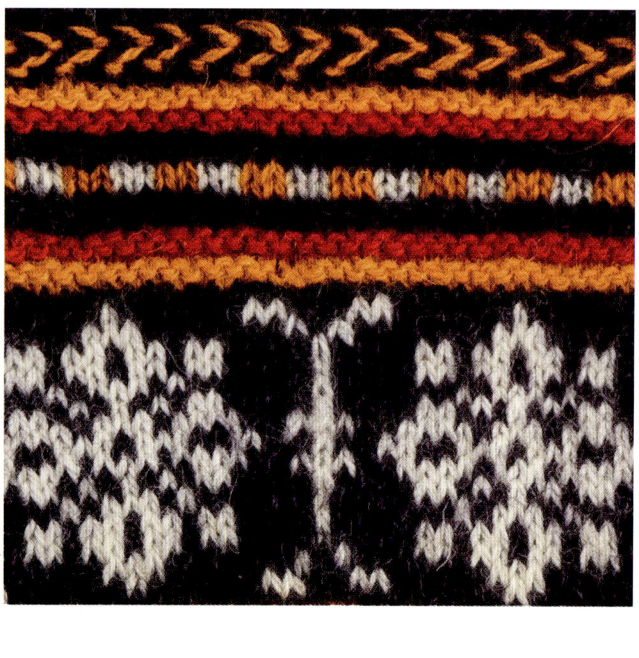

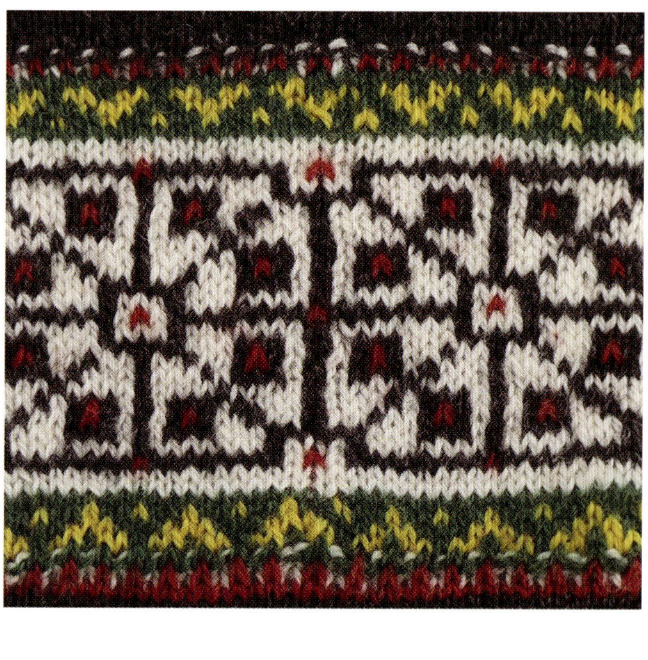

MASCHENPROBE ABMESSEN

1. Den fertigen Stulpen auf eine flache Unterlage legen. Ein transparentes Lineal senkrecht auflegen, in der Mitte 5 cm abmessen, Anfang und Ende mit Stecknadeln markieren.

2. Lineal waagerecht auflegen, erneut in der Mitte 5 cm abmessen und abstecken.

3. Maschen und Reihen zwischen den Stecknadeln zählen. Damit die Maschenprobe über einfarbige Teile und solche mit Einstrickmustern gleichbleibt, muss man eventuell die Nadelstärken wechseln, sonst wird das Ganze vielleicht zu eng.

Die korrekte Maschenprobe mit 2-fädiger Wolle oder 4-fädiger Sockenwolle ist:

3,25 M und 4 Rd auf 1 cm (32,5 M und 40 Rd auf 10 cm). Versuchen Sie es mit Nadelstärke 2–2,5 mm und falls nötig auch 2,75 mm. Notieren Sie sich, welche Nadelstärke Sie für welches Muster brauchen und verwenden Sie immer diese.

Wenn Sie die passende Nadelstärke gefunden haben, können Sie, wenn gewünscht, mit einer etwas dickeren Nadel die ansonsten zu festen Einstrickmuster oder das Bündchen stricken, damit es lockerer ist.

Die korrekte Maschenprobe mit 6-fädiger Wolle ist:

2,7 M und 3,4 Rd auf 1 cm (27 M und 34 Rd auf 10 cm). Versuchen Sie es mit Nadelstärke 3–3,5 mm.

Wenn Sie genauso viele Maschen und Runden zählen wie oben angegeben, können Sie sofort losstricken. Wenn Sie mehr Maschen und Runden haben, stricken Sie zu fest und das Ganze wird zu klein. Sie müssen ein weiteres Paar mit etwas dickeren Nadeln stricken und erneut messen.

Wenn Sie weniger Maschen haben, stricken Sie zu locker und das Ganze wird zu groß. Sie müssen ein weiteres Paar auf dünneren Nadeln stricken und erneut messen.

Stricken Sie weitere Maschenproben mit verschiedenen Nadelstärken, bis Sie die korrekte erreichen. Sollten Sie am Ende Ihrer Maschenprobentests mehrere zu große oder zu kleine Paare haben, haben Sie gleich etwas zu verschenken ...

STRICKSCHRIFTEN LESEN

- Jedes Quadrat in der Strickschrift entspricht einer Masche.
- Jede Masche wird in der dargestellten Farbe gestrickt.
- Alle Strickschriften werden von rechts nach links gelesen. Ist nur eine Strickschrift angegeben, diese für jeden Strumpf zweimal arbeiten. Bei zwei Strickschriften folgen Sie für jeden Strumpf zuerst der rechten, dann der linken Strickschrift.
- Wenn es eine extra Strickschrift für die Ferse oder die Spitze gibt, folgen Sie diesen beim Arbeiten von Ferse und Spitze.
- Für eine genaue Anleitung der verschiedenen Bündchenarten in der Grundanleitung (S. 118 f.) nachlesen.
- Bei einigen Socken gibt es Strickschriften mit schrägen Linien, die die Abnahmen für Spitzen und Fersen mit Schrägnaht abbilden.
- Wird die Strickschrift um ein Kästchen schmaler, bedeutet dies, dass für die entsprechende Musterwiederholung eine Masche abgenommen wird. Wird sie um ein Kästchen breiter, wird für die Musterwiederholung eine Masche zugenommen.

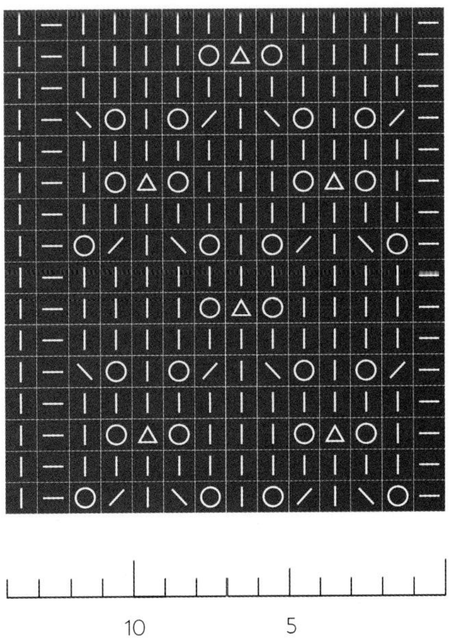

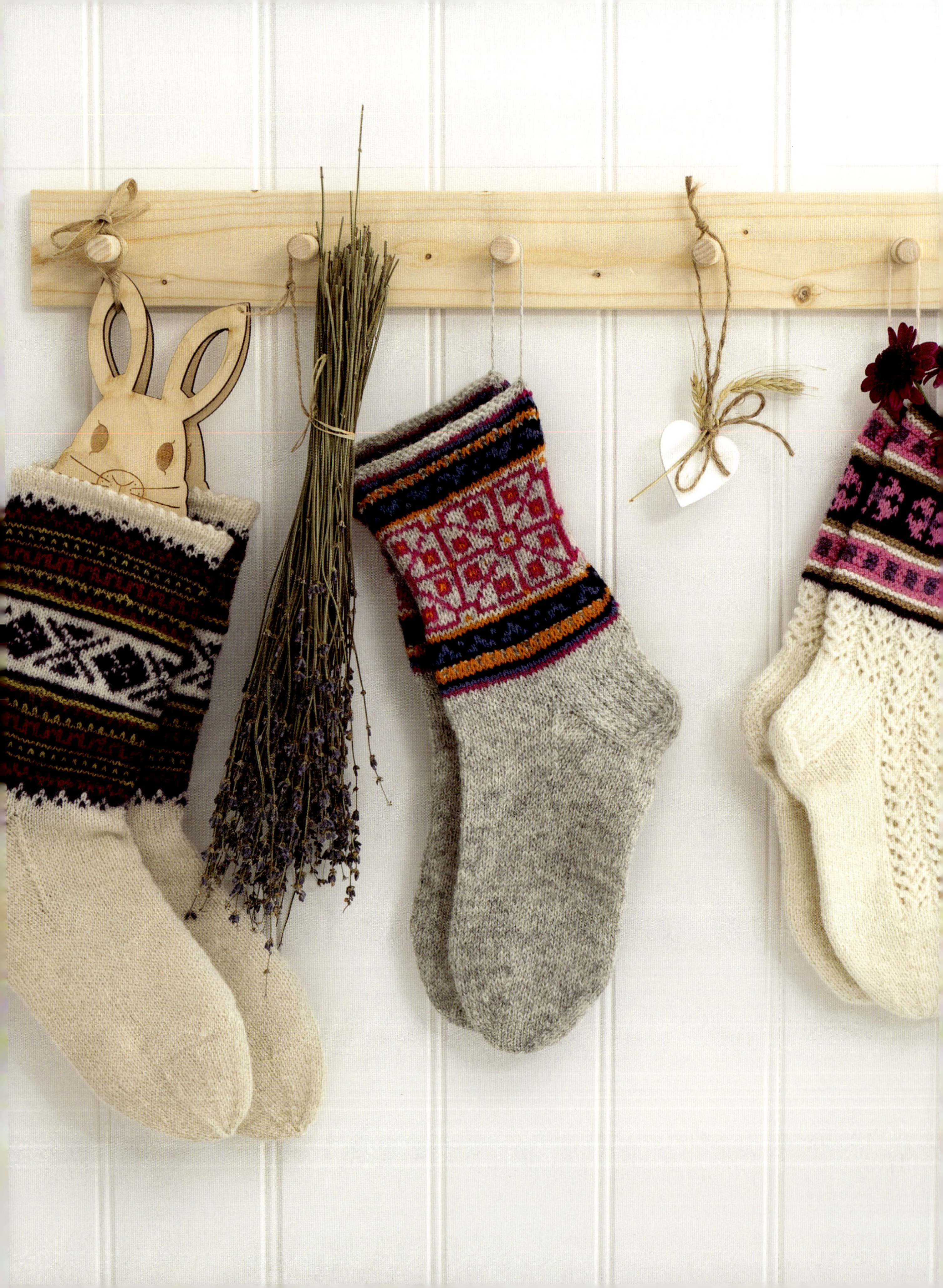

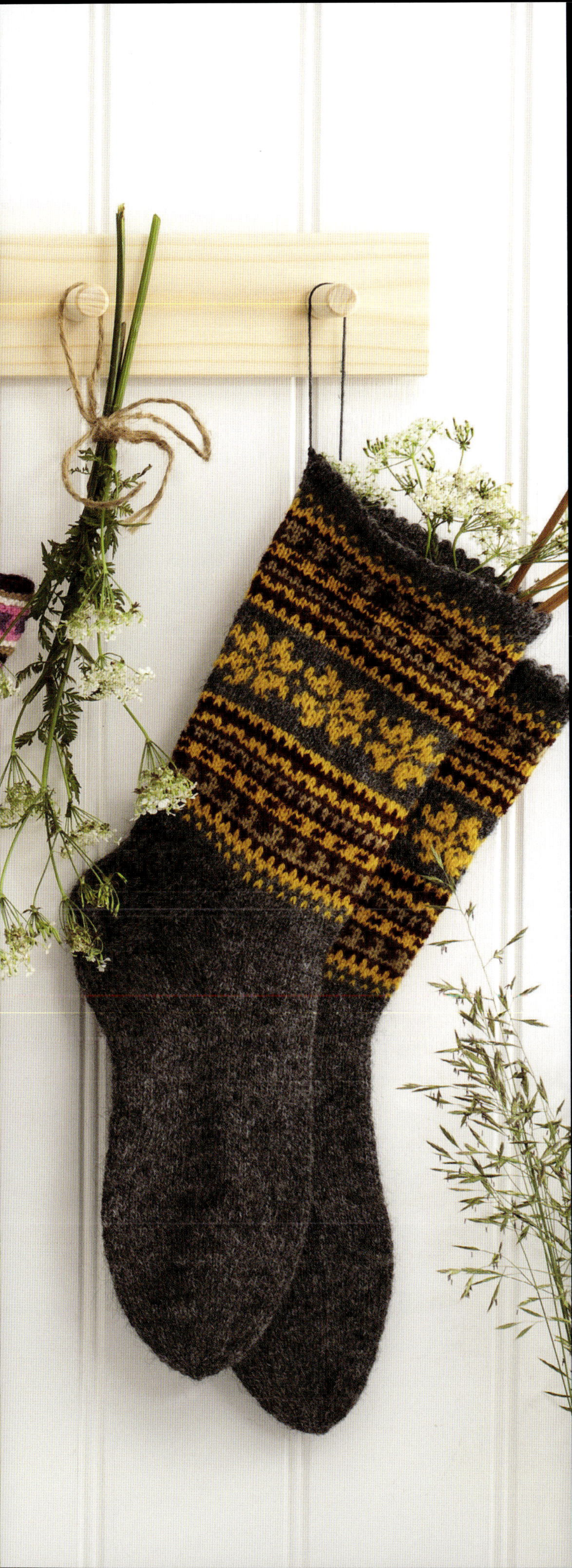

Anleitungen

Der Anleitungsteil beginnt mit Socken, gefolgt von knielangen Strümpfen und Stulpen. Die Schwierigkeitsgrade variieren, die schwierigeren oder komplexeren Muster benutzen mehr als zwei Farben in einer Runde. Wenn das Stricken in Runden noch neu für Sie ist, beginnen Sie mit einem der einfacheren Muster mit nur zwei Farben.

- Vergessen Sie nicht, die komplette Anleitung für Bündchen, Ferse, Zwickel und Spitze in der Grundanleitung nachzusehen.
- Denken Sie daran, dass jedes Kästchen in der Strickschrift für eine Masche steht, die in der dargestellten Farbe gestrickt wird.
- Strickschriften werden von unten nach oben gelesen. Die rote Linie kennzeichnet die Hälfte des Musters.

WEISSER STERN

Anleitung

Für detaillierte Erläuterungen die Grundanleitung (S. 118 f.) lesen.

3 Farben: eine Grundfarbe (Schwarz) und zwei Kontrastfarben (Orange und Cremeweiß).

2–2,5 mm Nadeln und 2-fädige Wolle.

1. 72 M in der Grundfarbe anschlagen.

2. In der 1. Runde die Maschen gleichmäßig auf 4 Nadeln verteilen (18 M pro Nadel).

3. Eine Picotkante stricken (s. Bündchentechniken S. 124).

4. Das Bein laut Strickschrift stricken. Die Strickschrift von rechts nach links lesen und zweimal arbeiten.

5. Nur in der Grundfarbe 30 Runden glatt rechts stricken.

6. Die Ferse in der Grundfarbe stricken, dabei auf die unterschiedliche Fersenplatzierung rechts und links achten, da die Ferse jeweils über eine andere Nadel gestrickt wird (s. Grundanleitung S. 118 f.).

7. Den Zwickel in der Grundfarbe stricken.

8. Den Fuß in der Grundfarbe stricken.

9. Die Spitze in der Grundfarbe als Bandspitze arbeiten (S. 123 in der Grundanleitung).

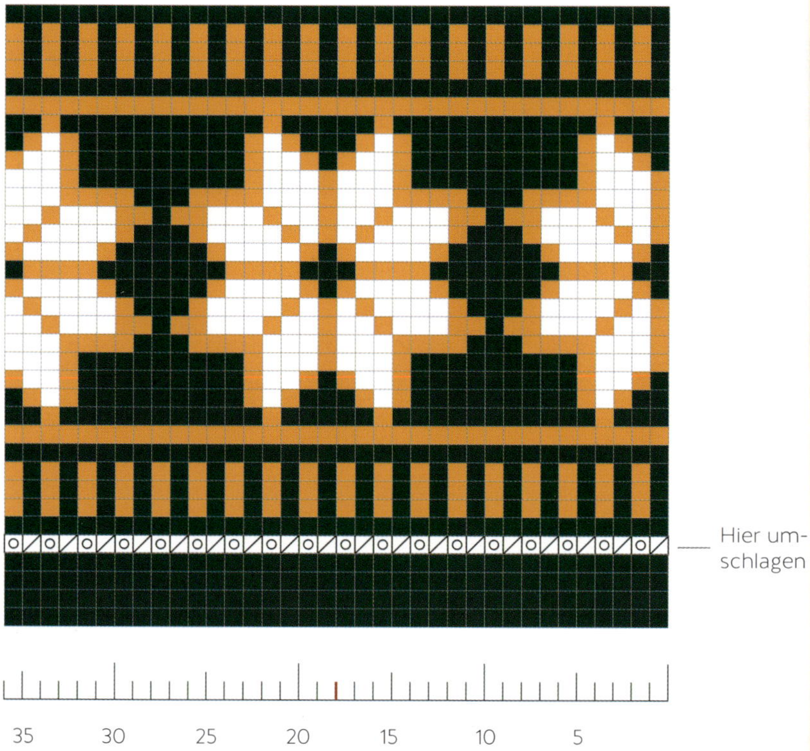

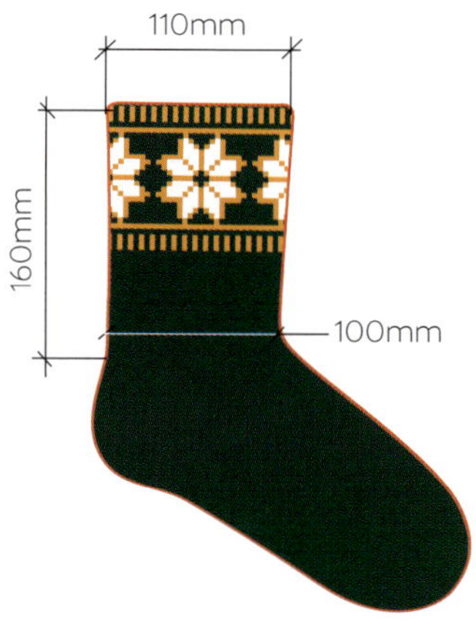

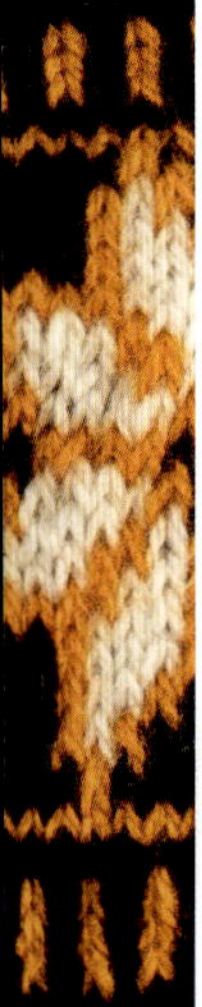

(Inspiriert vom Ausstellungsstück Nr. BDM Nr.4281, Limbaži. Apr.1930)

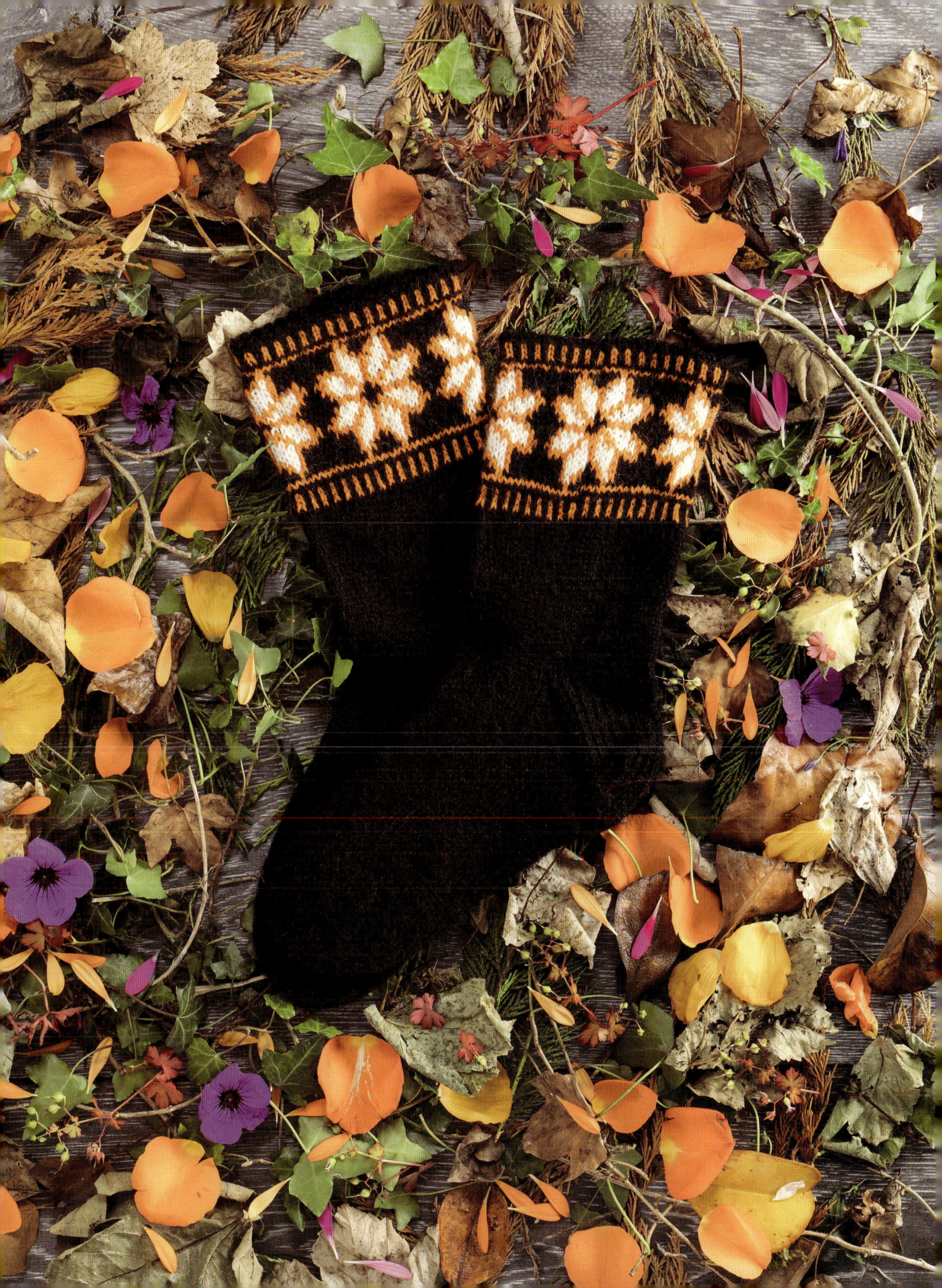

LEUCHTENDER STERN

Anleitung

Für detaillierte Erläuterungen die Grundanleitung (S. 118 f.) lesen.

5 Farben: eine Grundfarbe (Cremeweiß) und vier Kontrastfarben (Marineblau, Gelb, gebranntes Orange und Grün).

2–2,5 mm Nadeln und 2-fädige Wolle.

1. 72 M in der Grundfarbe anschlagen.

2. In der 1. Runde die Maschen gleichmäßig auf 4 Nadeln verteilen (18 M pro Nadel).

3. Eine Picotkante stricken (s. Bündchentechniken S. 124).

4. Das Bein laut Strickschrift stricken. Die Strickschrift von rechts nach links lesen und zweimal arbeiten.

5. In der Grundfarbe noch 8 Runden glatt rechts stricken.

6. Ferse in der Grundfarbe stricken, dabei auf die unterschiedliche Fersenplatzierung rechts und links achten (s. Grundanleitung).

7. Den Zwickel in der Grundfarbe stricken.

8. Den Fuß in der Grundfarbe stricken.

9. Die Spitze in der Grundfarbe als Bandspitze arbeiten (S. 123 in der Grundanleitung).

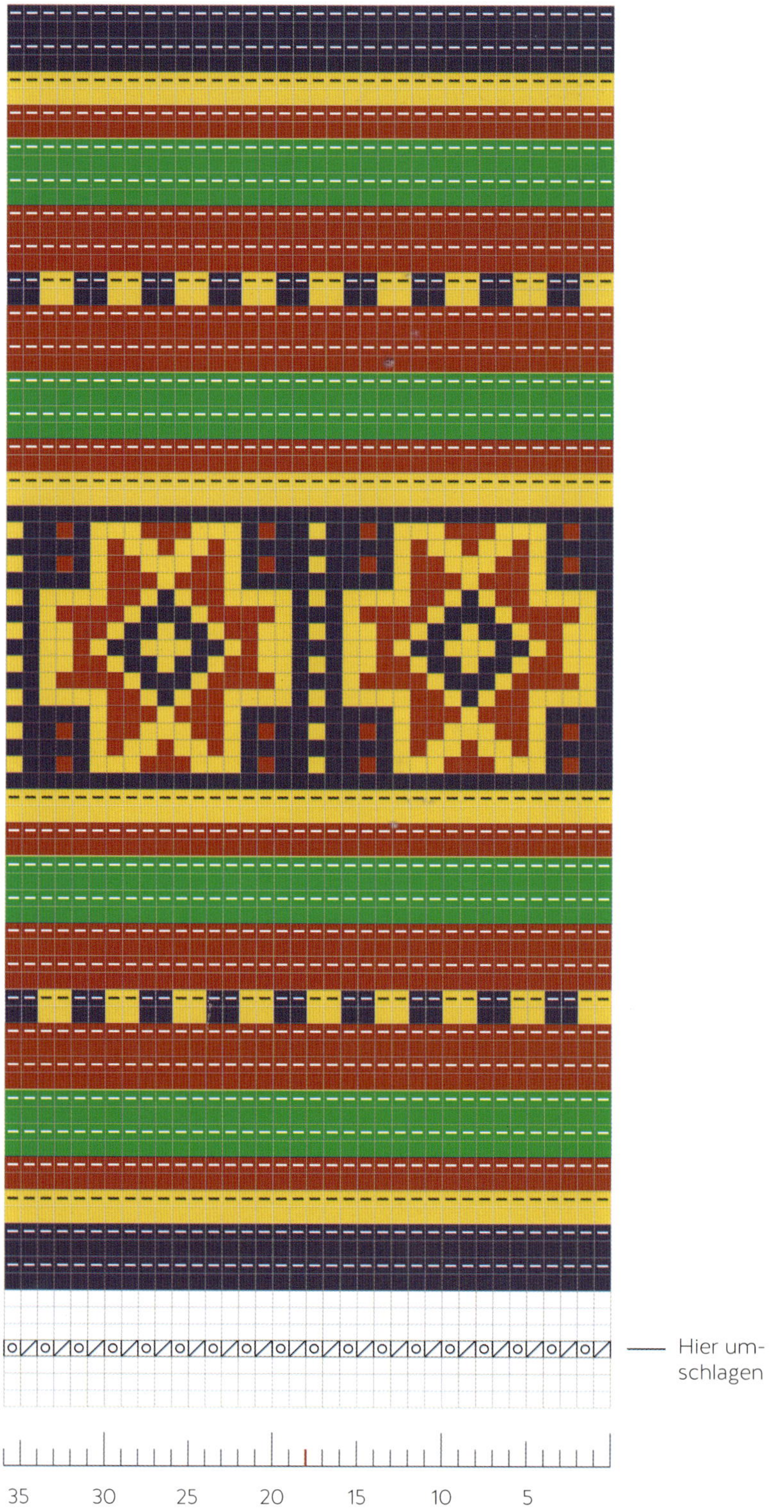

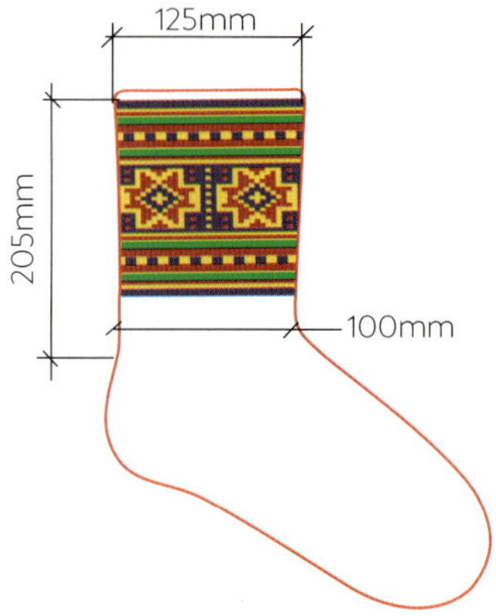

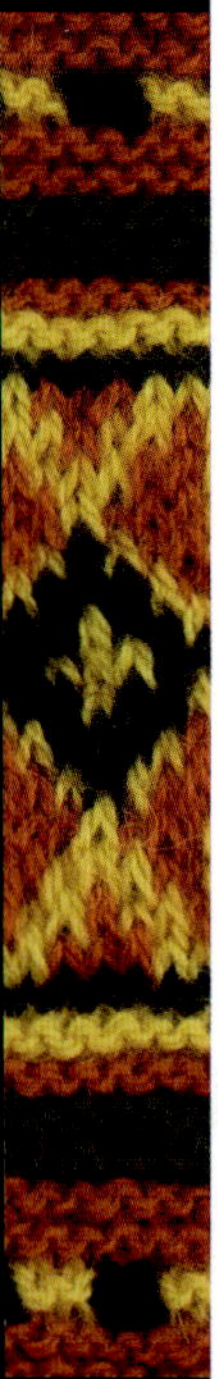

(Inspiriert vom Ausstellungsstück Nr. KNM 3179)

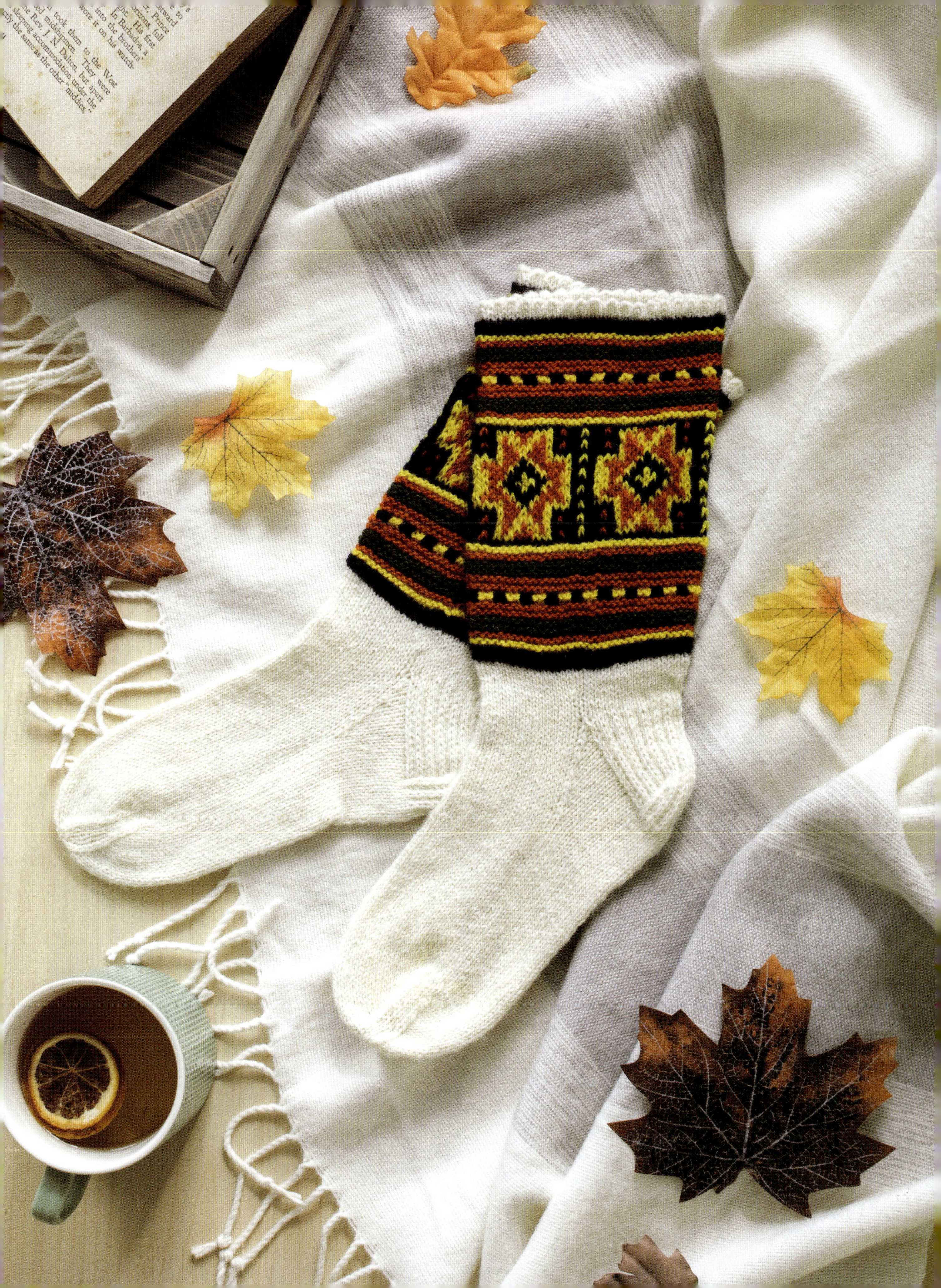

ALPENROSE

Anleitung

Für detaillierte Erläuterungen die Grundanleitung (S. 118 f.) lesen.

5 Farben: eine Grundfarbe (Weiß) und vier Kontrastfarben (Lila, Pink, Rot und Senf).

2–2,5 mm Nadeln und 2-fädige Wolle.

1. 72 M in der Grundfarbe anschlagen.

2. In der 1. Runde die Maschen gleichmäßig auf 4 Nadeln verteilen (18 M pro Nadel).

3. Eine Picotkante stricken (s. Bündchentechniken S. 124).

4. Das Bein laut Strickschrift stricken. Die Strickschrift von rechts nach links lesen und zweimal arbeiten.

5. Ferse in der Grundfarbe stricken, dabei auf die unterschiedliche Fersenplatzierung rechts und links achten (s. Grundanleitung).

6. Den Zwickel in der Grundfarbe stricken.

7. Den Fuß in der Grundfarbe stricken.

8. Die Spitze in der Grundfarbe als Sternchenspitze arbeiten (S. 123 in der Grundanleitung).

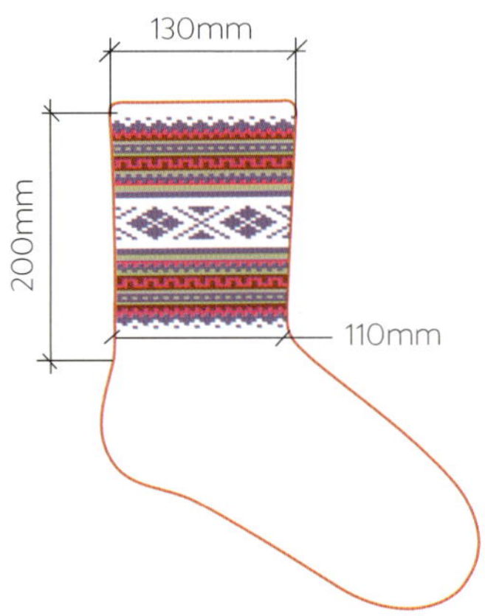

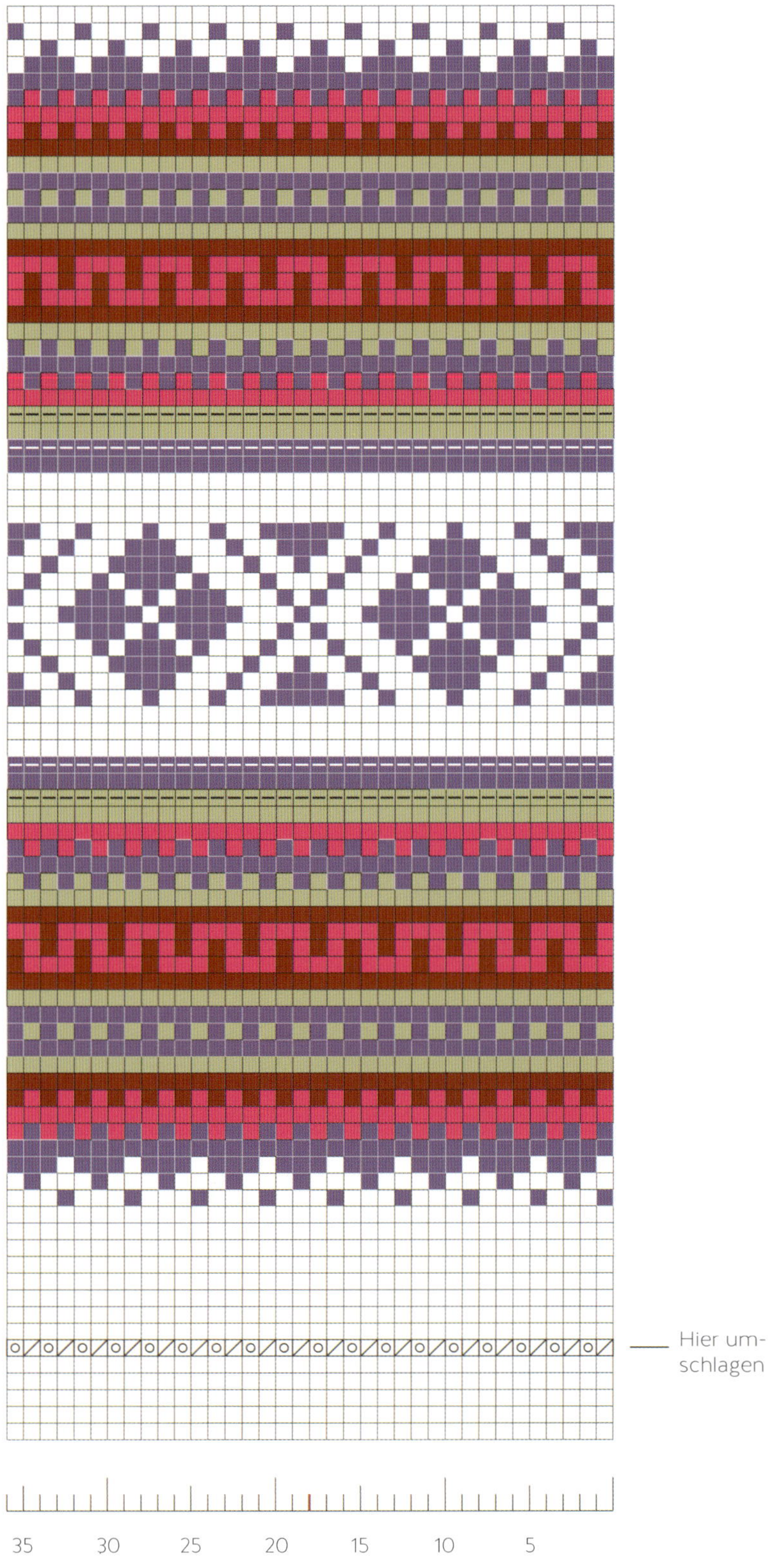

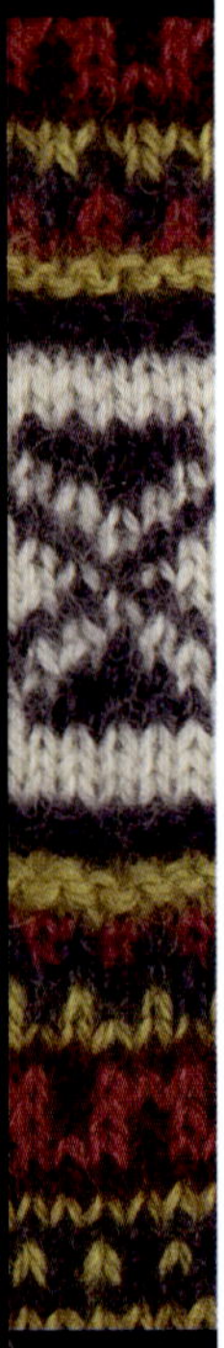

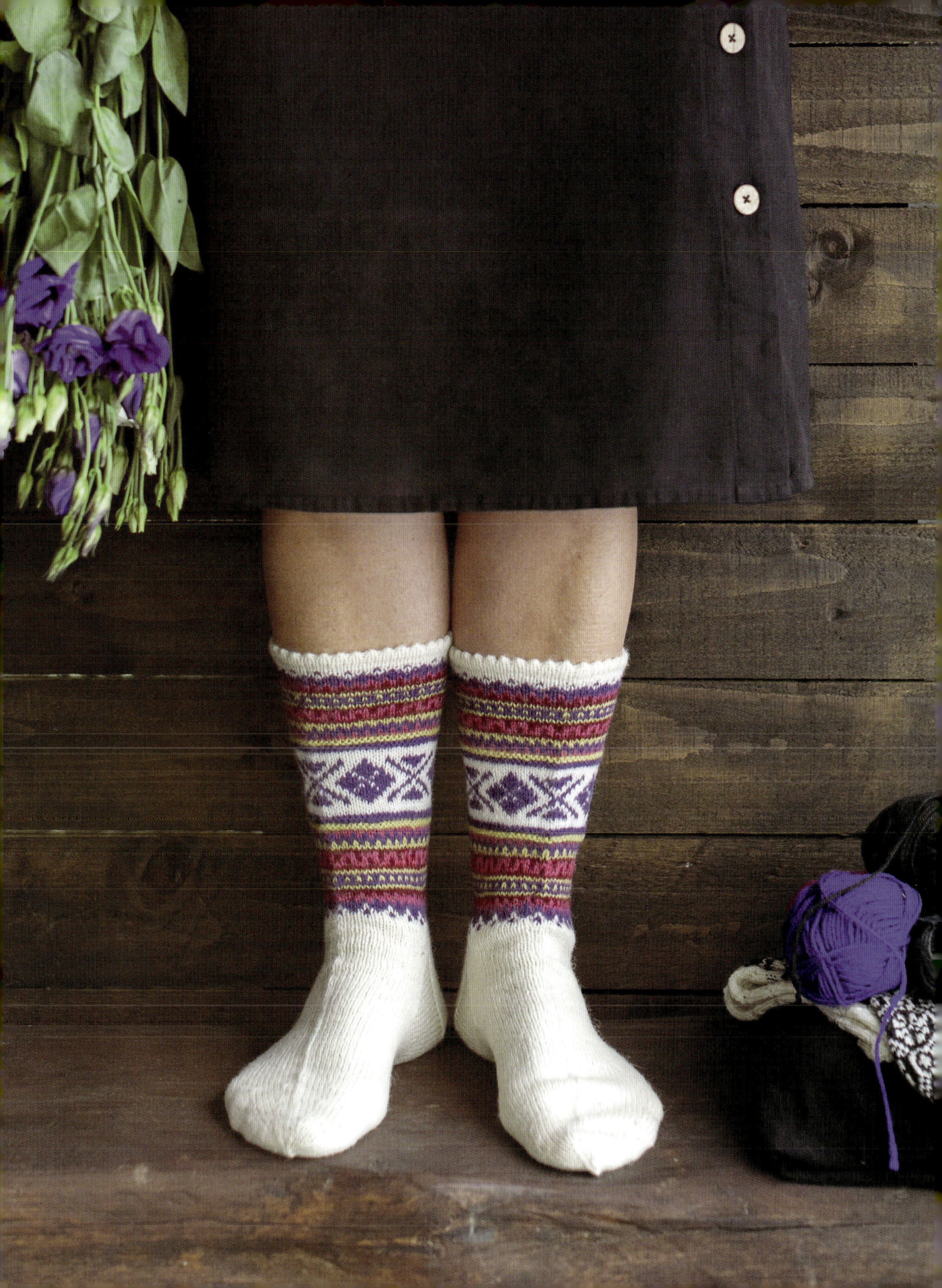

HERBST

Anleitung

Für detaillierte Erläuterungen die Grundanleitung (S. 118 f.) lesen.

5 Farben: eine Grundfarbe (Hellgrau) und vier Kontrastfarben (Weinrot, Senf, Marineblau und Hellbraun).

2–2,5 mm Nadeln und 2-fädige Wolle.

1. 72 M in der Grundfarbe anschlagen.

2. In der 1. Runde die Maschen gleichmäßig auf 4 Nadeln verteilen (18 M pro Nadel).

3. Eine Picotkante stricken (s. Bündchentechniken S. 124).

4. Das Bein weiter laut Strickschrift stricken und an der angegebenen Stelle eine lettische Flechtborte arbeiten (s. Bündchentechniken S. 124). Die Strickschrift von rechts nach links lesen und zweimal arbeiten.

5. Die Ferse in der Grundfarbe stricken, dabei auf die unterschiedliche Fersenplatzierung rechts und links achten (s. Grundanleitung).

6. Den Zwickel in der Grundfarbe stricken.

7. Den Fuß in der Grundfarbe stricken.

8. Die Spitze in der Grundfarbe als Sternchenspitze arbeiten (S. 123 in der Grundanleitung).

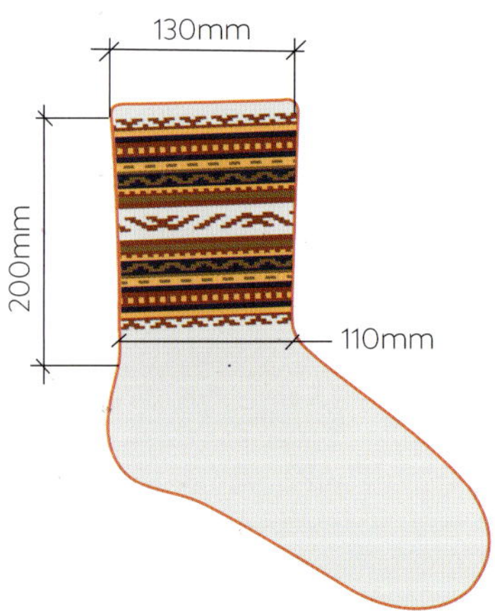

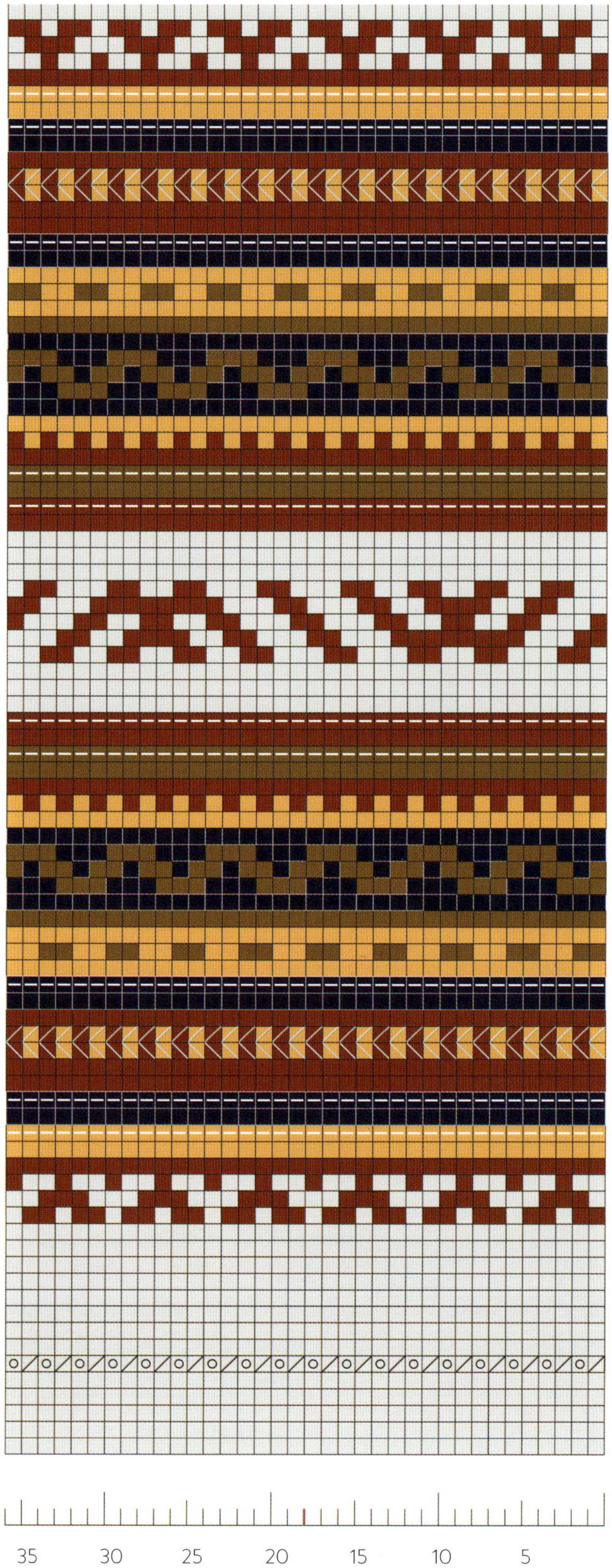

Hier umschlagen

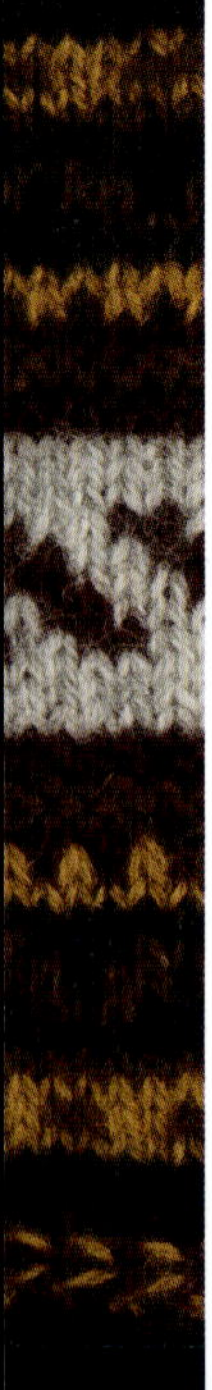

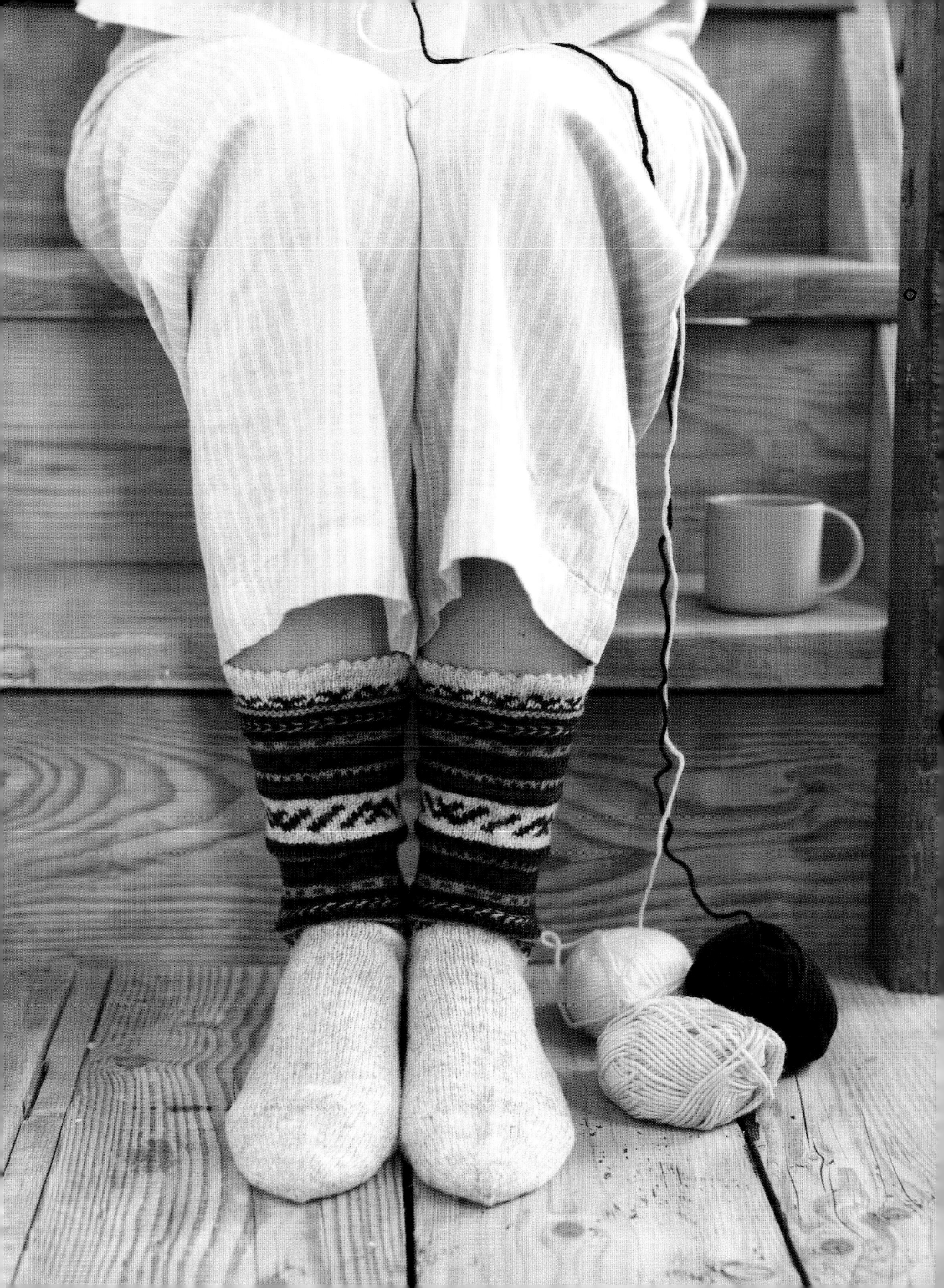

KORNBLUME

Anleitung

Für detaillierte Erläuterungen die Grundanleitung (S. 118 f.) lesen.

5 Farben: eine Grundfarbe (Grau) und vier Kontrastfarben (Marineblau, Hellblau, Weiß und Grün).

2–2,5 mm Nadeln und 2-fädige Wolle.

1. 72 M in der Grundfarbe anschlagen.

2. In der 1. Runde die Maschen gleichmäßig auf 4 Nadeln verteilen (18 M pro Nadel).

3. Eine Picotkante stricken (s. Bündchentechniken S. 124).

4. Das Bein laut Strickschrift stricken. Die Strickschrift von rechts nach links lesen und zweimal arbeiten.

5. In der Grundfarbe noch 2 Runden glatt rechts stricken.

6. Ferse in der Grundfarbe stricken, dabei auf die unterschiedliche Fersenplatzierung rechts und links achten (s. Grundanleitung).

7. Den Zwickel in der Grundfarbe stricken.

8. Den Fuß in der Grundfarbe stricken.

9. Die Spitze in der Grundfarbe als Sternchenspitze arbeiten (S. 123 in der Grundanleitung).

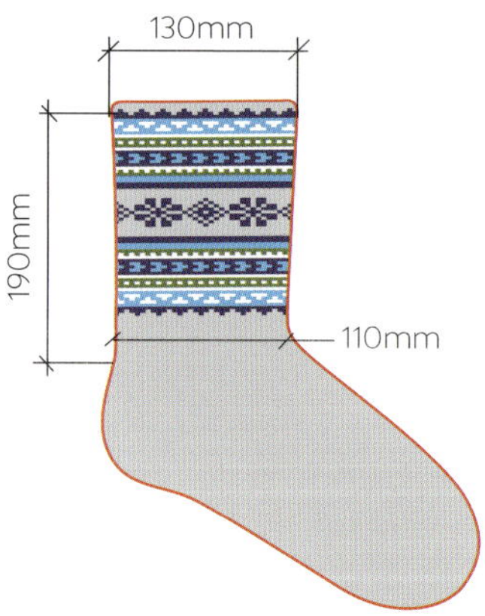

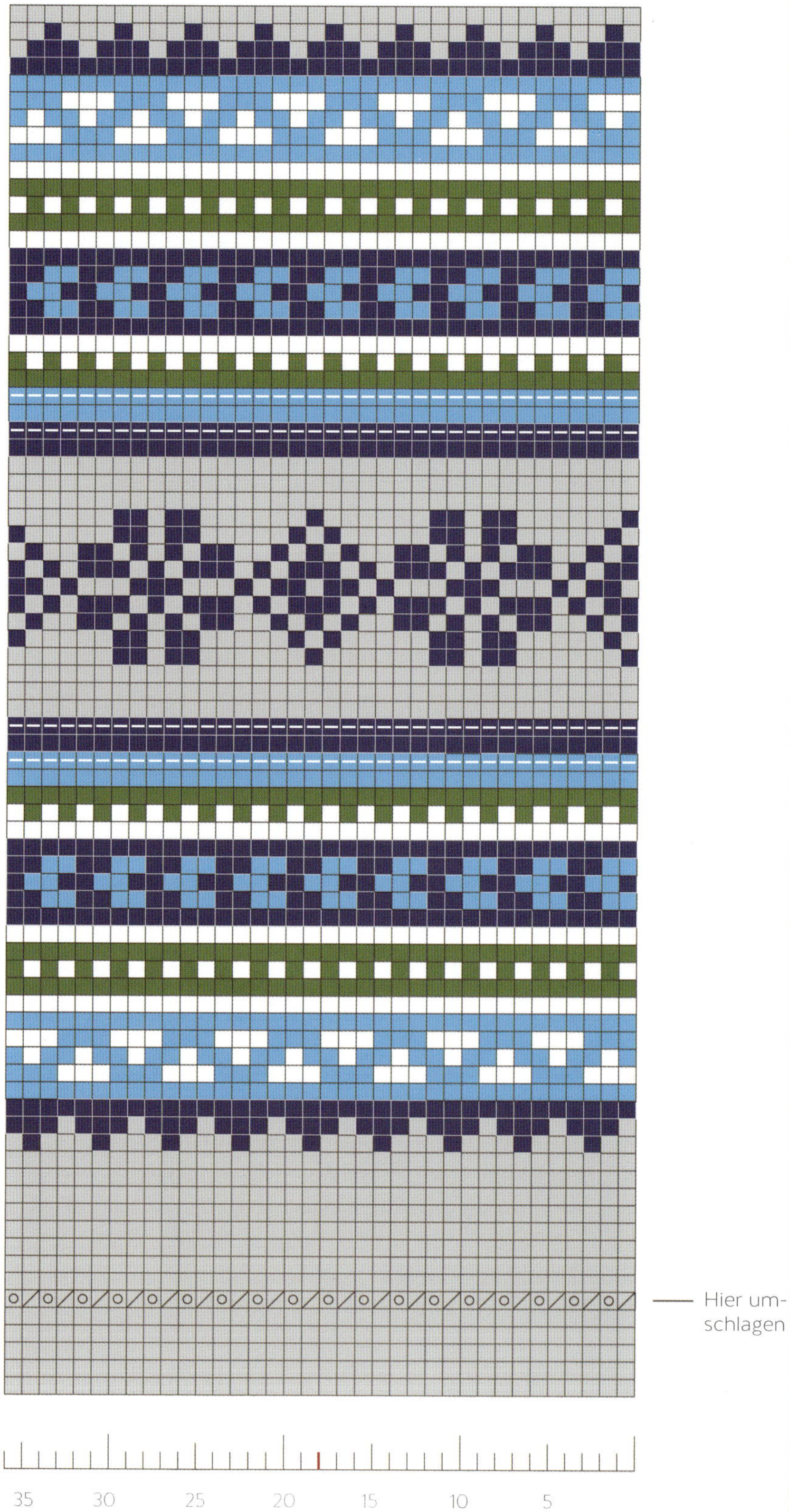

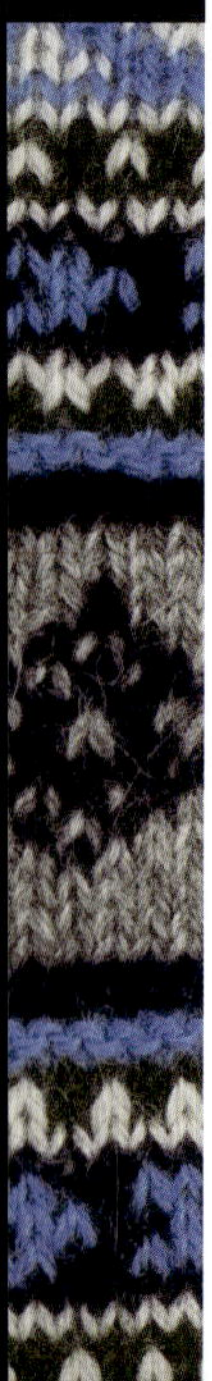

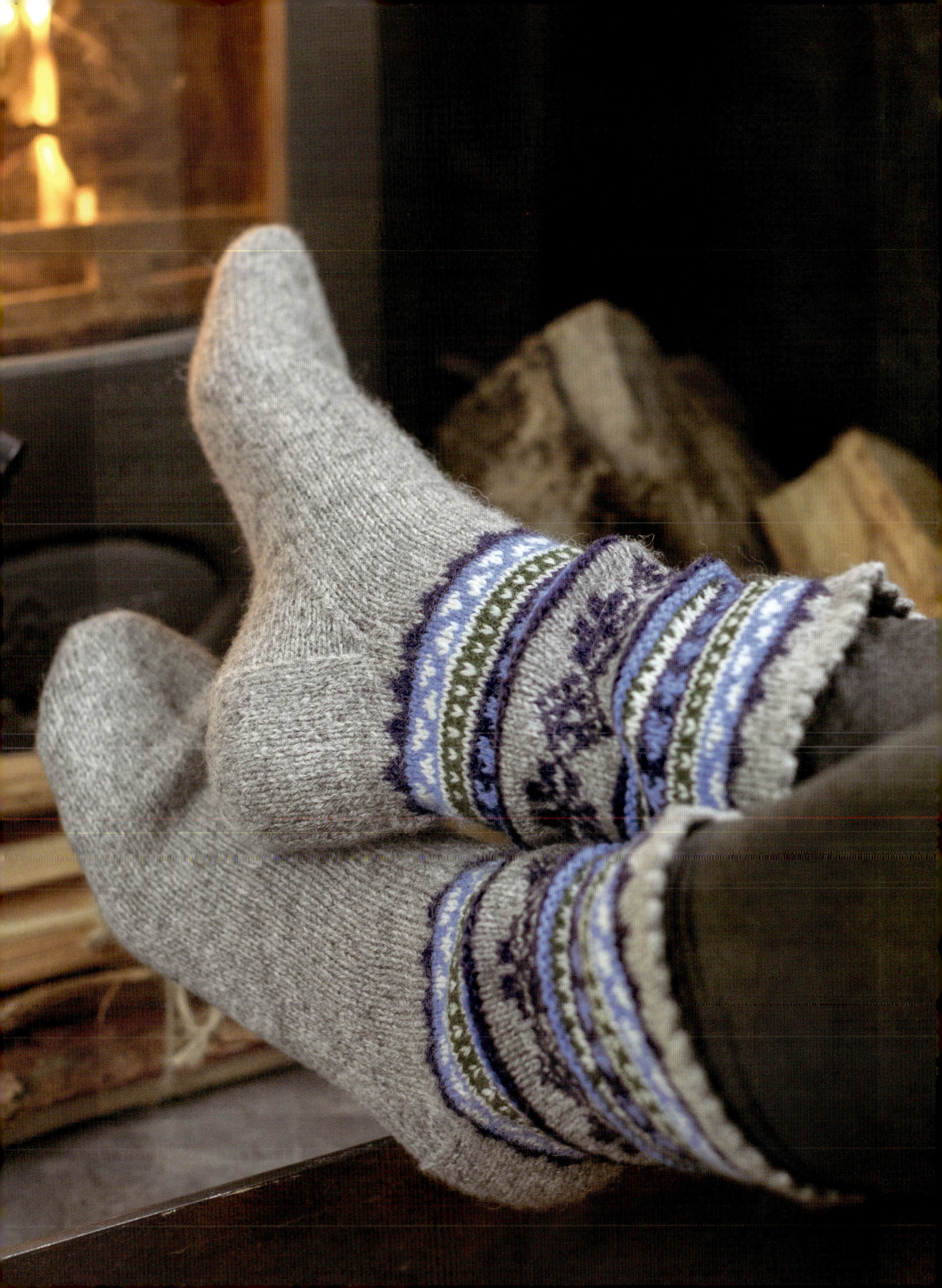

SONNENBLUME

Anleitung

Für detaillierte Erläuterungen die Grundanleitung (S. 118 f.) lesen.

5 Farben: eine Grundfarbe (Grau) und vier Kontrastfarben (Weinrot, Beige, Braun und Gelb).

2–2,5 mm Nadeln und 2-fädige Wolle.

1. 72 M in der Grundfarbe anschlagen.

2. In der 1. Runde die Maschen gleichmäßig auf 4 Nadeln verteilen (18 M pro Nadel).

3. Eine Picotkante stricken (s. Bündchentechniken S. 124).

4. Das Bein laut Strickschrift stricken. Die Strickschrift von rechts nach links lesen und zweimal arbeiten.

5. Ferse in der Grundfarbe stricken, dabei auf die unterschiedliche Fersenplatzierung rechts und links achten (s. Grundanleitung).

6. Den Zwickel in der Grundfarbe stricken.

7. Den Fuß in der Grundfarbe stricken.

8. Die Spitze in der Grundfarbe als Sternchenspitze arbeiten (S. 123 in der Grundanleitung).

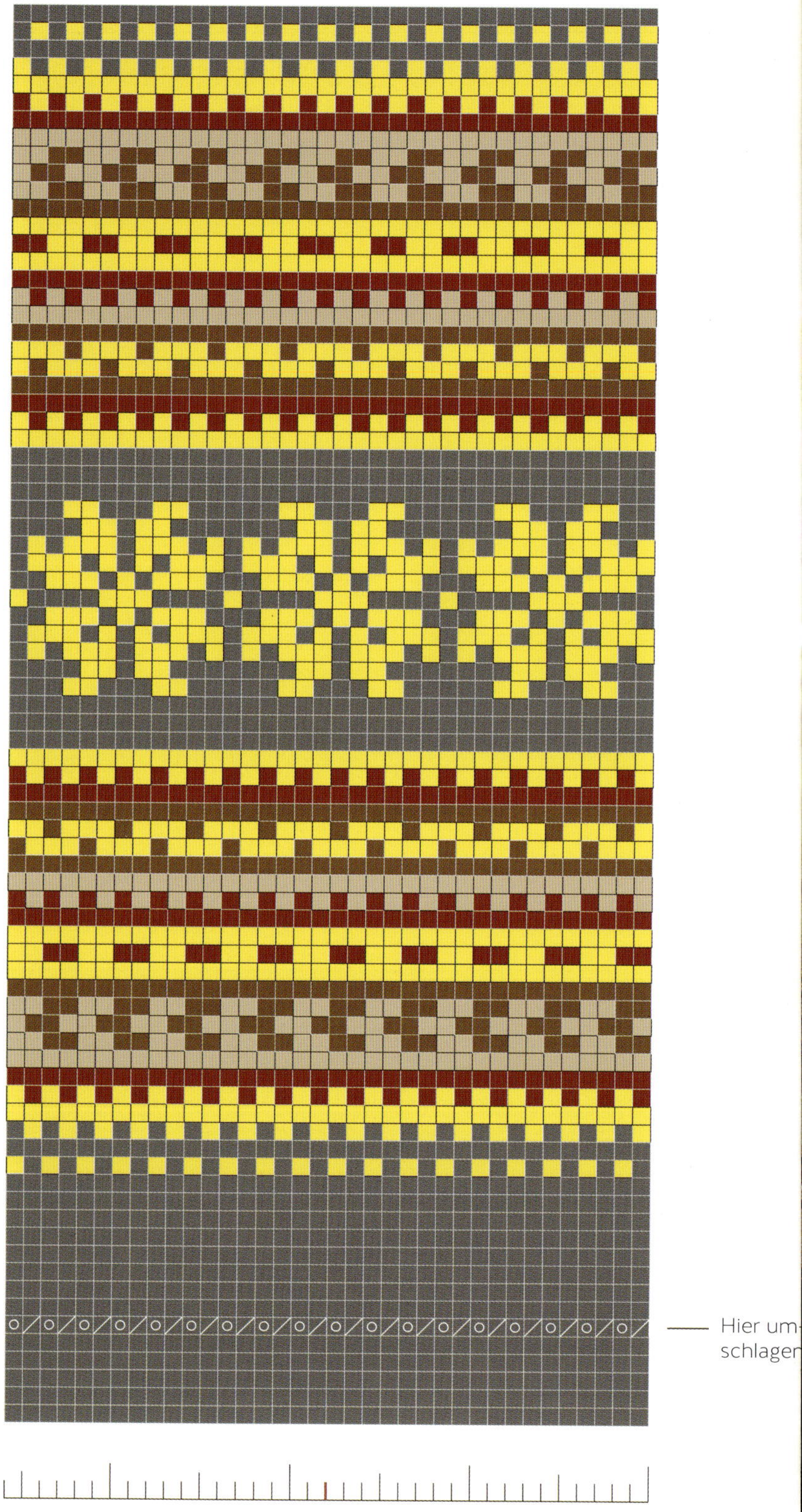

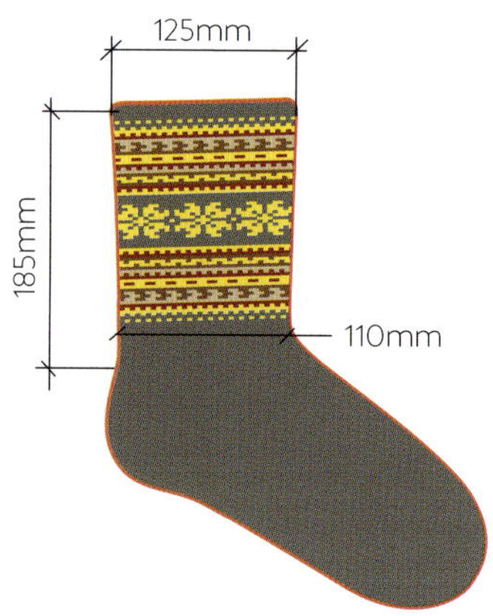

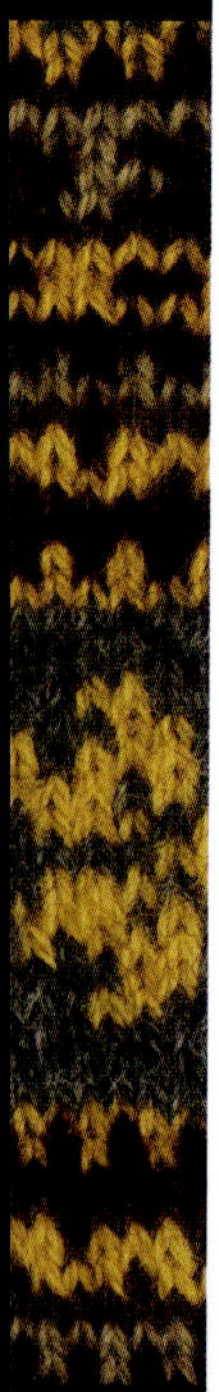

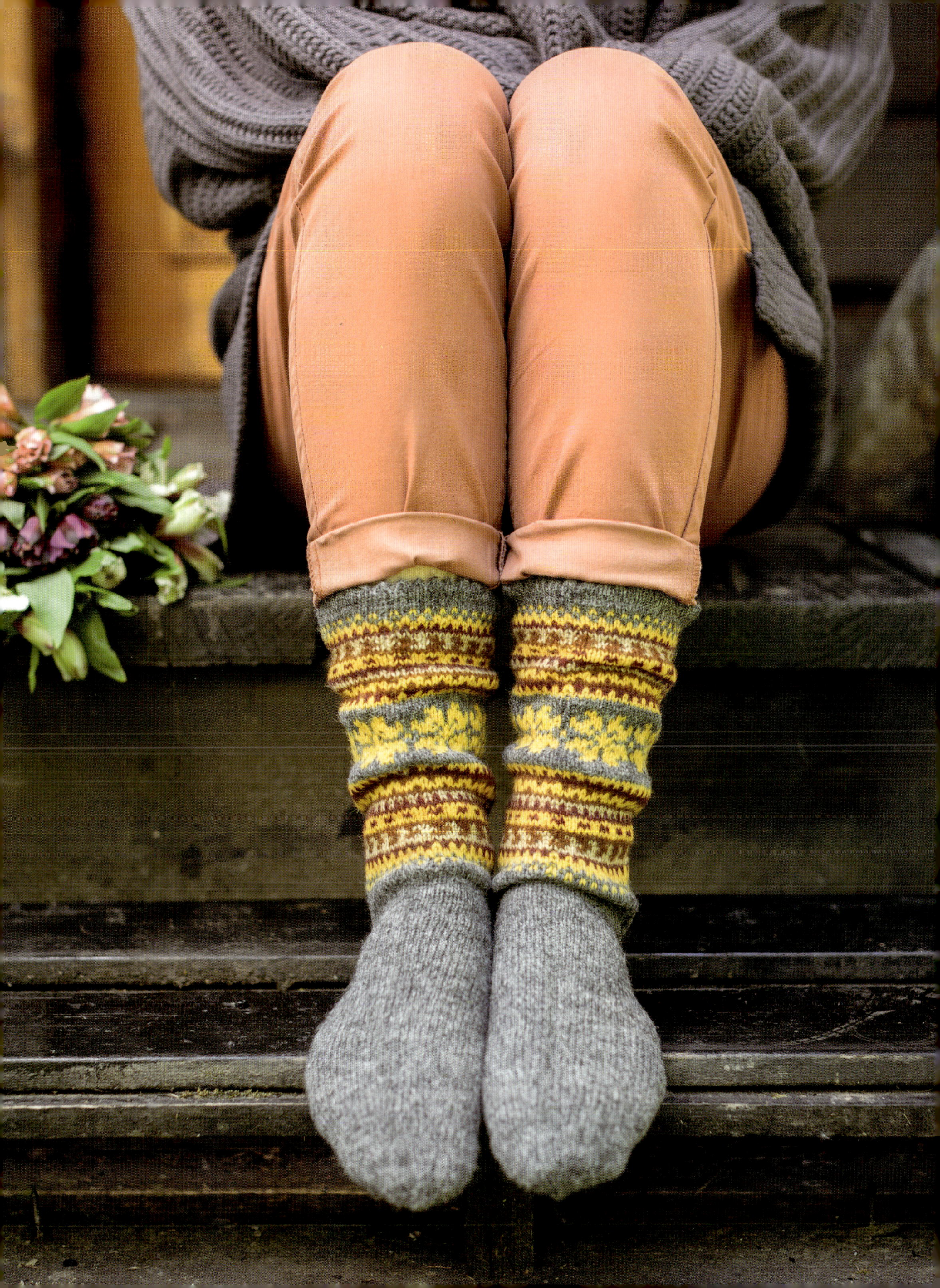

MOHNBLUME

Anleitung

Für detaillierte Erläuterungen die Grundanleitung (S. 118 f.) lesen.

5 Farben: eine Grundfarbe (Schwarz) und vier Kontrastfarben (Rot, Grün, Marineblau und Gelb).

2–2,5 mm Nadeln und 2-fädige Wolle.

1. 72 M in der Grundfarbe anschlagen.

2. In der 1. Runde die Maschen gleichmäßig auf 4 Nadeln verteilen (18 M pro Nadel).

3. Eine Picotkante stricken (s. Bündchentechniken S. 124).

4. Das Bein laut Strickschrift stricken. Die Strickschrift von rechts nach links lesen und zweimal arbeiten.

5. In der Grundfarbe noch 3 Runden glatt rechts stricken.

6. Ferse in der Grundfarbe stricken, dabei auf die unterschiedliche Fersenplatzierung rechts und links achten (s. Grundanleitung).

7. Den Zwickel in der Grundfarbe stricken.

8. Den Fuß in der Grundfarbe stricken.

9. Die Spitze in der Grundfarbe als Sternchenspitze arbeiten (S. 123 in der Grundanleitung).

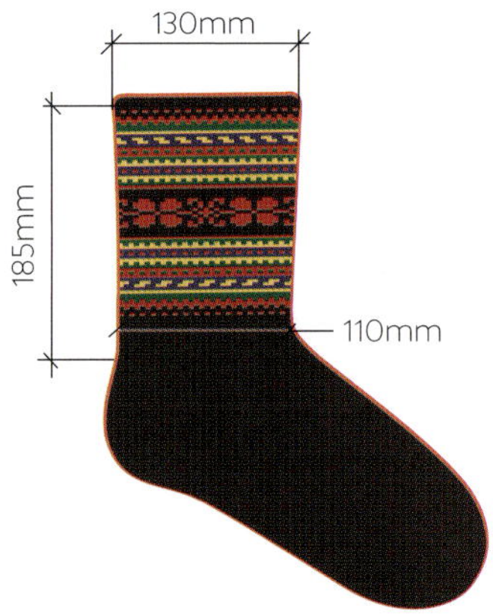

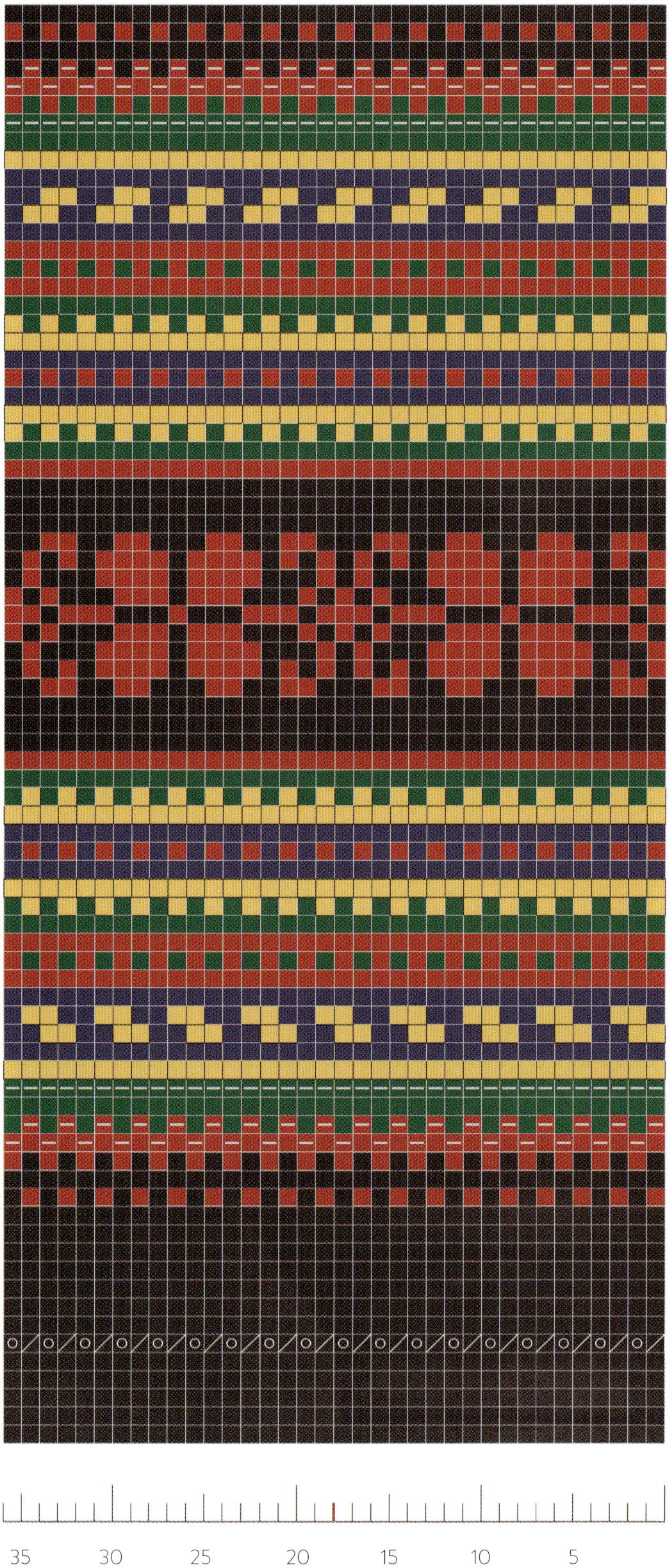

Hier umschlagen

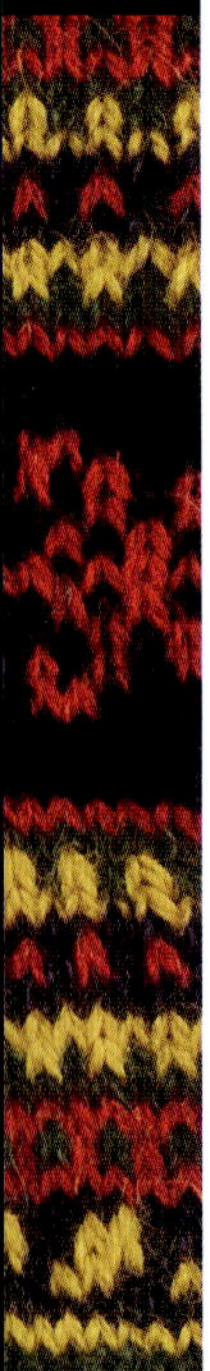

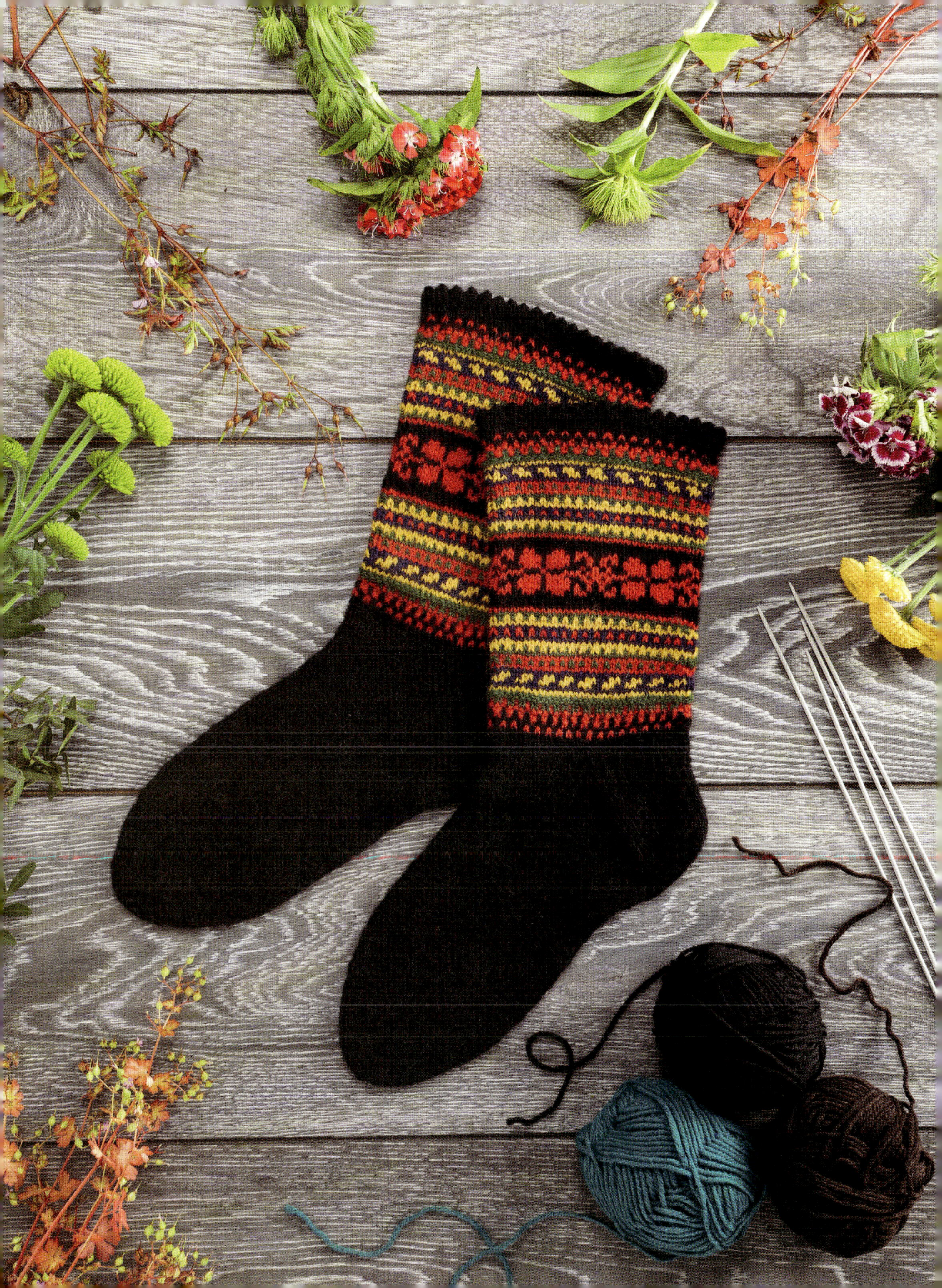

WINTERFELDER

Anleitung

Für detaillierte Erläuterungen die Grundanleitung (S. 118 f.) lesen.

4 Farben: eine Grundfarbe (Kohle) und drei Kontrastfarben (Hellgrau, Dunkelgrau und Mittelgrau).

2–2,5 mm Nadeln und 2-fädige Wolle.

1. 68 M in der Grundfarbe anschlagen.

2. In der 1. Runde die Maschen gleichmäßig auf 4 Nadeln verteilen (17 M pro Nadel).

3. Eine Picotkante stricken (s. Bündchentechniken S. 124).

4. Das Bein laut Strickschrift stricken. Die Strickschrift von rechts nach links lesen und zweimal arbeiten.

5. In der Grundfarbe 4 Runden glatt rechts stricken.

6. Ferse in der Grundfarbe stricken, dabei auf die unterschiedliche Fersenplatzierung rechts und links achten (s. Grundanleitung).

7. Den Zwickel in der Grundfarbe stricken.

8. Den Fuß in der Grundfarbe stricken.

9. Die Spitze in der Grundfarbe als Sternchenspitze arbeiten (S. 123 in der Grundanleitung).

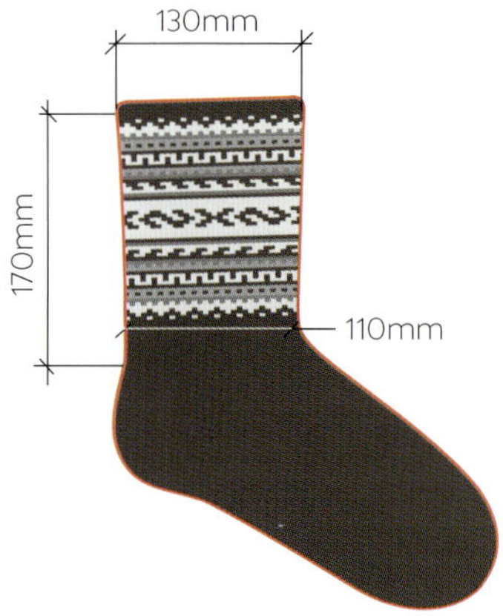

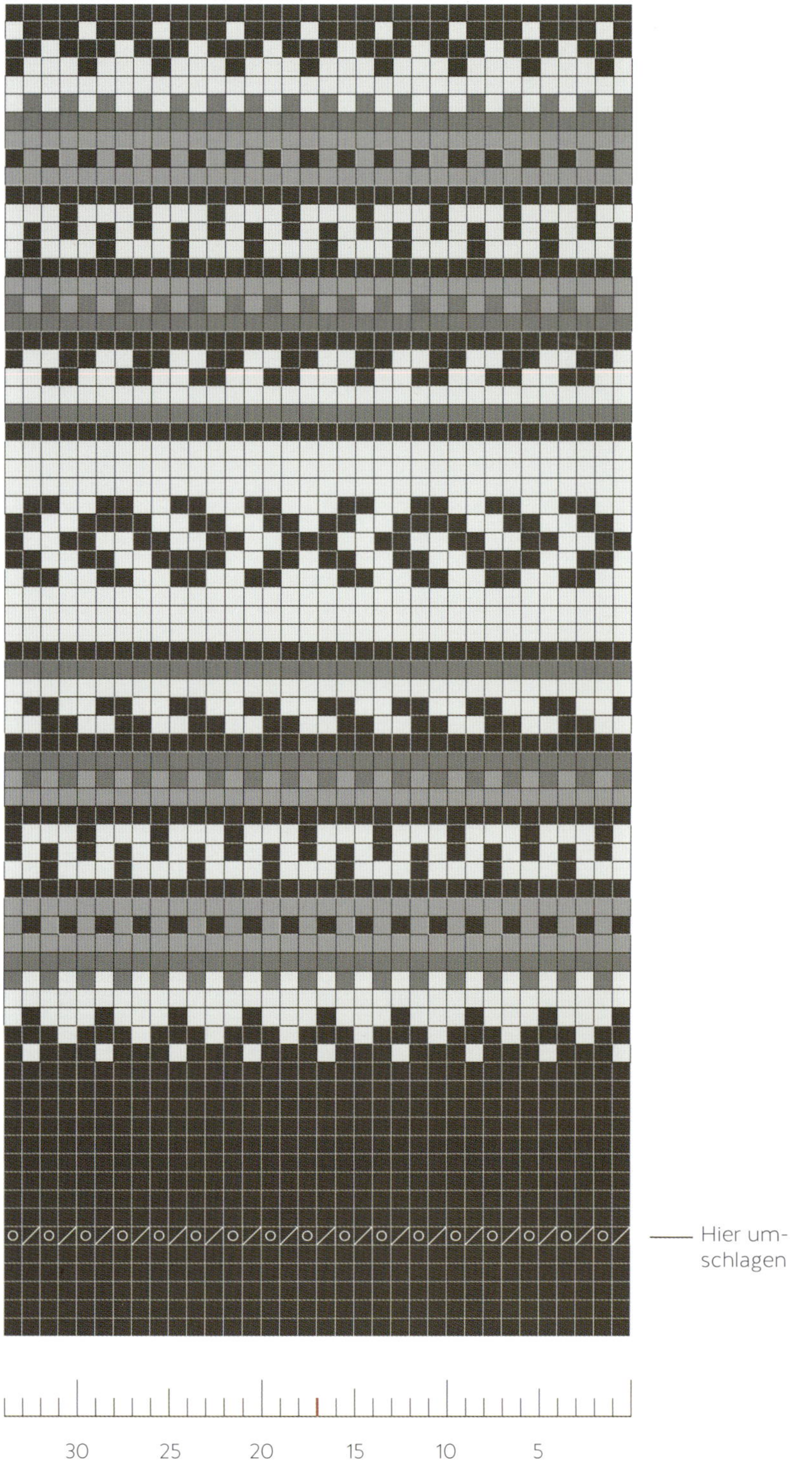

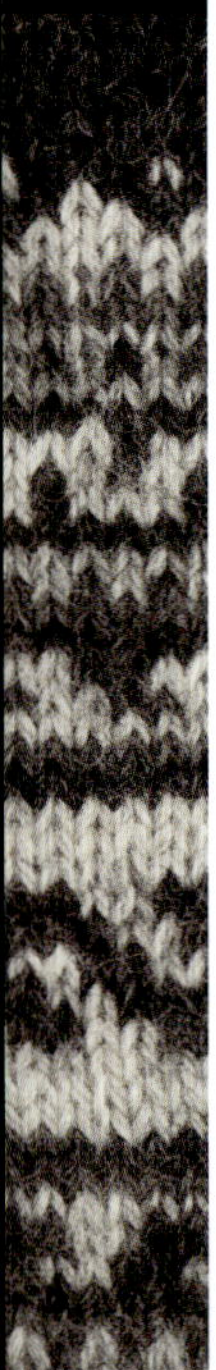

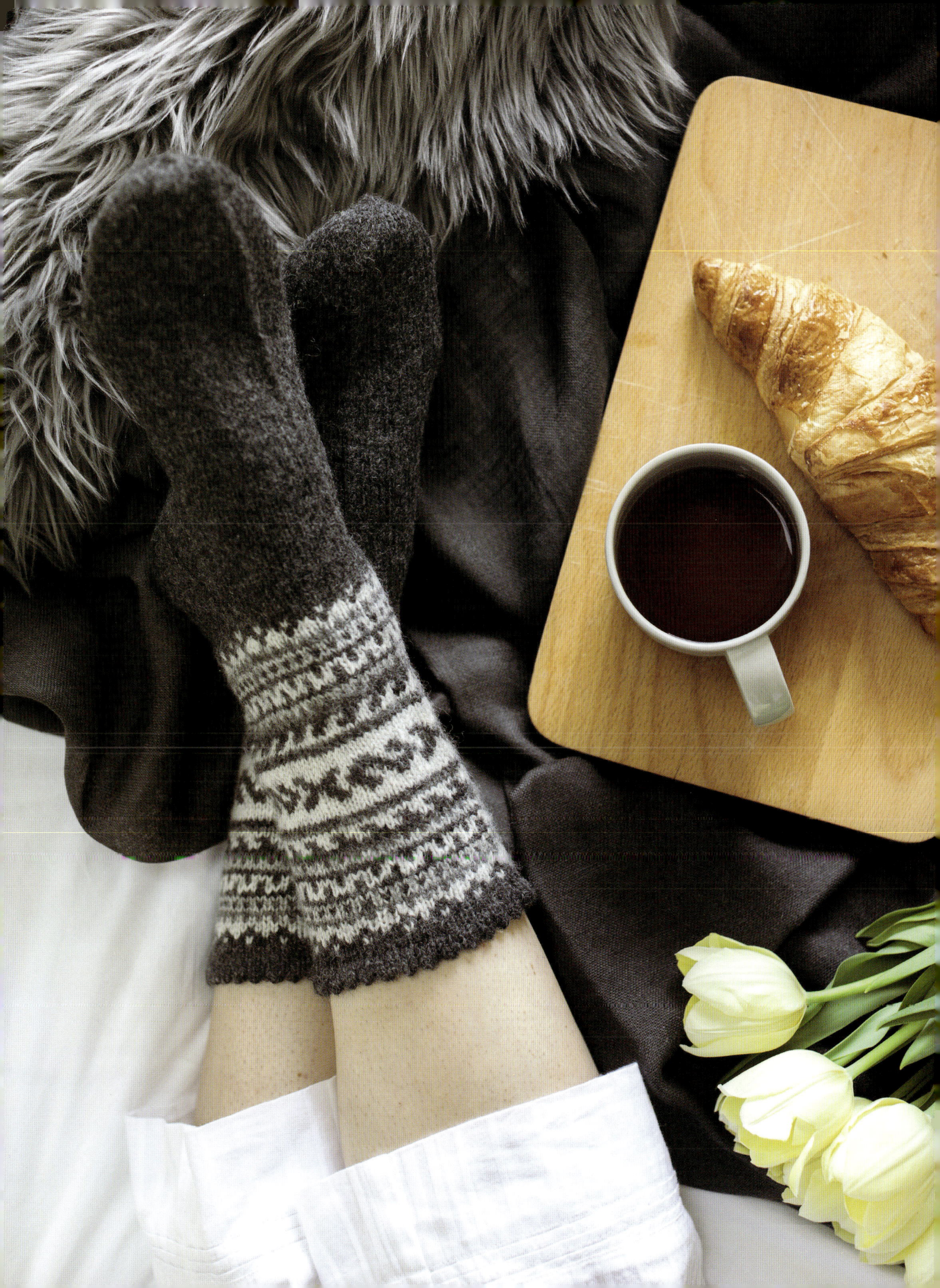

SONNENSYMBOL

Anleitung

Für detaillierte Erläuterungen die Grundanleitung (S. 118 f.) lesen.

5 Farben: eine Grundfarbe (Kohle) und vier Kontrastfarben (Cremeweiß, Rot, Grün und Gelb).

1,5–2 mm Nadeln und 2-fädige Wolle.

1. 80 M in der Grundfarbe anschlagen.

2. In der 1. Runde die Maschen gleichmäßig auf 4 Nadeln verteilen (20 M pro Nadel).

3. Eine Picotkante stricken (s. Bündchentechniken S. 124).

4. Das Bein weiter laut Strickschrift stricken, an den angegebenen Stellen zu- und abnehmen, bis auf 72 M. Die Strickschrift von rechts nach links lesen und zweimal arbeiten.

5. In der Grundfarbe noch 8 Runden glatt rechts stricken.

6. Die Ferse in der Grundfarbe stricken, dabei auf die unterschiedliche Fersenplatzierung rechts und links achten (s. Grundanleitung).

7. Den Zwickel in der Grundfarbe stricken.

8. Den Fuß in der Grundfarbe stricken.

9. Die Spitze in der Grundfarbe als Bandspitze arbeiten (S. 123 in der Grundanleitung).

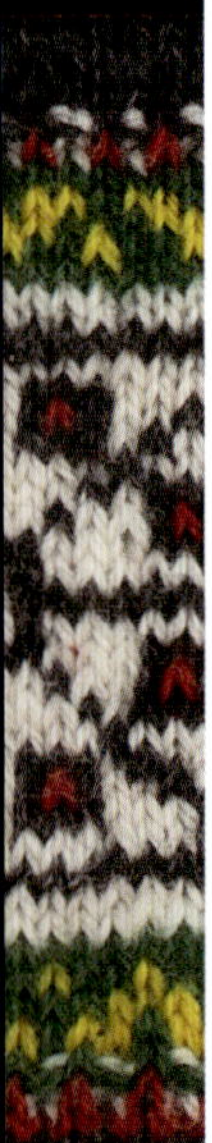

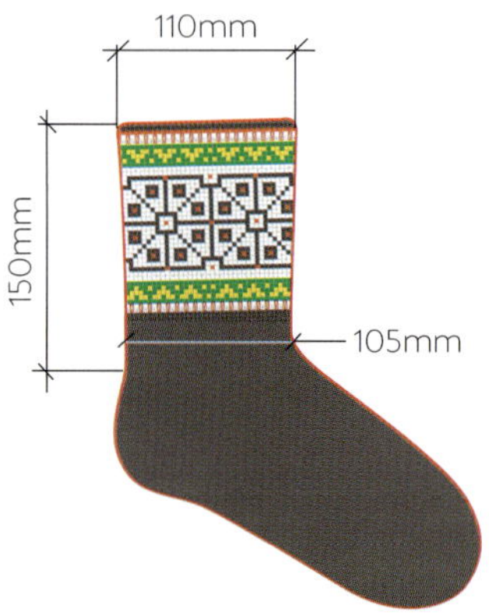

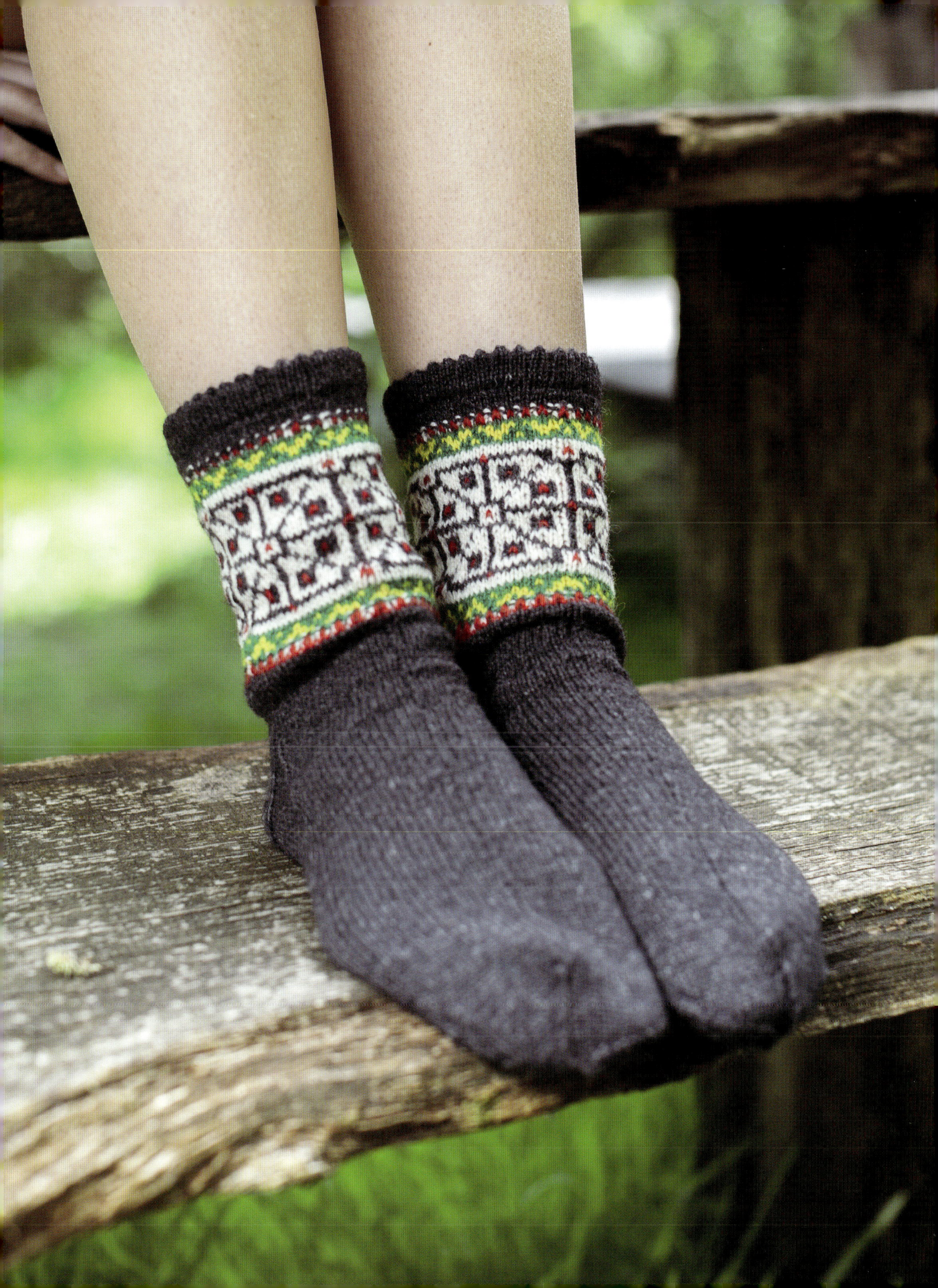

WINTER

Anleitung

Für detaillierte Erläuterungen die Grundanleitung (S. 118 f.) lesen.

2 Farben: eine Grundfarbe (Cremeweiß) und eine Kontrastfarbe (Schwarz).

2–2,5 mm Nadeln und 2-fädige Wolle.

1. 68 M in der Grundfarbe anschlagen.

2. In der 1. Runde die Maschen gleichmäßig auf 4 Nadeln verteilen (17 M pro Nadel).

3. Laut Strickschrift 15 Runden 2 M re, 2 M li Rippen für den Bund stricken.

4. Das Bein weiter laut Strickschrift stricken und an den angegebenen Stellen auf 70 M für das Bein zunehmen. Jede Strickschrift einmal von rechts nach links stricken, mit der rechten Schrift beginnen.

5. Die Ferse in der Grundfarbe über 34 M stricken, dabei auf die unterschiedliche Fersenplatzierung rechts und links achten (s. Grundanleitung).

6. Das Muster weiter laut Strickschrift über alle M arbeiten und Zwickel und Fuß stricken.

7. Die Spitze in der Grundfarbe als Sternchenspitze arbeiten (S. 123 in der Grundanleitung).

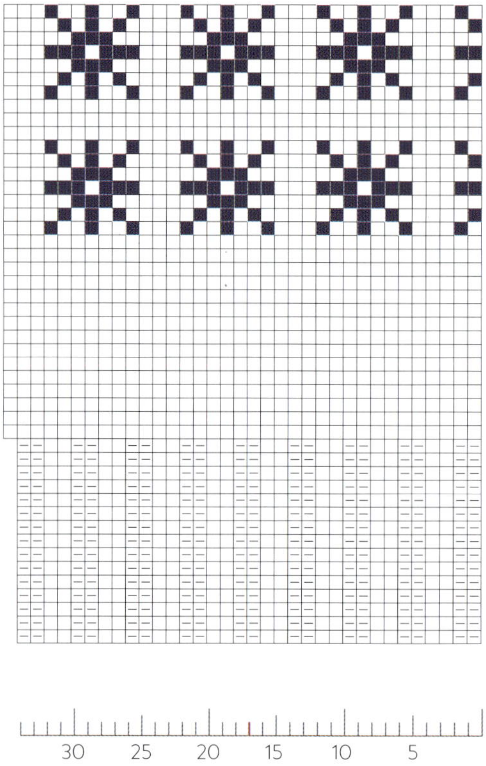

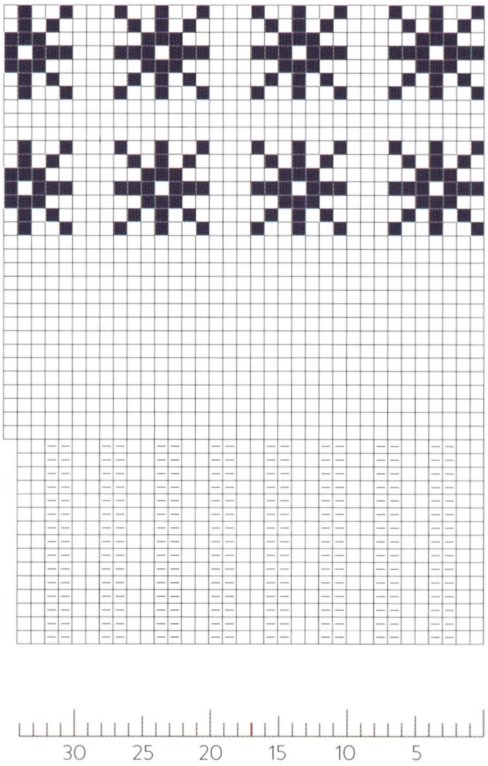

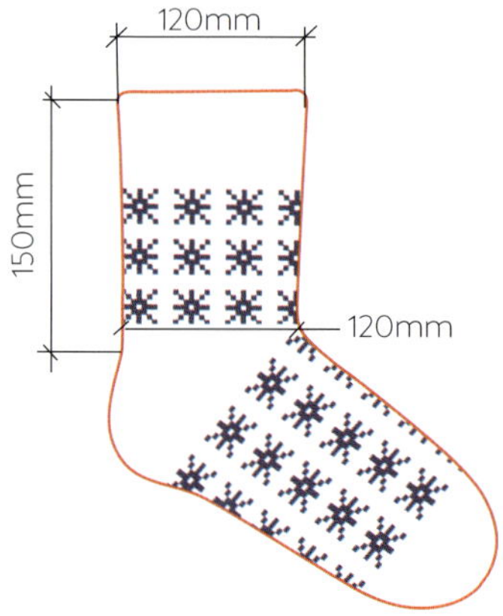

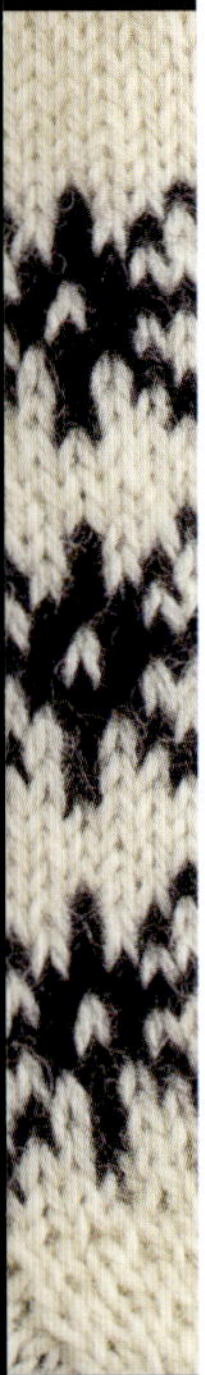

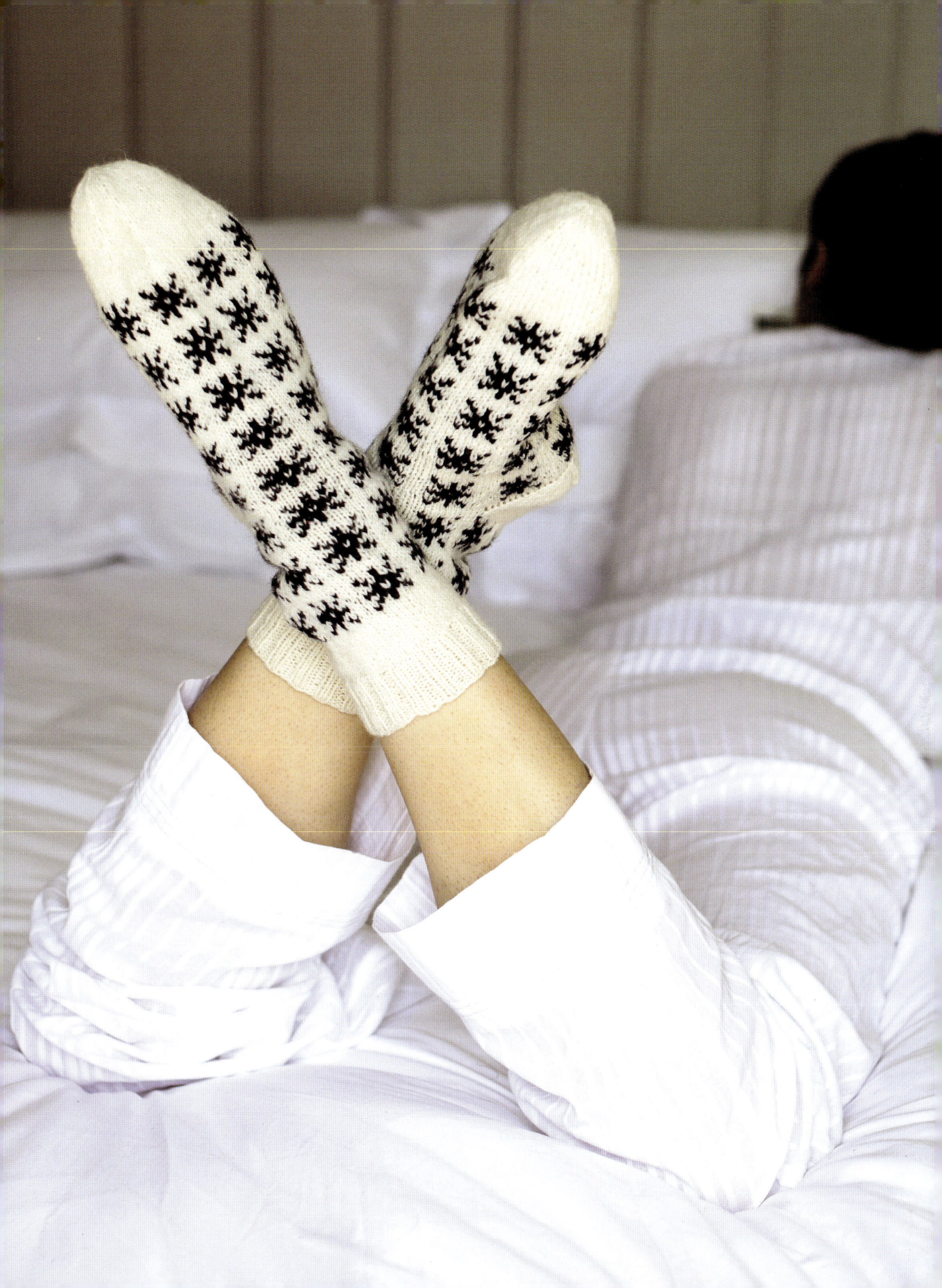

SCHWARZ-WEISSER STERN

Anleitung

Für detaillierte Erläuterungen die Grundanleitung (S. 118 f.) lesen.

2 Farben: eine Grundfarbe (Weiß) und eine Kontrastfarbe (Schwarz).

2–2,5 mm Nadeln und 4-fädige Sockenwolle.

1. 72 M in der Grundfarbe anschlagen.

2. In der 1. Runde die Maschen gleichmäßig auf 4 Nadeln verteilen (18 M pro Nadel).

3. 10 Runden (1 M re, 1 M li) Rippen wie in der Strickschrift angegeben arbeiten, dann weiter mit Bündchen und Bein. Die Strickschrift von rechts nach links lesen und zweimal arbeiten.

4. Über die erste Maschenhälfte die Ferse stricken, auf die Zu- und Abnahmen achten.

5. Dann den Fuß im Muster stricken, dabei darauf achten, dass in der Mitte des Aureklis nur eine Reihe weißer Maschen entsteht.

6. Die Spitze laut der Strickschrift arbeiten und auf die Zu- und Abnahmen achten. Die Strickschrift in jeder Runde zweimal arbeiten. Wenn sich durch die Fußlänge keine gute Musterwiederholung ergibt, die Spitze in der Grundfarbe arbeiten.

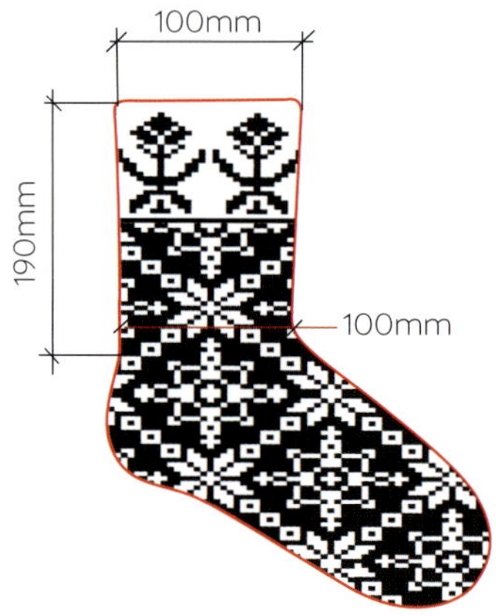

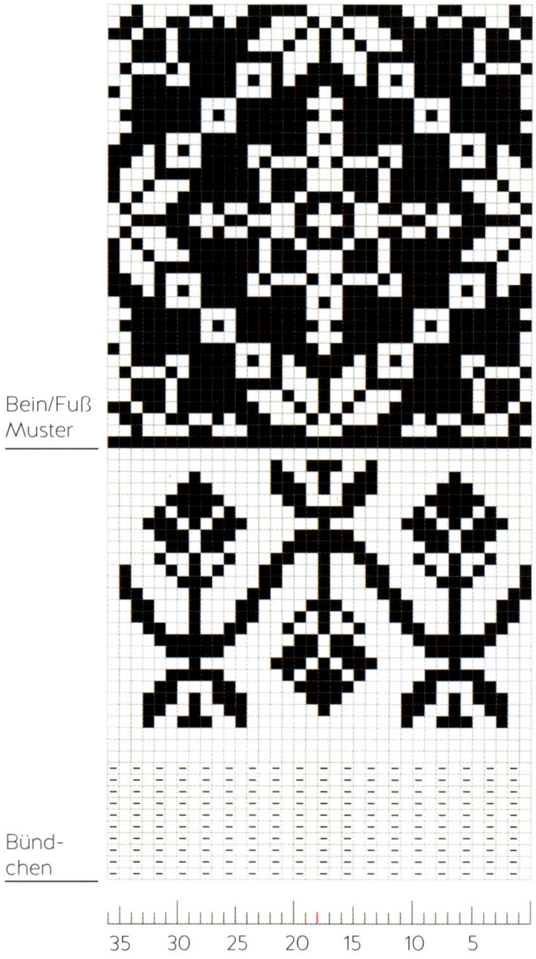

Spitze

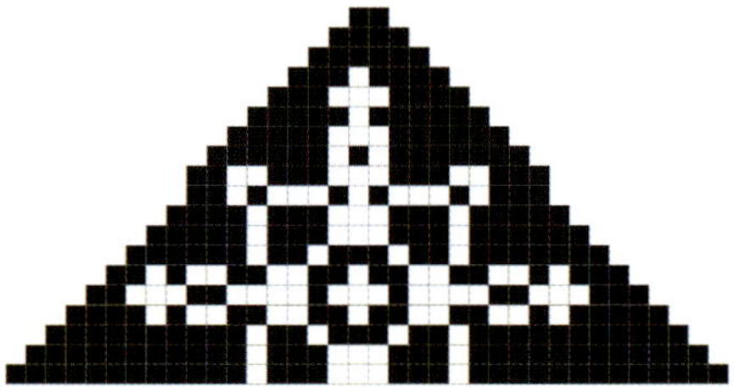

Ferse

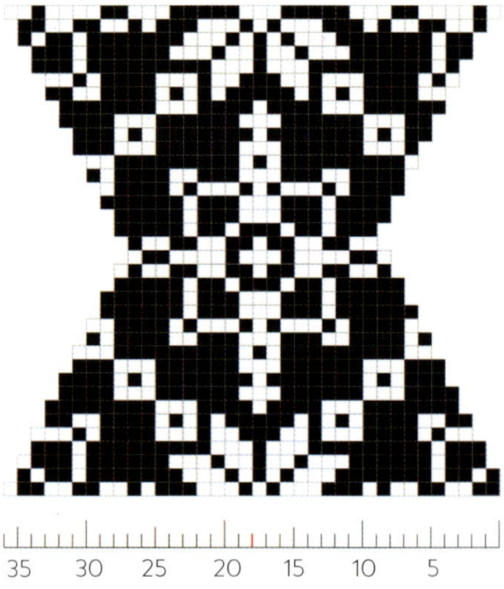

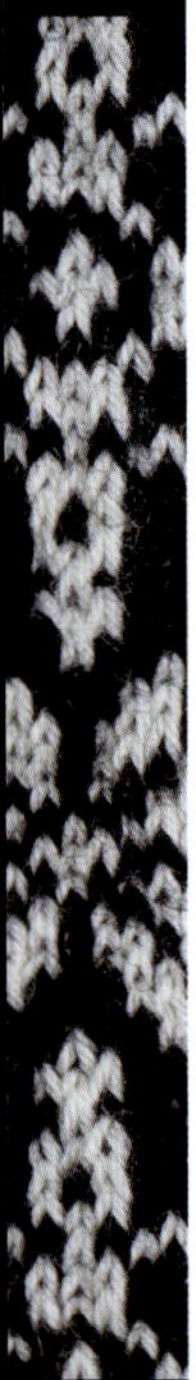

(Inspiriert vom Ausstellungsstück Nr. LM 43269:2, Kurland)

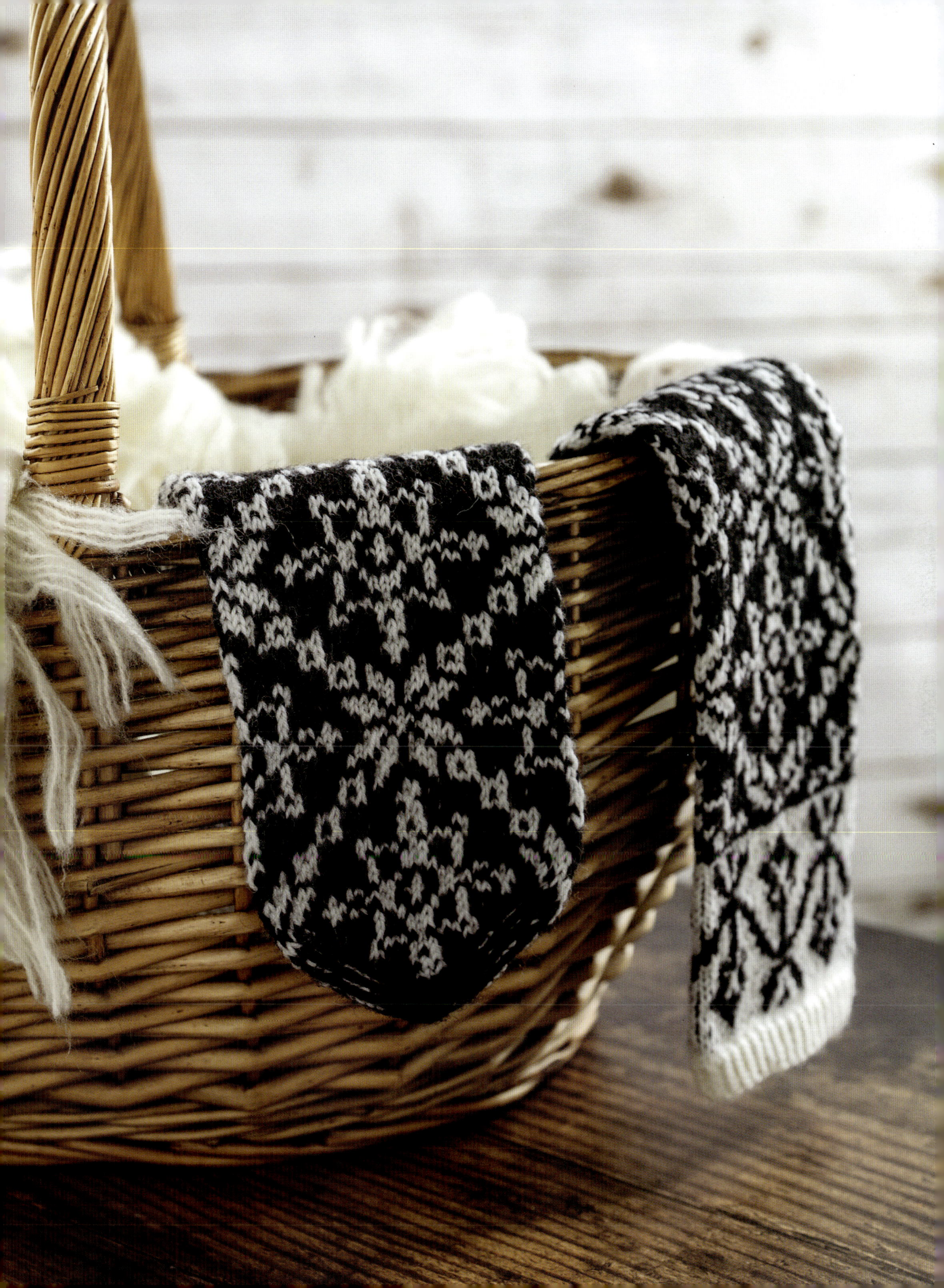

PINKE SPITZE

Anleitung

Für detaillierte Erläuterungen die Grundanleitung (S. 118 f.) lesen.

5 Farben: eine Grundfarbe (Cremeweiß) und vier Kontrastfarben (Dunkellila, Beige, Pink und Lila).

2–2,5 mm Nadeln und 2-fädige Wolle.

1. 64 M in Dunkellila anschlagen.

2. In der 1. Runde die Maschen gleichmäßig auf 4 Nadeln verteilen (16 M pro Nadel).

3. Bündchen und Bein laut Strickschrift stricken, wie in der Strickschrift angegeben abnehmen, bis am Ende des Einstrickmusters 60 M übrig sind. Strickschrift von rechts nach links lesen und zweimal arbeiten.

4. Weiter das Bein stricken, dabei insgesamt 16 Runden der 8 Runden des Spitzenmusters stricken.

5. Ferse in der Grundfarbe stricken, dabei auf die unterschiedliche Fersenplatzierung rechts und links achten (s. Grundanleitung).

6. Über die obere Hälfte der Maschen weiter im Spitzenmuster stricken, die andere Hälfte (Ferse) glatt rechts, Zwickel und Fuß stricken (s. Grundanleitung).

7. Die Spitze in der Grundfarbe als Sternchenspitze arbeiten (S. 123 in der Grundanleitung).

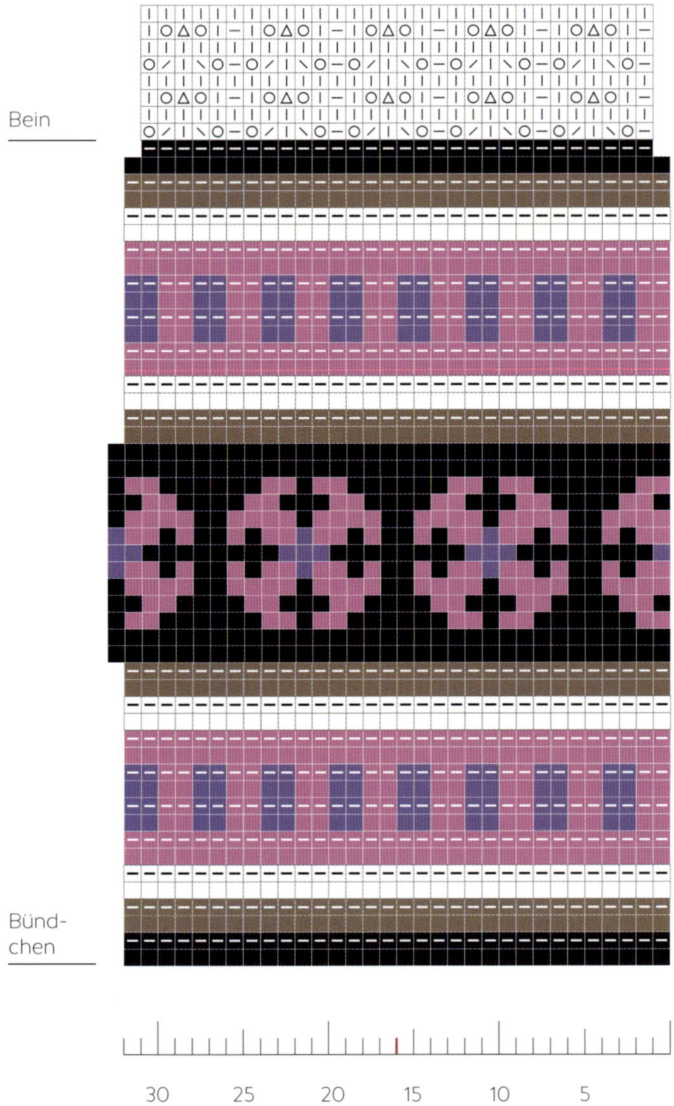

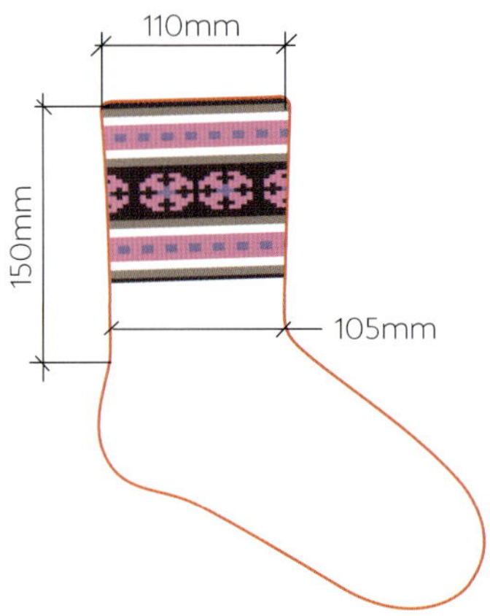

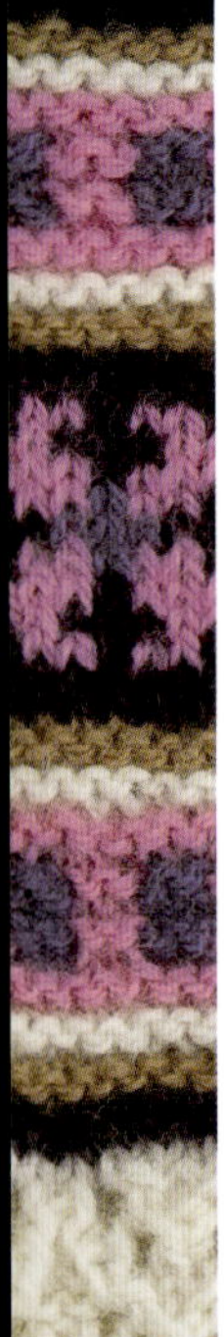

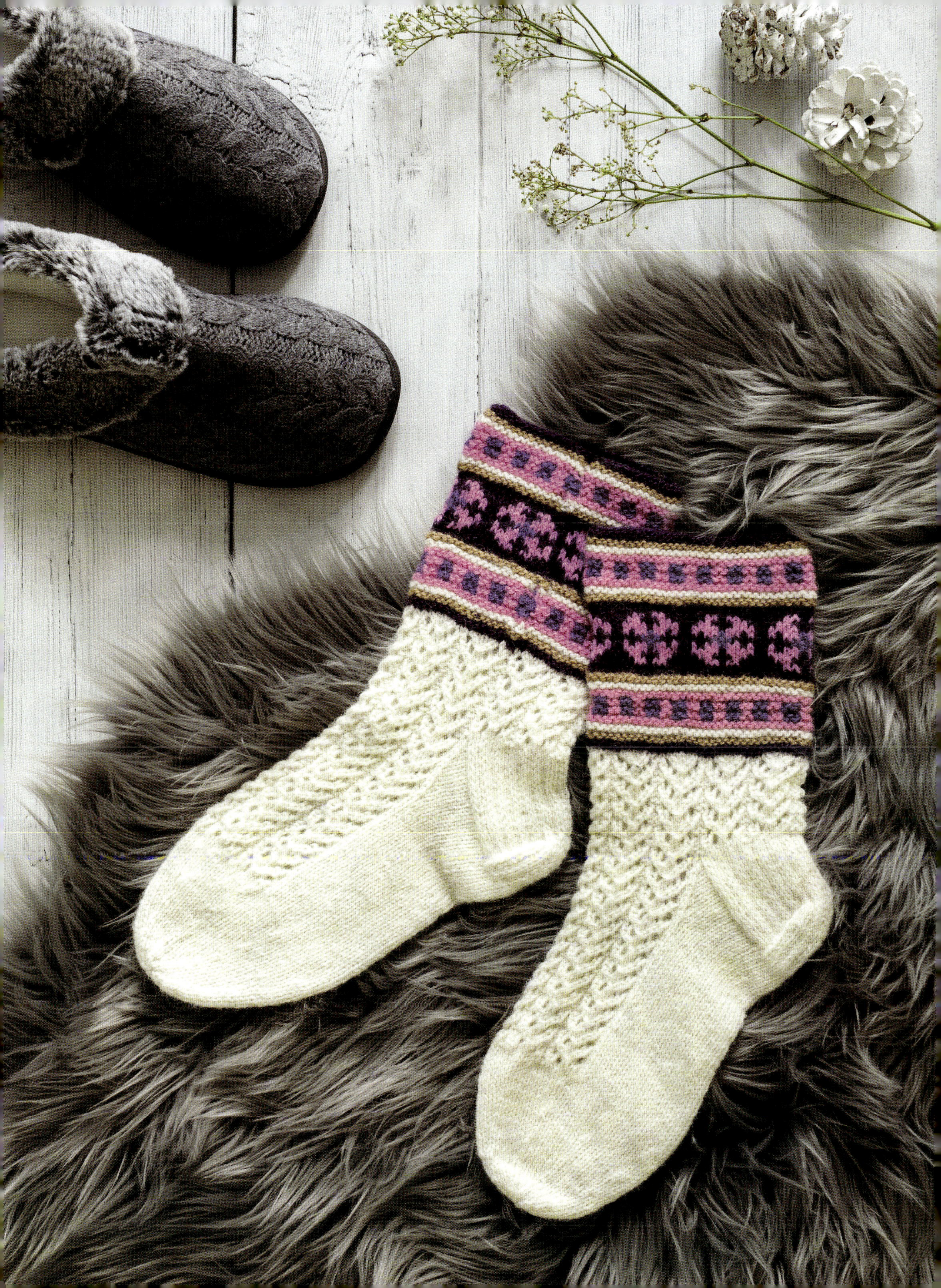

GRÜNE SPITZE

Anleitung

Für detaillierte Erläuterungen die Grundanleitung (S. 118 f.) lesen.

4 Farben: eine Grundfarbe (Cremeweiß) und drei Kontrastfarben (Rot, Grün und Lila).

2–2,5 mm Nadeln und 2-fädige Wolle.

1. 64 M in der Grundfarbe anschlagen.

2. In der 1. Runde die Maschen gleichmäßig auf 4 Nadeln verteilen (16 M pro Nadel).

3. Bündchen und Bein laut Strickschrift arbeiten. Die Strickschrift von rechts nach links lesen und zweimal arbeiten.

4. Weiter das Bein stricken, dabei insgesamt 21 Runden der 7 Runden des Spitzenmusters stricken.

5. Ferse in der Grundfarbe stricken, dabei auf die unterschiedliche Fersenplatzierung rechts und links achten (s. Grundanleitung).

6. Über die obere Hälfte der Maschen weiter im Spitzenmuster stricken, die andere Hälfte (Ferse) glatt rechts, Zwickel und Fuß stricken (s. Grundanleitung).

7. Die Spitze in der Grundfarbe als Sternchenspitze arbeiten (S. 123 in der Grundanleitung).

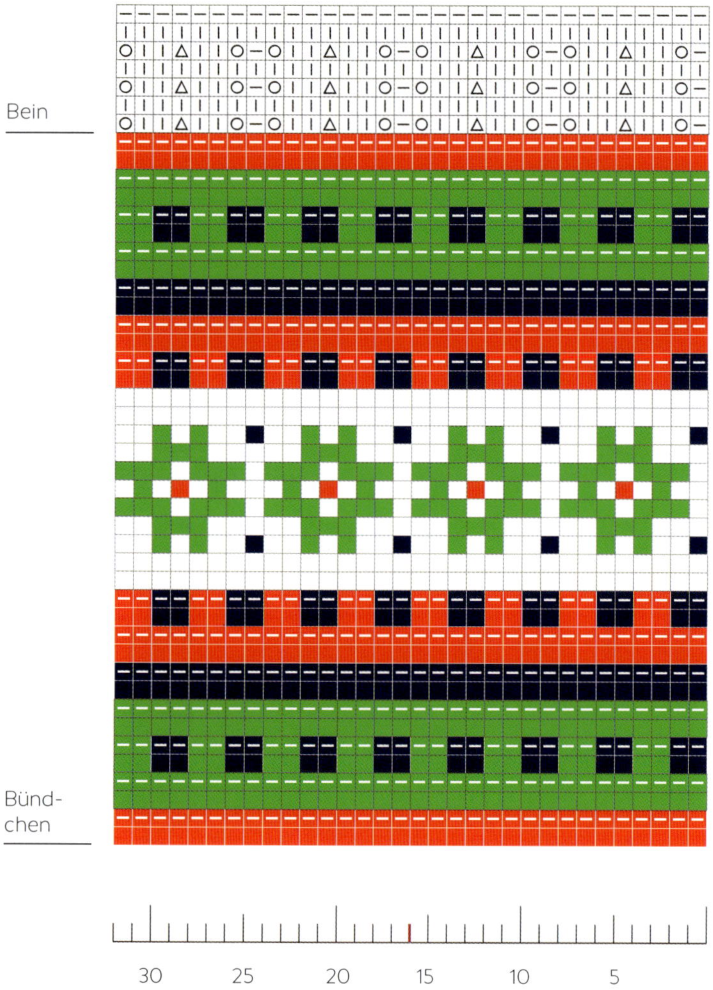

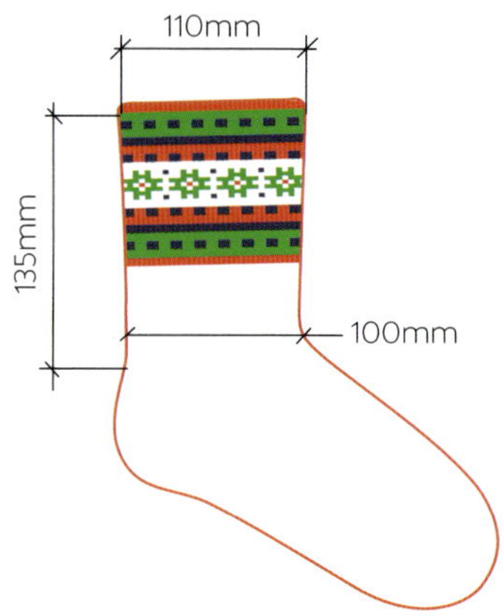

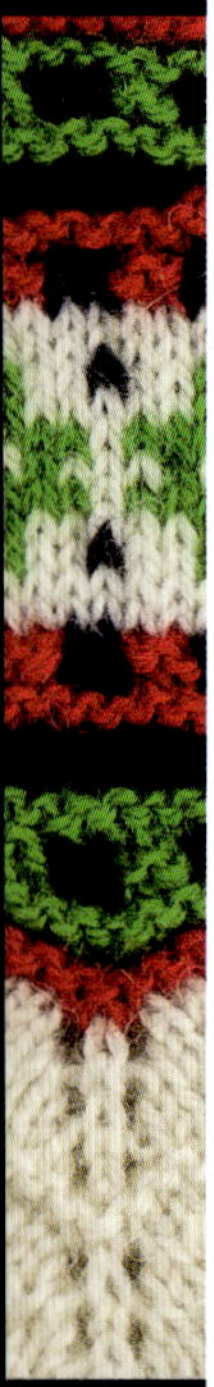

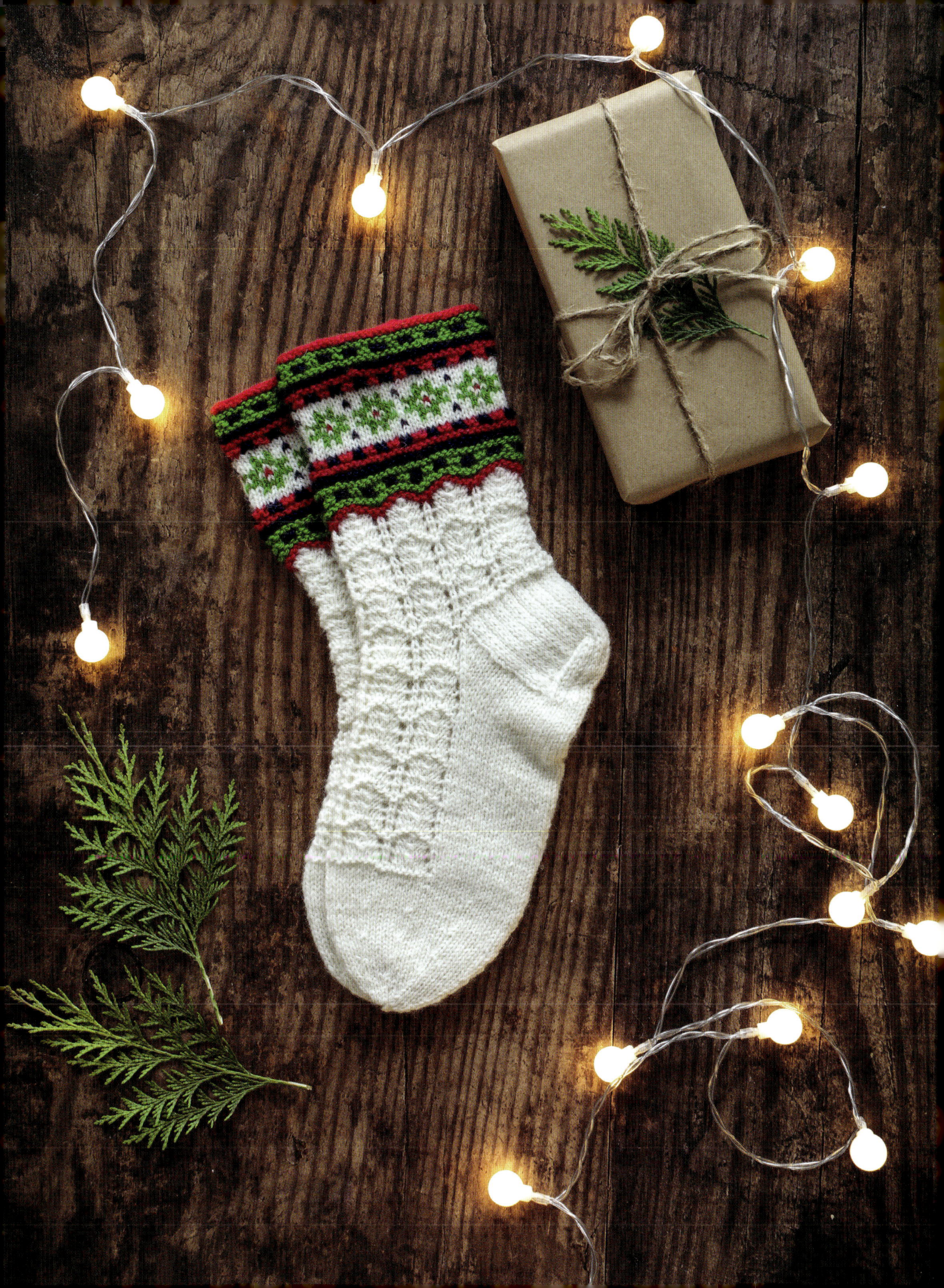

BLAUE SPITZE

Anleitung

Für detaillierte Erläuterungen die Grundanleitung (S. 118 f.) lesen.

5 Farben: eine Grundfarbe (Cremeweiß) und vier Kontrastfarben (Hellblau, Dunkelblau, Rot und Gelb).

2–2,5 mm Nadeln und 2-fädige Wolle.

1. 64 M in der Grundfarbe anschlagen.

2. In der 1. Runde die Maschen gleichmäßig auf 4 Nadeln verteilen (16 M pro Nadel).

3. Bündchen und Bein laut Strickschrift stricken. Die Strickschrift von rechts nach links lesen und zweimal arbeiten.

4. Weiter das Bein stricken, dabei insgesamt 16 Runden der 2 Runden des Spitzenmusters stricken.

5. Ferse in der Grundfarbe stricken, dabei auf die unterschiedliche Fersenplatzierung rechts und links achten (s. Grundanleitung).

6. Über die obere Hälfte der Maschen weiter im Spitzenmuster stricken, die andere Hälfte (Ferse) glatt rechts, Zwickel und Fuß stricken (s. Grundanleitung).

7. Die Spitze in der Grundfarbe als Sternchenspitze arbeiten (S. 123 in der Grundanleitung).

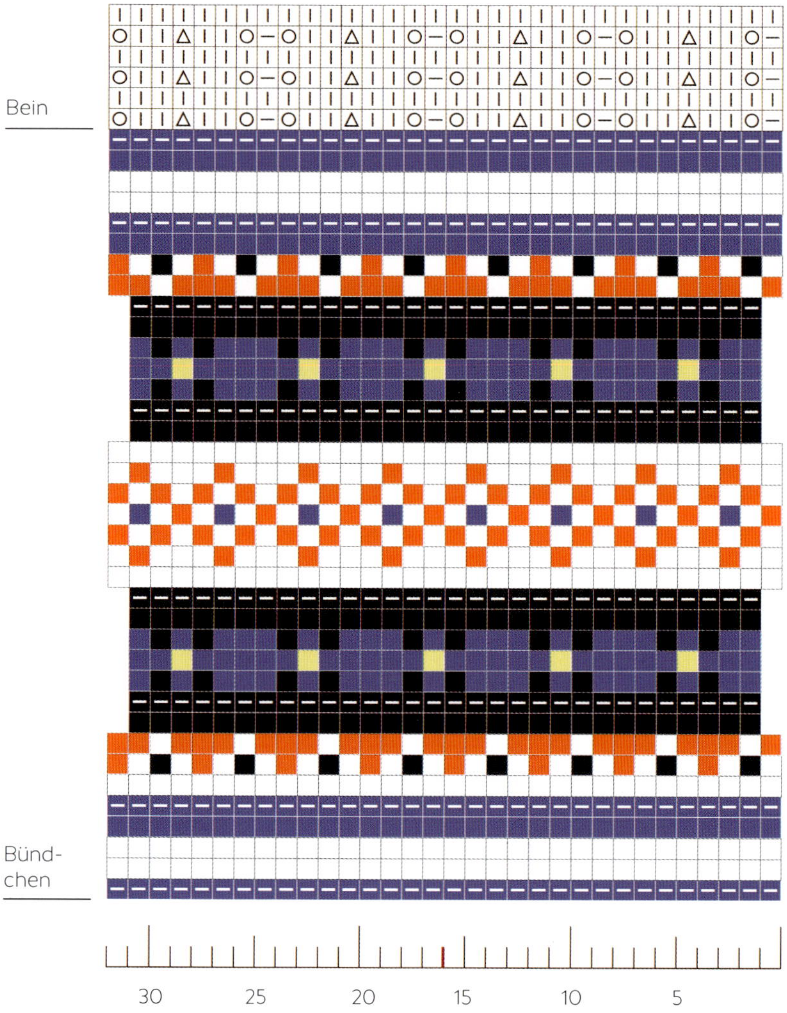

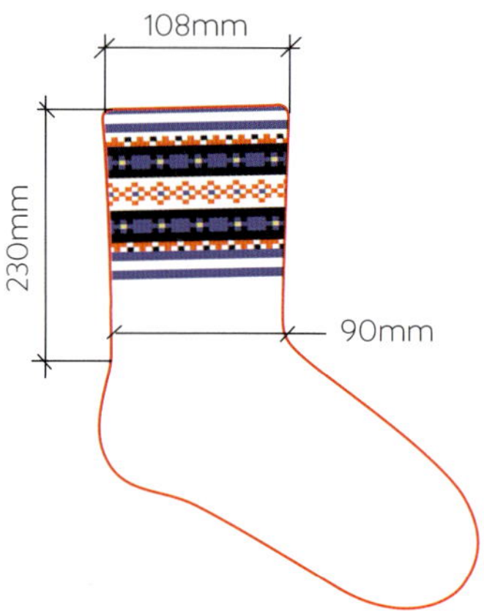

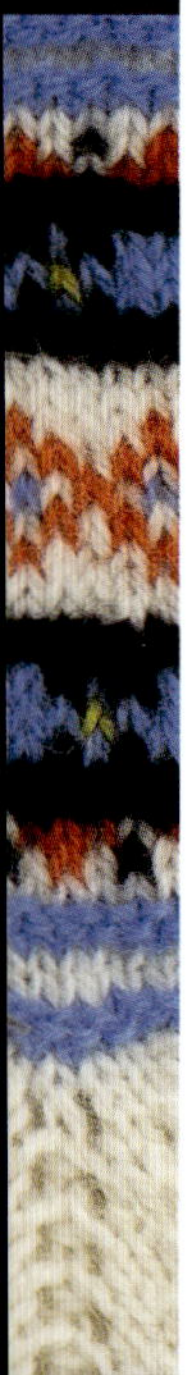

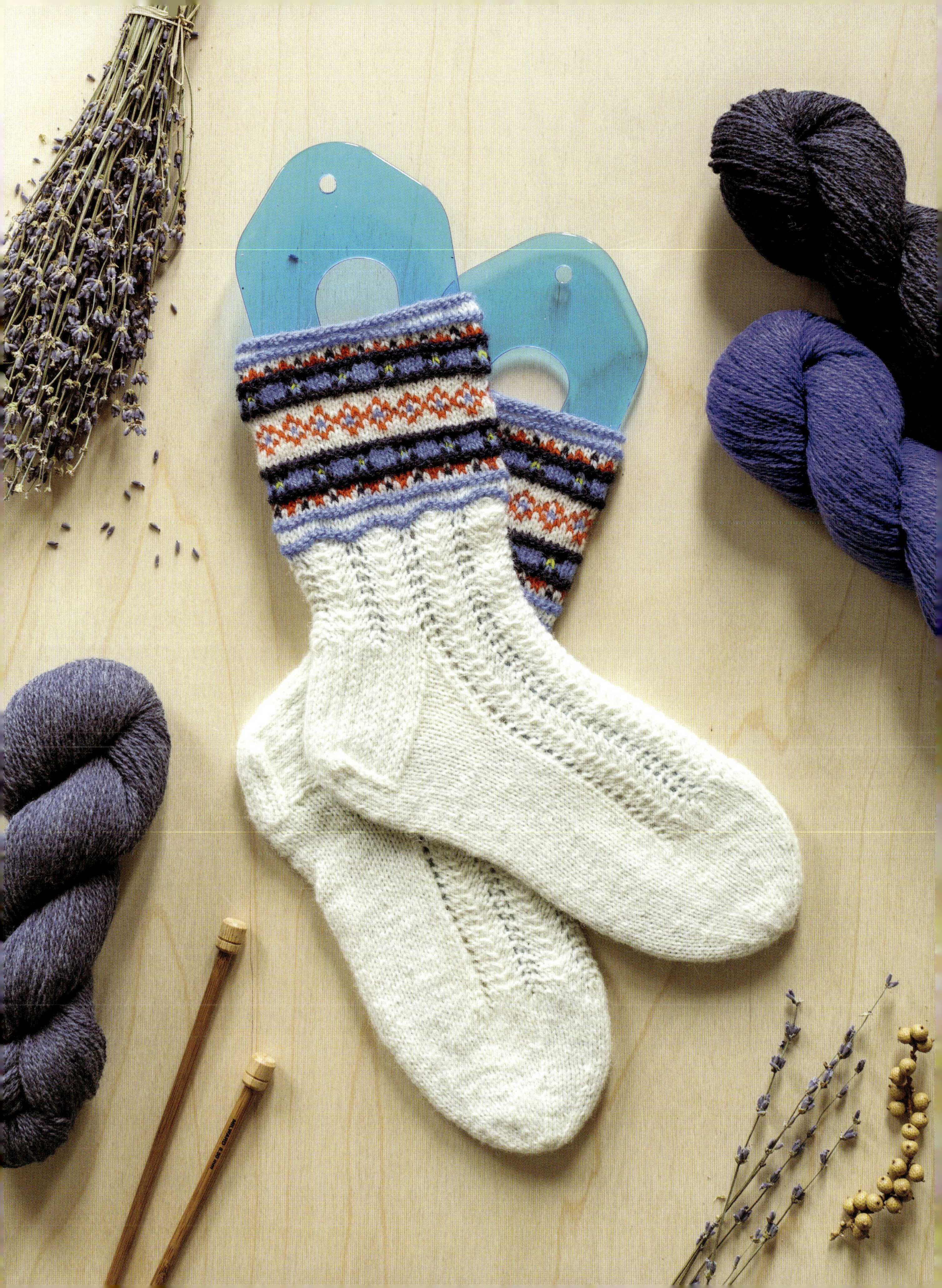

TÜRKIS

Anleitung

Für detaillierte Erläuterungen die Grundanleitung (S. 118 f.) lesen.

6 Farben: eine Grundfarbe 4-fädig (Hellgrau) und fünf Kontrastfarben 2-fädig (Cremeweiß, Mittelblau, Dunkelblau, Rot und Gelb).

2,5–3,5 mm Nadeln, 2-fädige Wolle und 4-fädige Sockenwolle.

1. 84 M in cremeweißer, 2-fädiger Wolle anschlagen.

2. In der 1. Runde die Maschen gleichmäßig auf 4 Nadeln verteilen (21 M pro Nadel).

3. Bündchen und Bein laut Strickschrift stricken. Strickschrift von rechts nach links lesen, zweimal arbeiten, wie in der Strickschrift angegeben zu- und abnehmen, mit 72 M für den Spitzenteil in der Grundfarbe und 4-fädiger Sockenwolle enden.

4. Jetzt das Spitzenmuster stricken, die 4 Runden der Musterwiederholung insgesamt 20 Mal.

5. Ferse in der Grundfarbe stricken, dabei auf die unterschiedliche Fersenplatzierung rechts und links achten.

6. Über die obere Hälfte der Maschen weiter im Spitzenmuster stricken, die andere Hälfte (Ferse) glatt rechts, Zwickel und Fuß stricken.

7. Die Spitze in der Grundfarbe als Bandspitze arbeiten.

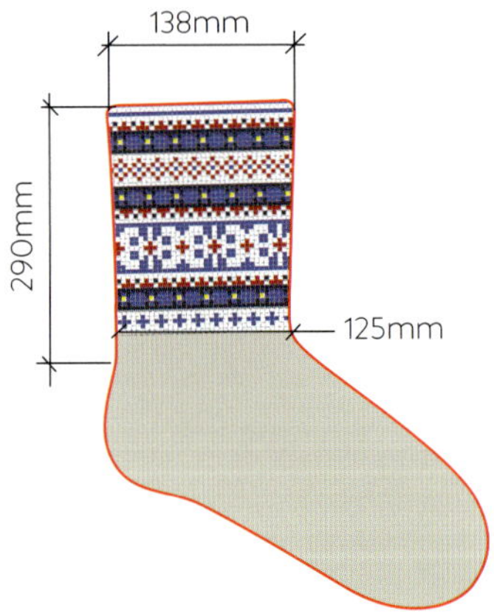

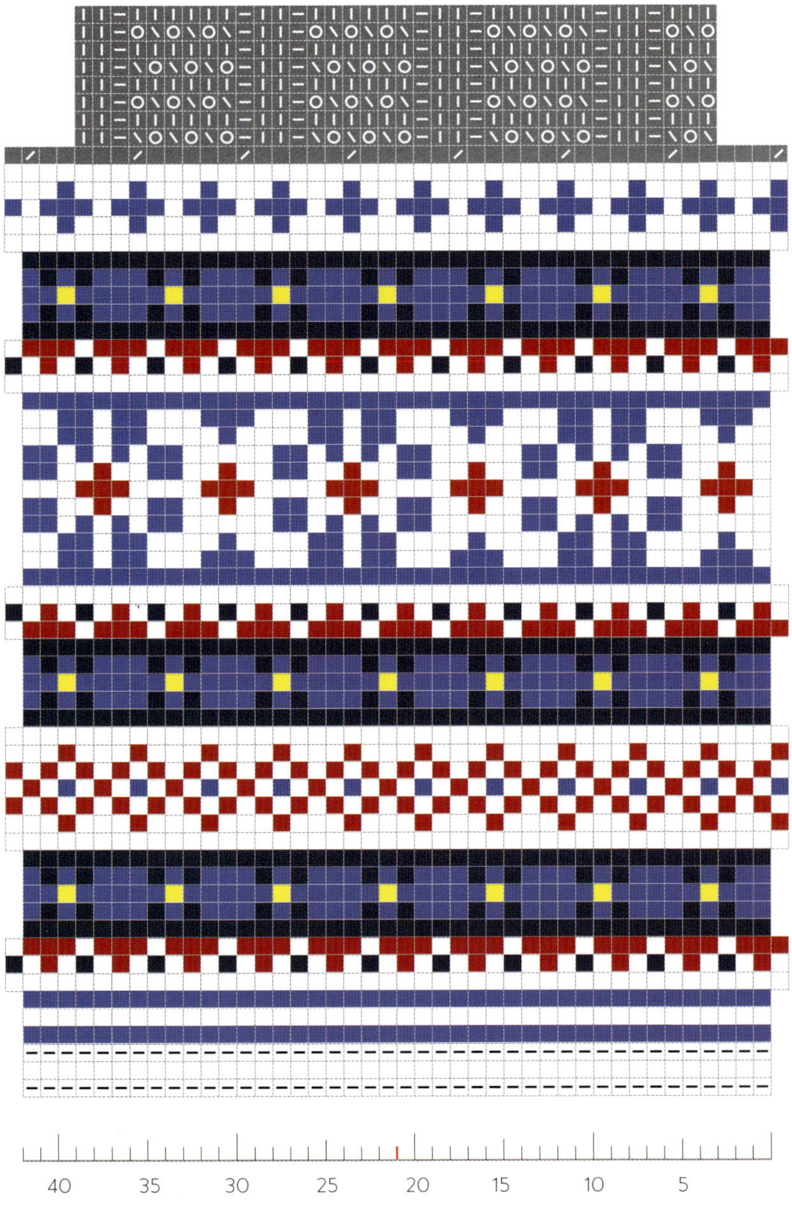

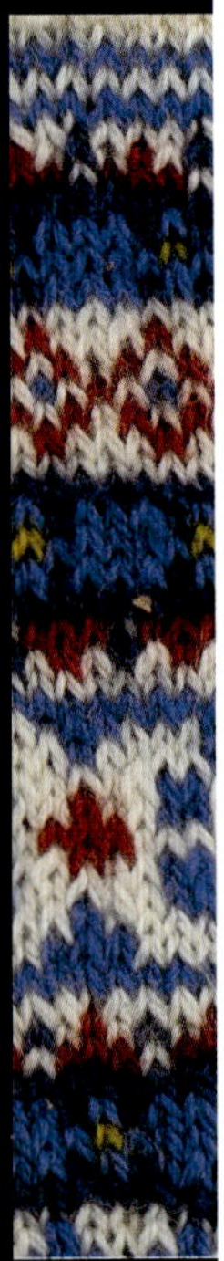

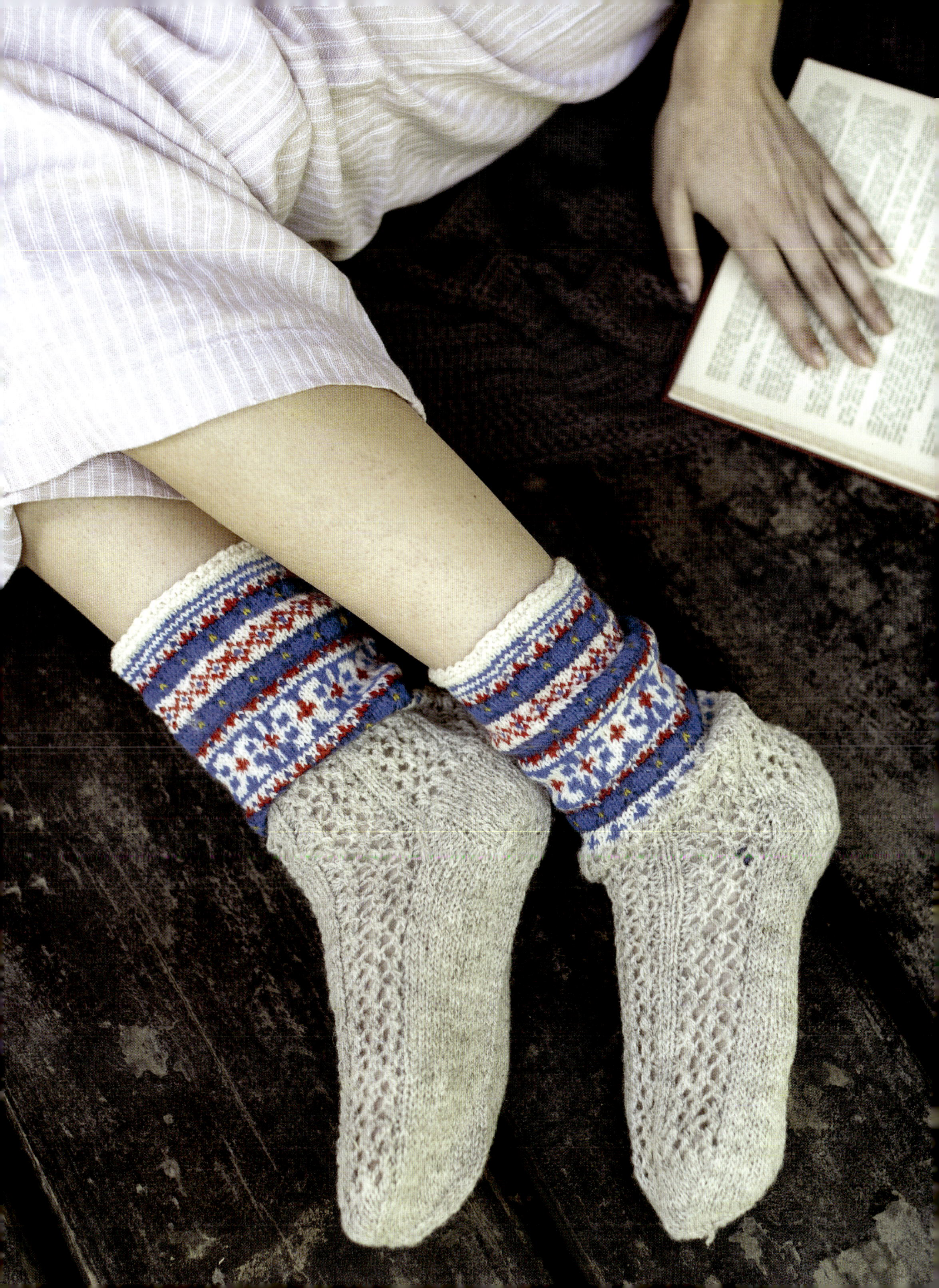

NORDSEEWELLEN

Anleitung

Für detaillierte Erläuterungen die Grundanleitung (S. 118 f.) lesen.

2 Farben: eine Grundfarbe (Cremeweiß) und eine Kontrastfarbe (Blau).

3–3,5 mm Nadeln und 6-fädige Sockenwolle.

1. 60 M in der Grundfarbe anschlagen.

2. In der 1. Runde die Maschen gleichmäßig auf 4 Nadeln verteilen (15 M pro Nadel).

3. Das Bündchen wie in der Strickschrift angegeben stricken, die erste Runde links, die zweite Runde rechts und in der dritten Runde auf 16 M pro Nadel zunehmen.

4. Das Bein laut Strickschrift stricken. Die Strickschrift von rechts nach links lesen und viermal arbeiten.

5. Ferse in der Grundfarbe stricken, dabei auf die unterschiedliche Fersenplatzierung rechts und links achten (s. Grundanleitung).

6. Über die obere Hälfte der Maschen weiter im Muster stricken, die andere Hälfte (Ferse) glatt rechts, Zwickel und Fuß stricken.

7. Die Spitze als Bandspitze stricken (S. 123 in der Grundanleitung), das Zickzackmuster dabei in der oberen Maschenhälfte beibehalten, die andere Hälfte in glattrechten Streifen stricken.

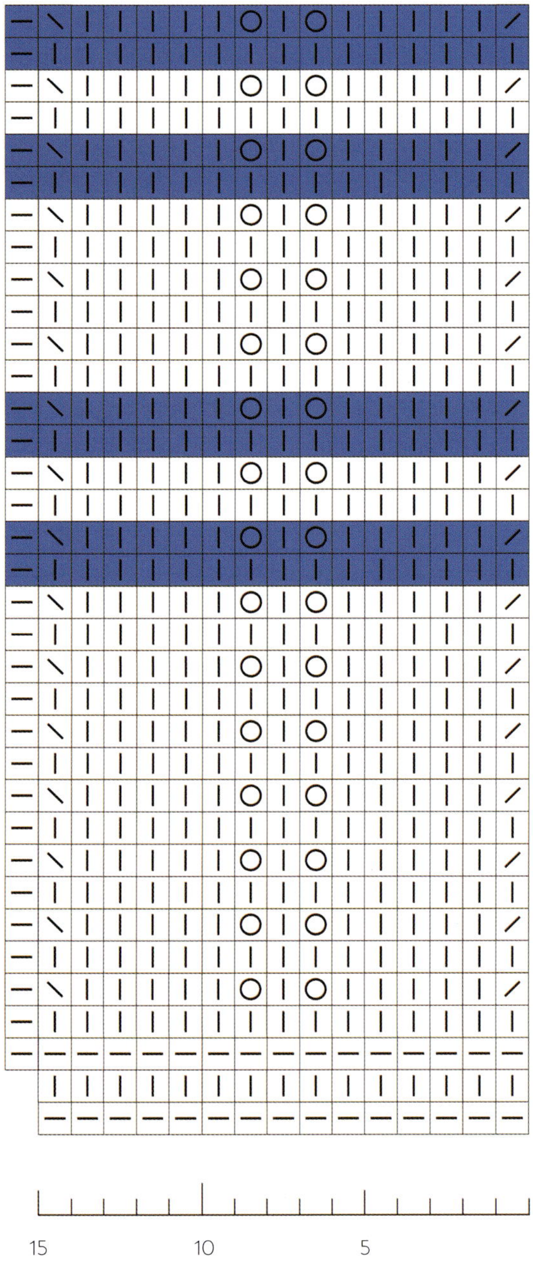

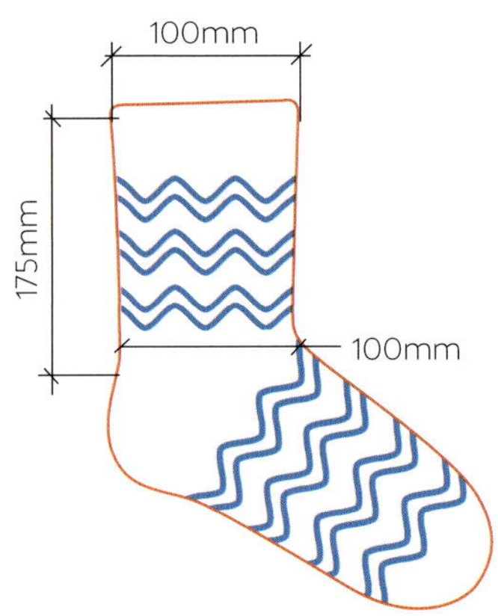

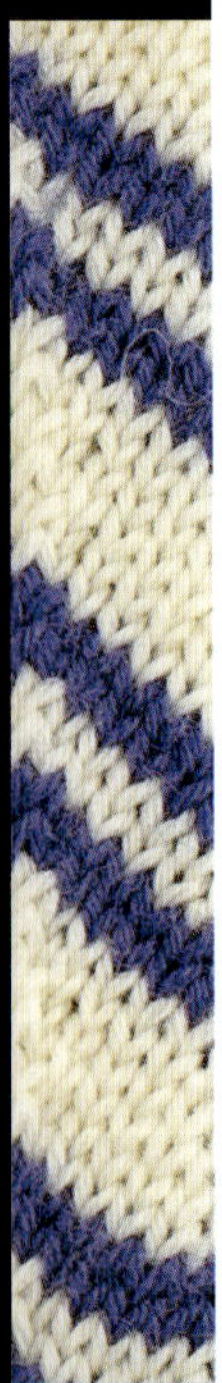

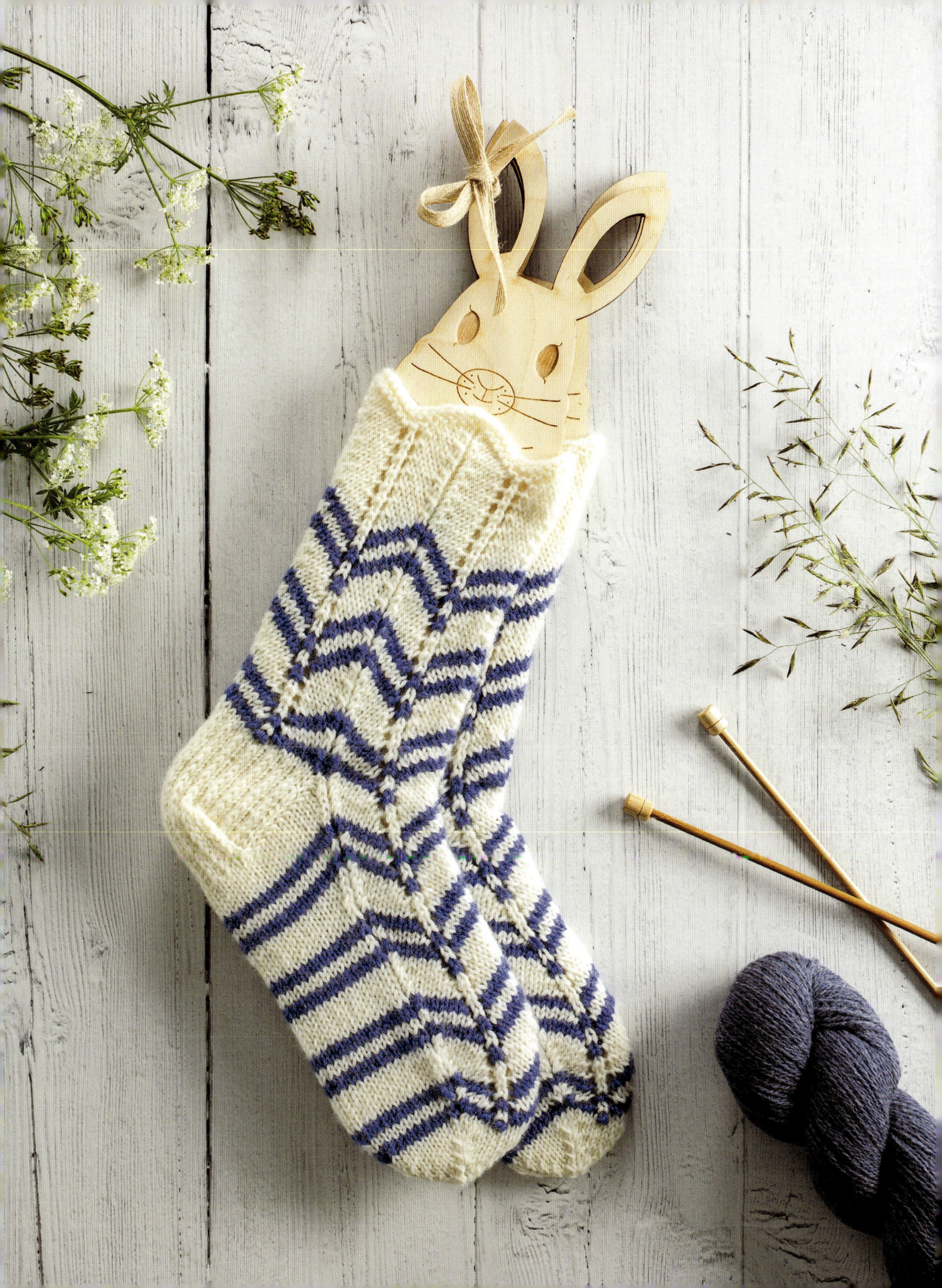

WARMES GRAU

Anleitung

Für detaillierte Erläuterungen die Grundanleitung (S. 118 f.) lesen.

1 Farbe: Grundfarbe (Grau).

3–3,5 mm Nadeln und 6-fädige Sockenwolle.

1. 60 M in der Grundfarbe anschlagen.

2. In der 1. Runde die Maschen gleichmäßig auf 4 Nadeln verteilen (15 M pro Nadel).

3. Mit 2 Runden links beginnen, 15 Runden in (2 M re, 2 M li) Rippen wie in der Strickschrift arbeiten, dann das Spitzenmuster stricken. Die Strickschrift von rechts nach links lesen und zweimal wiederholen, insgesamt 40 Runden der 20 Spitzenmusterrunden stricken.

4. Ferse in der Grundfarbe stricken, dabei auf die unterschiedliche Fersenplatzierung rechts und links achten (s. Grundanleitung).

5. Über die obere Hälfte der Maschen weiter im Spitzenmuster stricken, die andere Hälfte (Ferse) glatt rechts, Zwickel und Fuß und eine Bandspitze stricken (s. Grundanleitung).

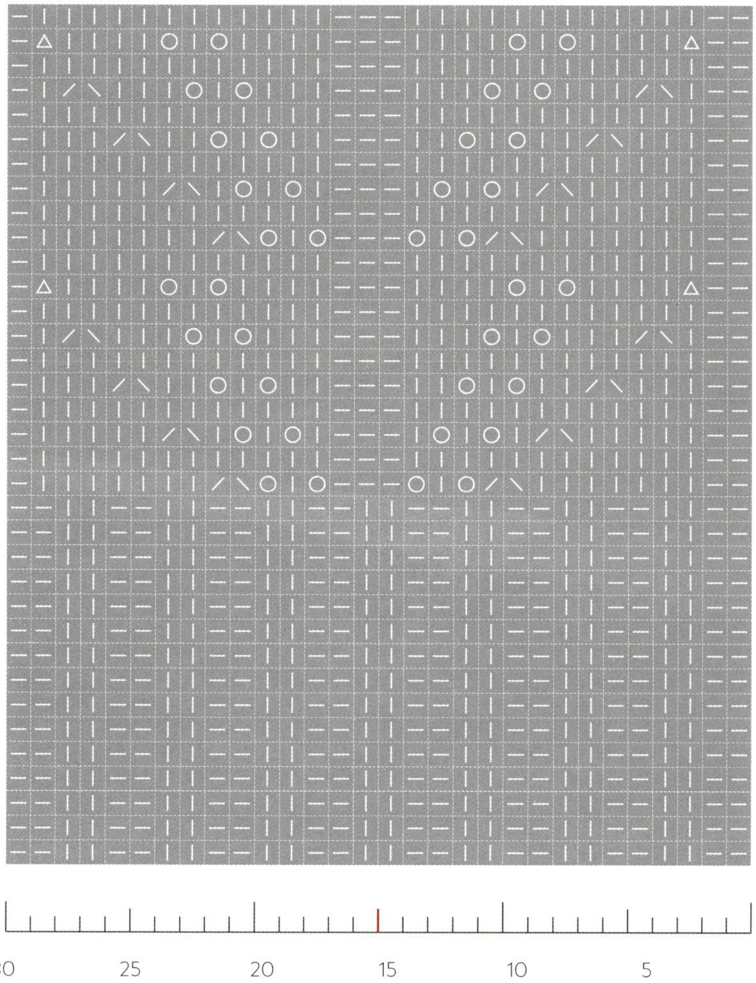

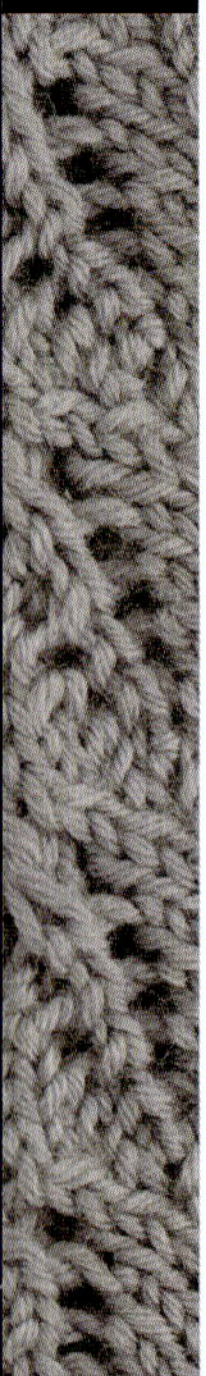

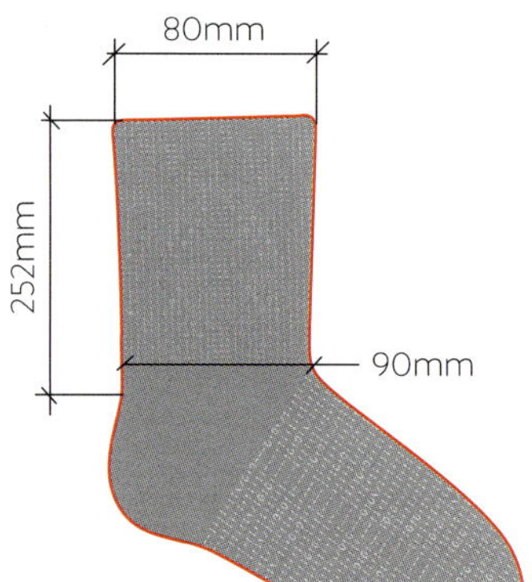

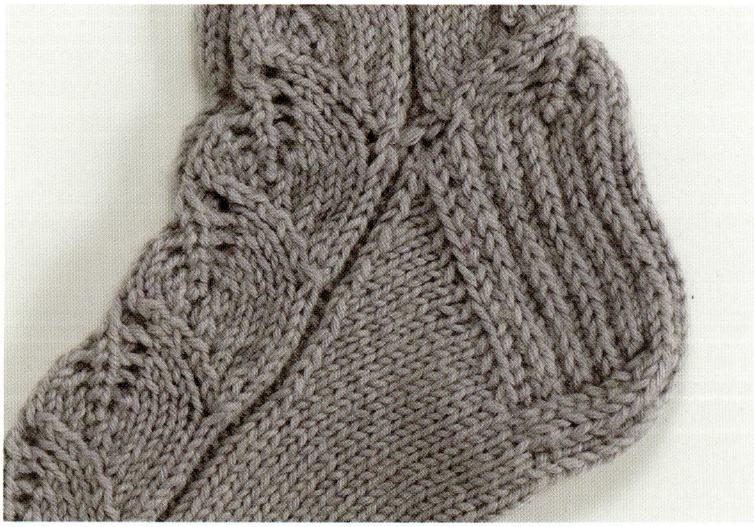

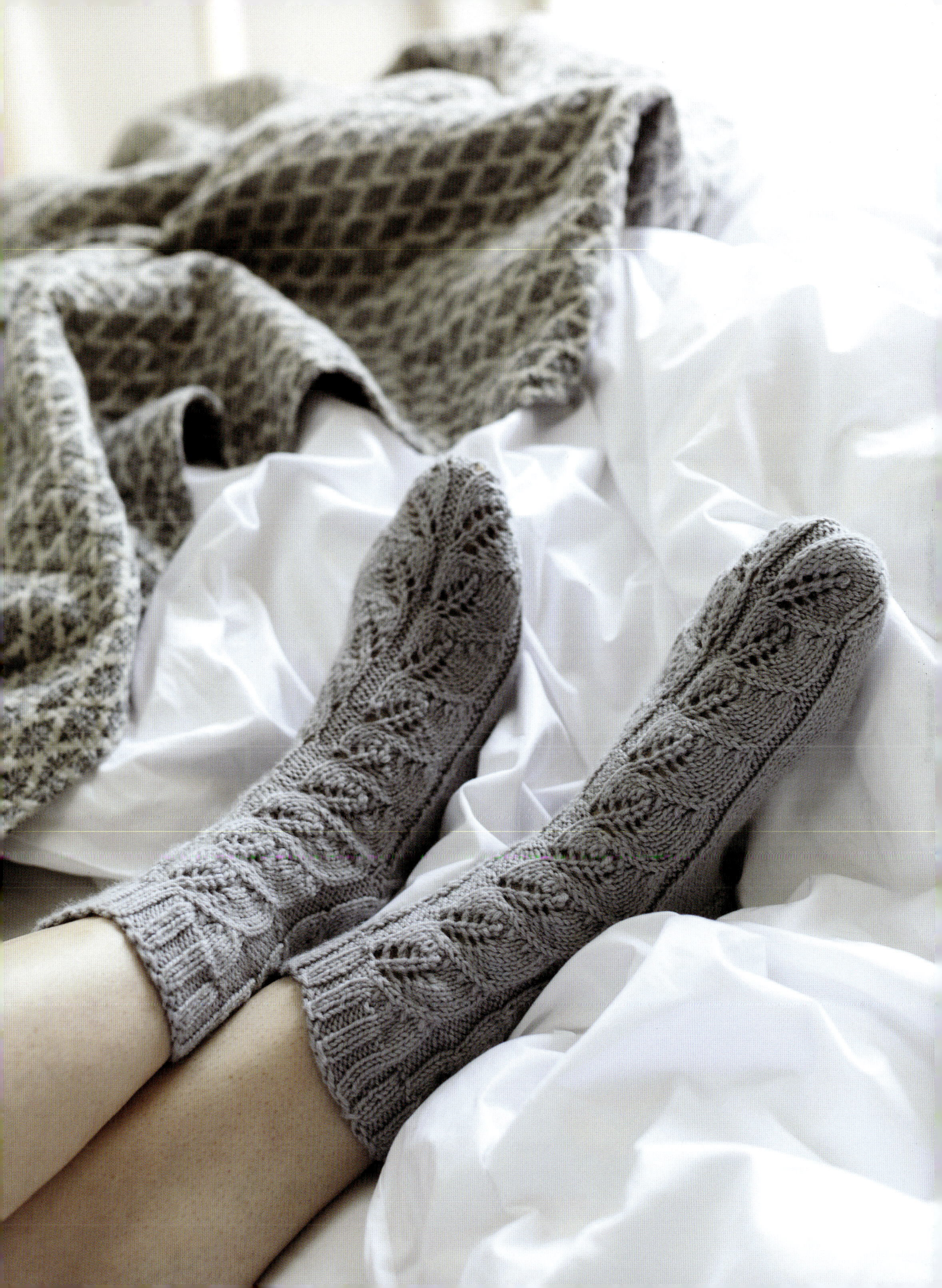

KOHLE

Anleitung

Für detaillierte Erläuterungen die Grundanleitung (S. 118 f.) lesen.

Eine Farbe: Grundfarbe (Kohle).

3–3,5 mm Nadeln und 6-fädige Sockenwolle.

1. 60 M in der Grundfarbe anschlagen.

2. In der 1. Runde die Maschen gleichmäßig auf 4 Nadeln verteilen (15 M pro Nadel).

3. Eine Picotkante stricken (s. Bündchentechniken S. 124).

4. Das Bein weiter im Spitzenmuster stricken. Die Strickschrift von rechts nach links lesen und zweimal arbeiten, insgesamt 50 Runden im Spitzenmuster stricken.

5. Die Ferse in der Grundfarbe stricken, dabei auf die unterschiedliche Fersenplatzierung rechts und links achten (s. Grundanleitung).

6. Über die obere Hälfte der Maschen weiter im Spitzenmuster stricken, die andere Hälfte (Ferse) glatt rechts, Zwickel und Fuß und eine Bandspitze stricken (s. Grundanleitung).

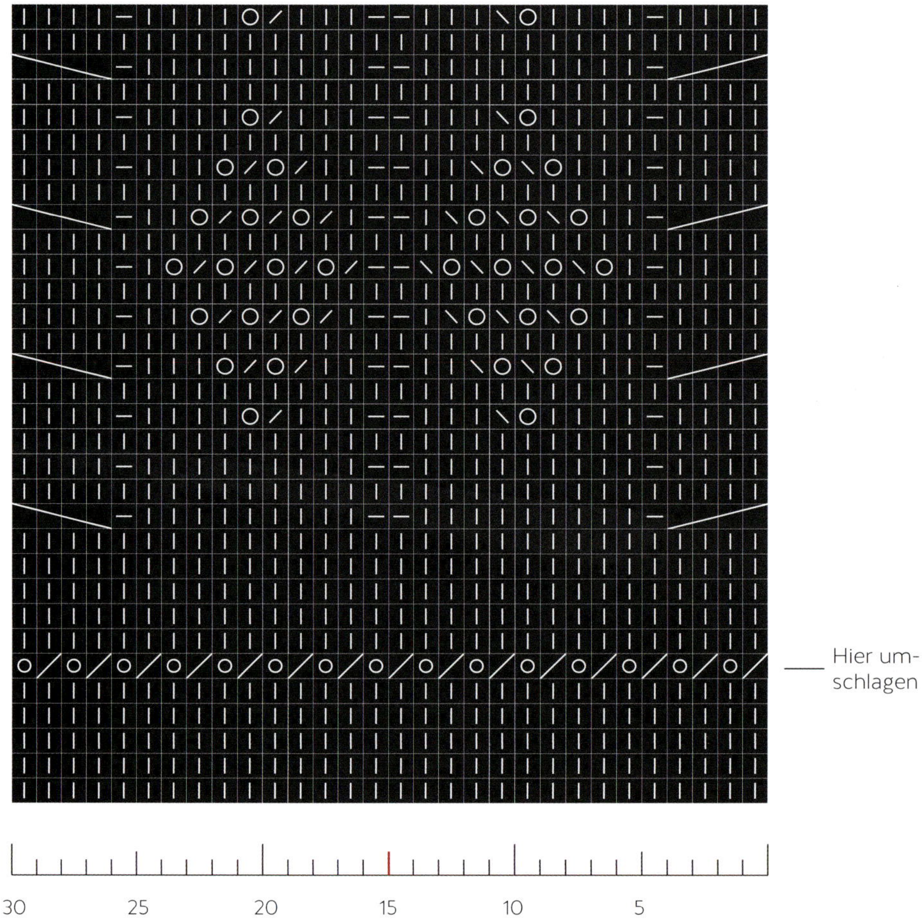

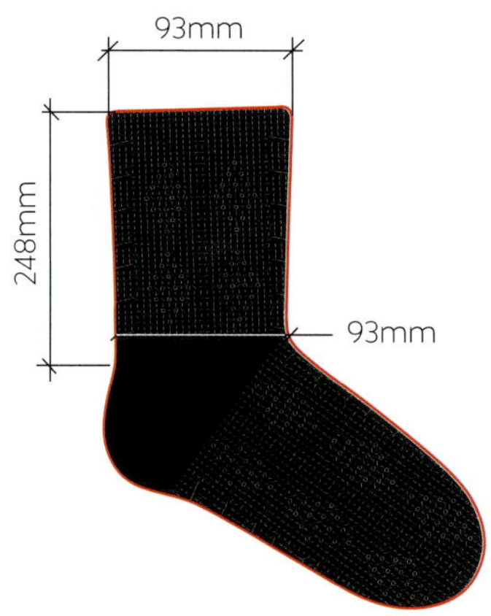

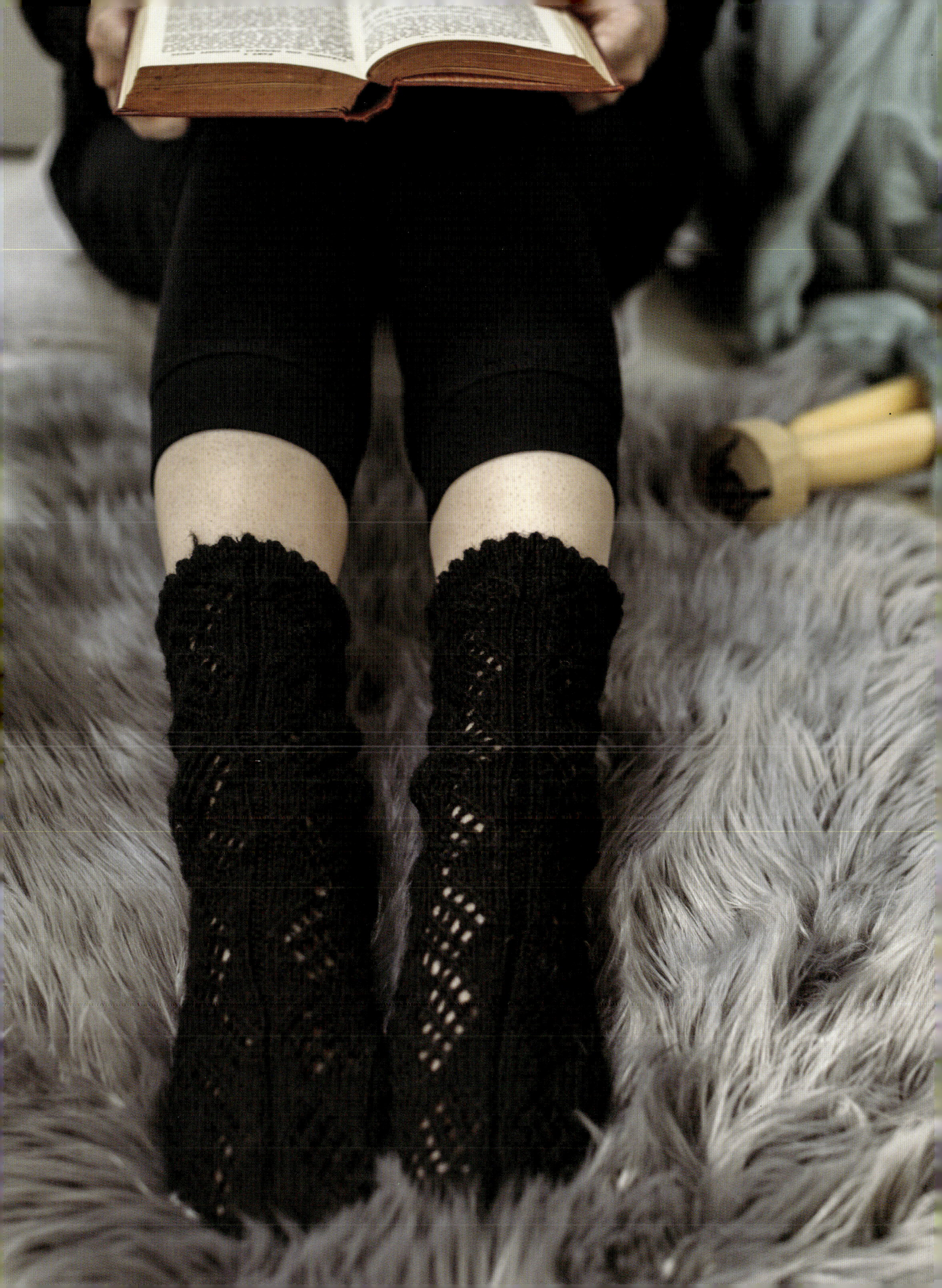

FEUERWERK

Anleitung

Für detaillierte Erläuterungen die Grundanleitung (S. 118 f.) lesen.

5 Farben: eine Grundfarbe (Grau) und vier Kontrastfarben (Rot, Kohle, Orange und Cremeweiß).

2–2,5 mm Nadeln und 2-fädige Wolle.

1. 72 M in der Grundfarbe anschlagen.

2. In der 1. Runde die Maschen gleichmäßig auf 4 Nadeln verteilen (18 M pro Nadel).

3. Mit einer linken Runde beginnen und über 5 Runden wie in der Strickschrift angegeben ein krausrechtes Bündchen stricken (s. Bündchentechniken S. 124).

4. Das Bein weiter laut Strickschrift stricken und an den angegebenen Stellen zu- und abnehmen. Jede Strickschrift einmal von rechts nach links stricken, mit der rechten Schrift beginnen.

5. Die Ferse in der Grundfarbe stricken, dabei auf die unterschiedliche Fersenplatzierung rechts und links achten (s. Grundanleitung).

6. Den Spann in der Grundfarbe stricken.

7. Den Fuß in der Grundfarbe stricken.

8. Die Spitze in der Grundfarbe als Bandspitze arbeiten (S. 123 in der Grundanleitung).

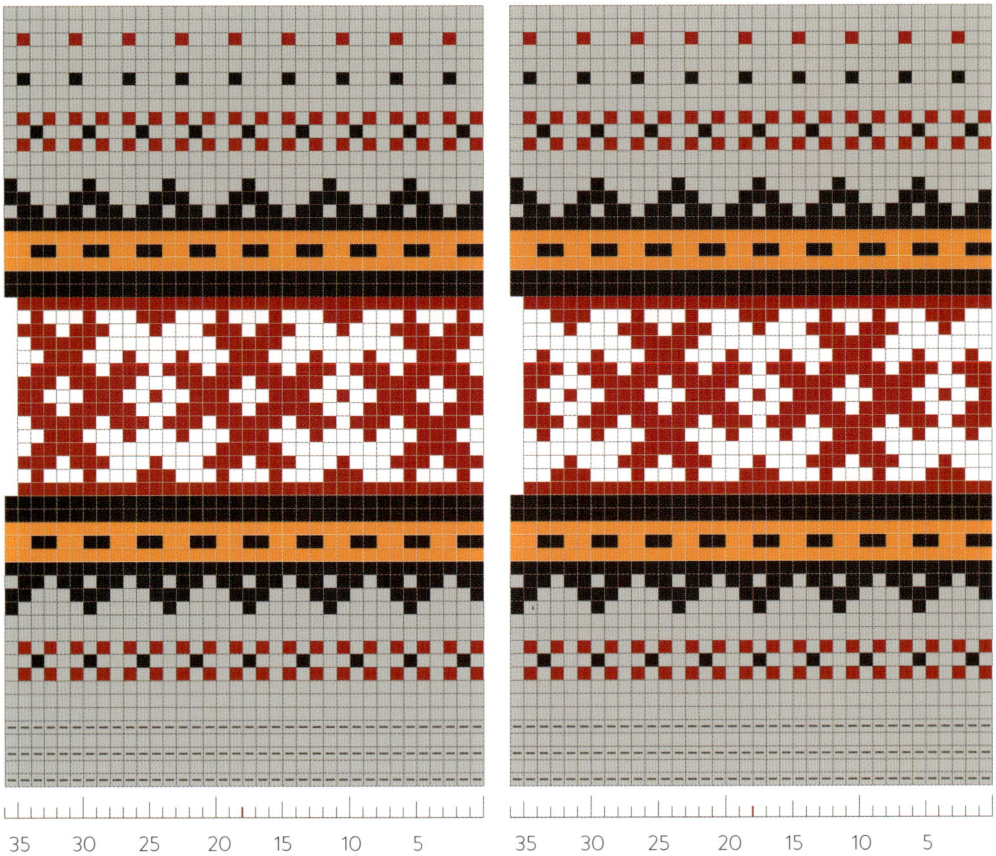

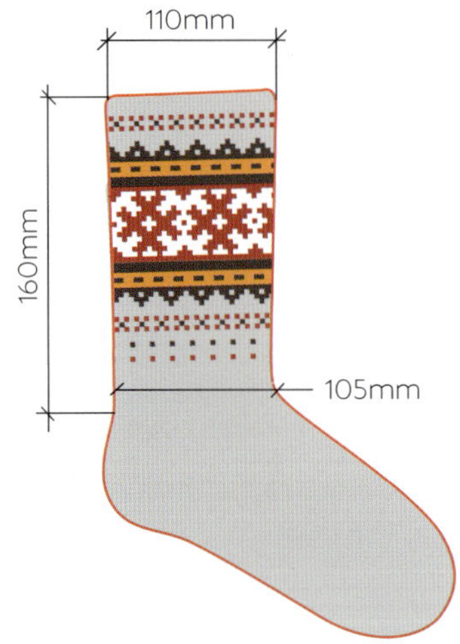

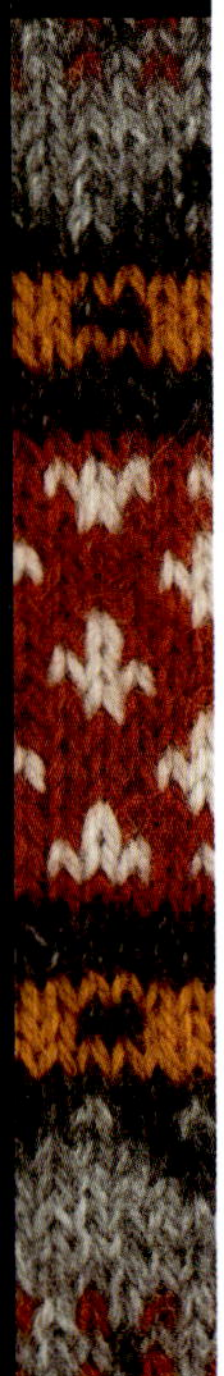

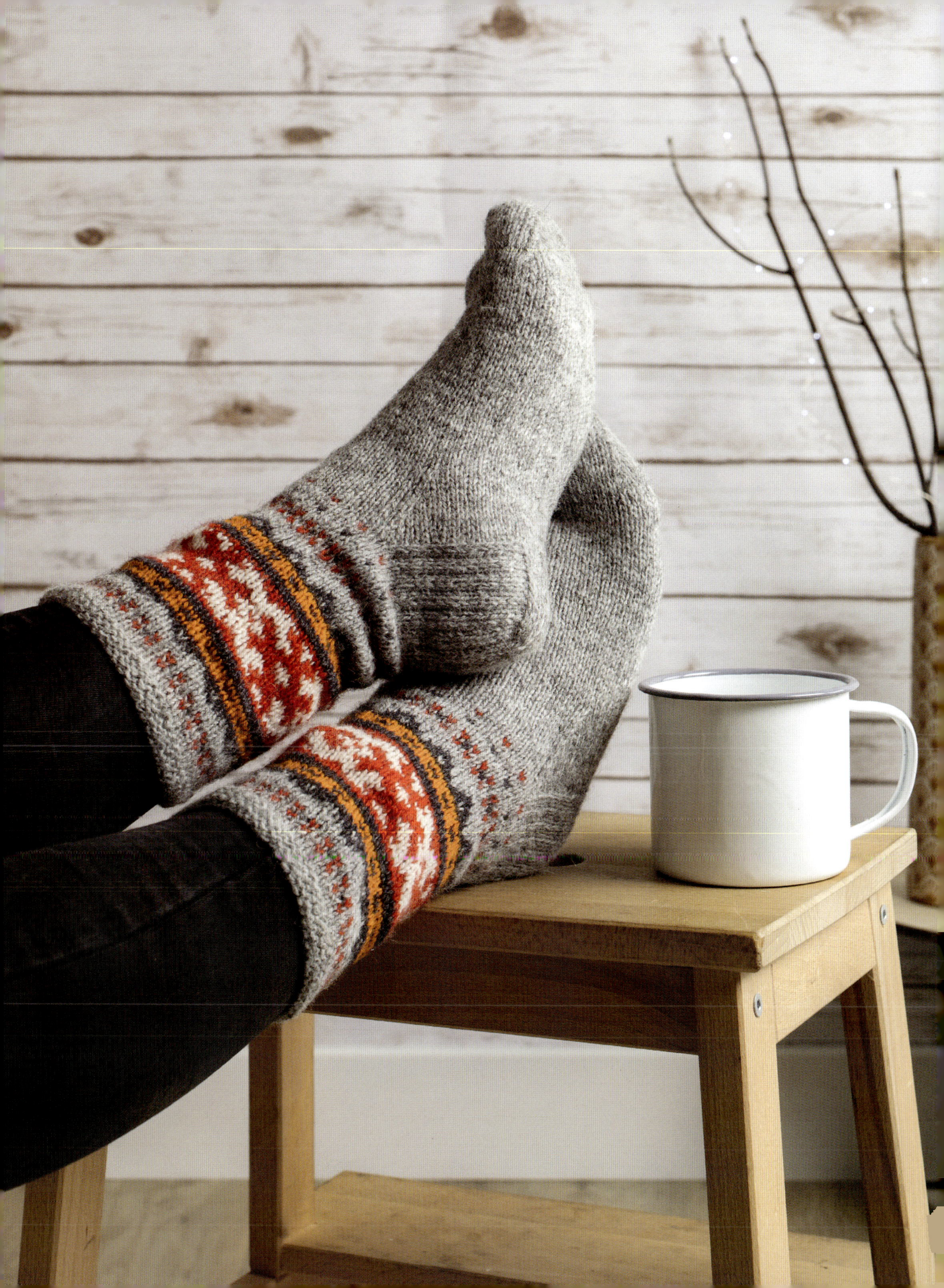

KURLAND

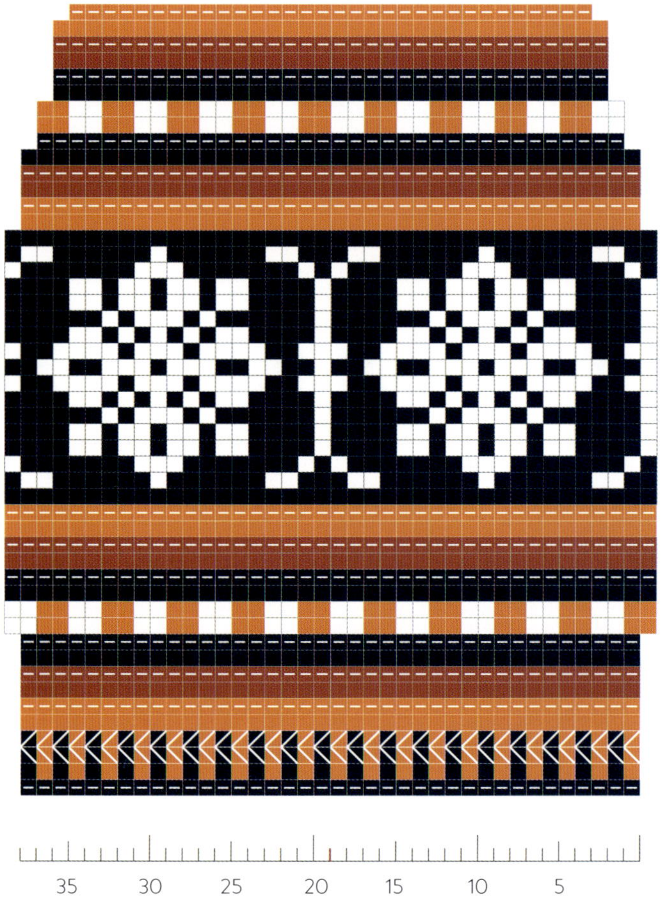

Anleitung

Für detaillierte Erläuterungen die Grundanleitung (S. 118 f.) lesen.

4 Farben: eine Grundfarbe (Weiß) und drei Kontrastfarben (Schwarz, Orange und Rot).

2–2,5 mm Nadeln und 2-fädige Wolle.

1. 76 M in der Grundfarbe anschlagen.

2. In der 1. Runde die Maschen gleichmäßig auf 4 Nadeln verteilen (19 M pro Nadel).

3. 1 Runde links, dann nach der Strickschrift arbeiten und an der angegebenen Stelle eine lettische Flechtborte arbeiten (s. Bündchentechniken S. 124).

4. Das Bein laut Strickschrift stricken. Die Strickschrift von rechts nach links lesen und zweimal arbeiten. Wie angegeben zu- und abnehmen, um am Ende der Strickschrift 64 M zu haben.

5. Weitere 18 Runden in der Grundfarbe stricken.

6. Ferse in der Grundfarbe stricken, dabei auf die unterschiedliche Fersenplatzierung rechts und links achten (s. Grundanleitung).

7. Den Spann in der Grundfarbe stricken.

8. Den Fuß in der Grundfarbe stricken.

9. Die Spitze in der Grundfarbe als Sternchenspitze arbeiten (S. 123 in der Grundanleitung).

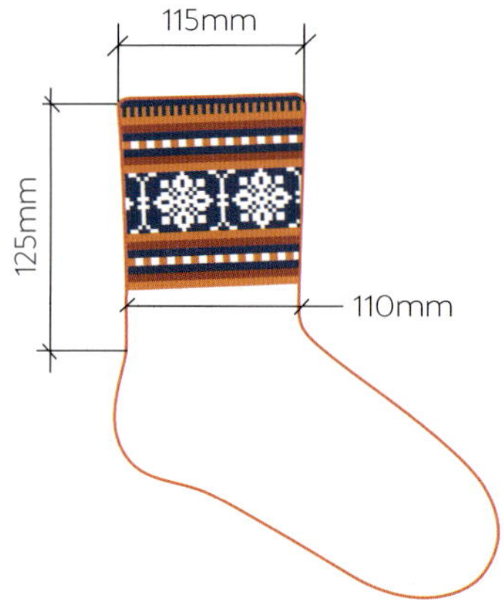

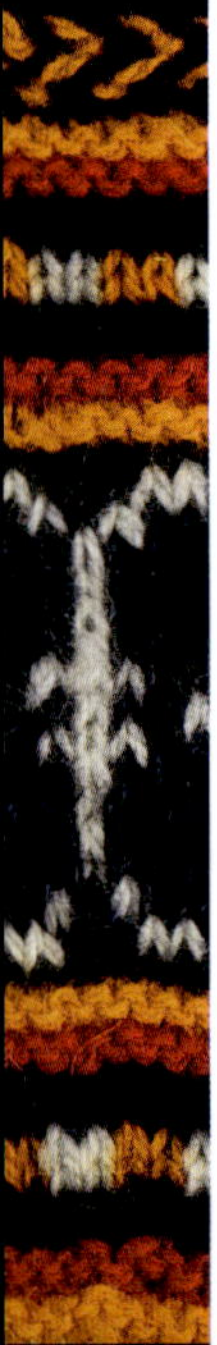

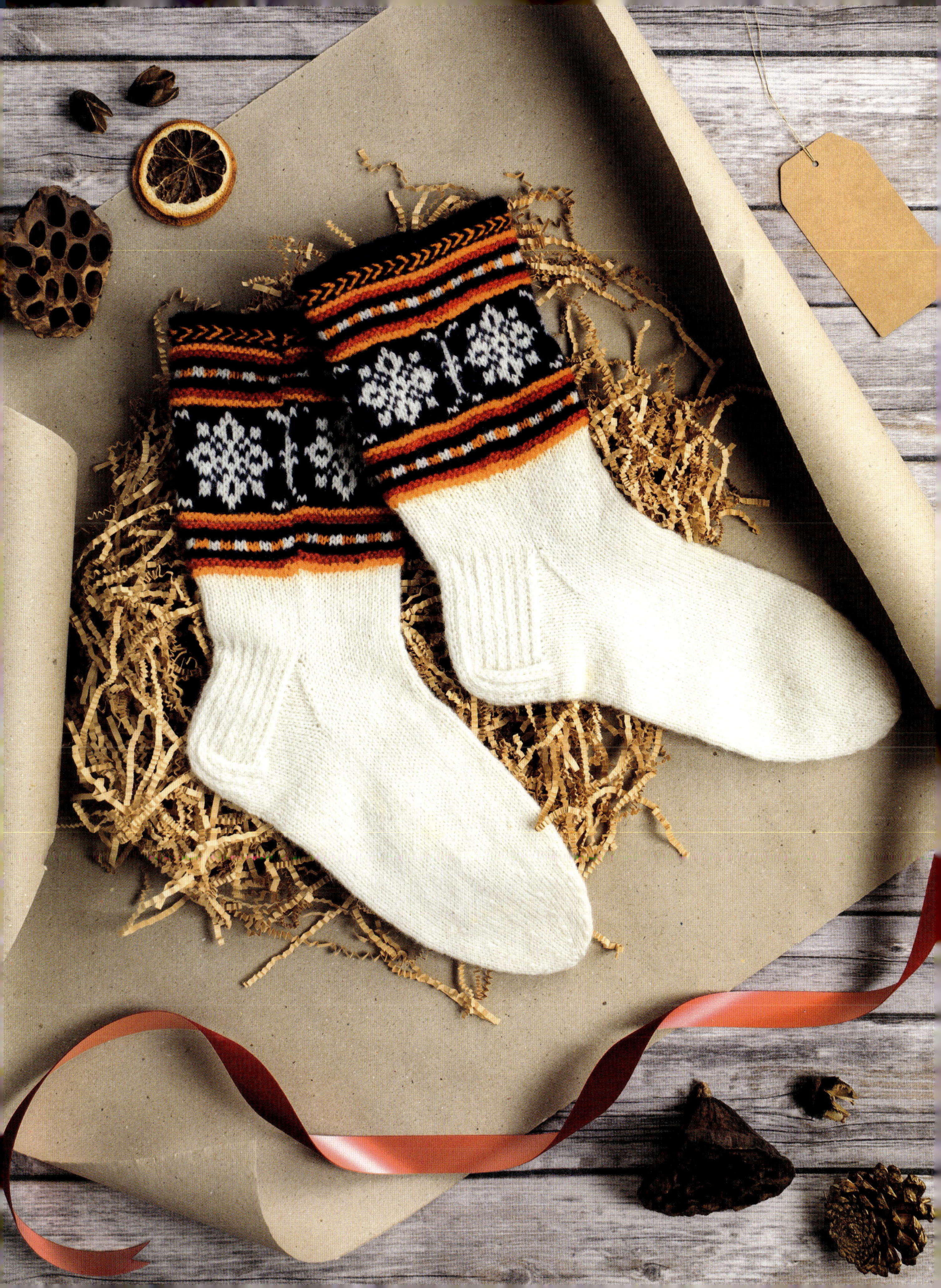

MORGENSONNE

Anleitung

Für detaillierte Erläuterungen die Grundanleitung (S. 118 f.) lesen.

4 Farben: eine Grundfarbe (Cremeweiß) und drei Kontrastfarben (Grün, Schwarz und Gelb).

2–2,5 mm Nadeln und 2-fädige Wolle.

1. 72 M in der Grundfarbe anschlagen.

2. In der 1. Runde die Maschen gleichmäßig auf 4 Nadeln verteilen (18 M pro Nadel).

3. Eine Picotkante stricken (s. Bündchentechniken S. 124).

4. Das Bein weiter laut Strickschrift stricken. Jede Strickschrift einmal von rechts nach links stricken, mit der rechten Schrift beginnen.

5. Weitere 10 Runden in der Grundfarbe stricken.

6. Ferse in der Grundfarbe stricken, dabei auf die unterschiedliche Fersenplatzierung rechts und links achten (s. Grundanleitung).

7. Den Spann in der Grundfarbe stricken.

8. Den Fuß in der Grundfarbe stricken.

9. Die Spitze in der Grundfarbe als Bandspitze arbeiten (S. 123 in der Grundanleitung).

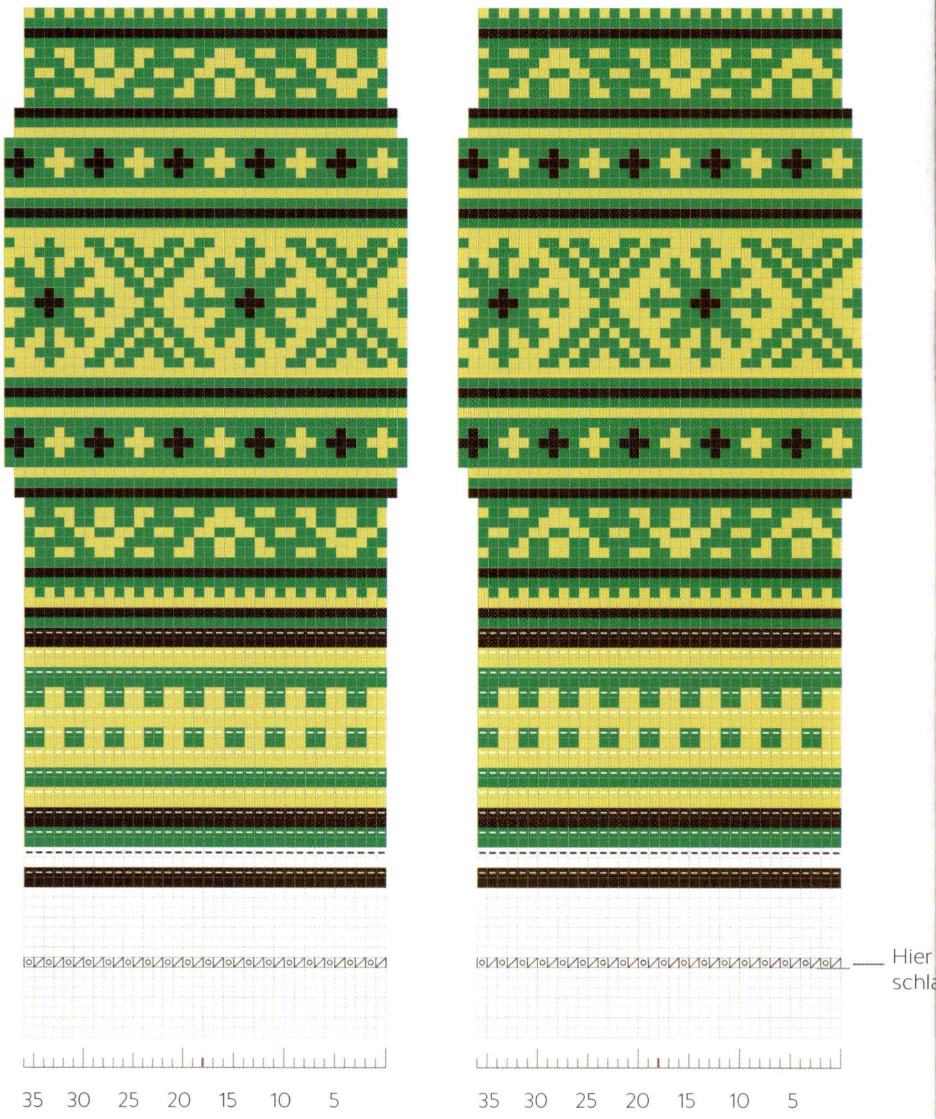

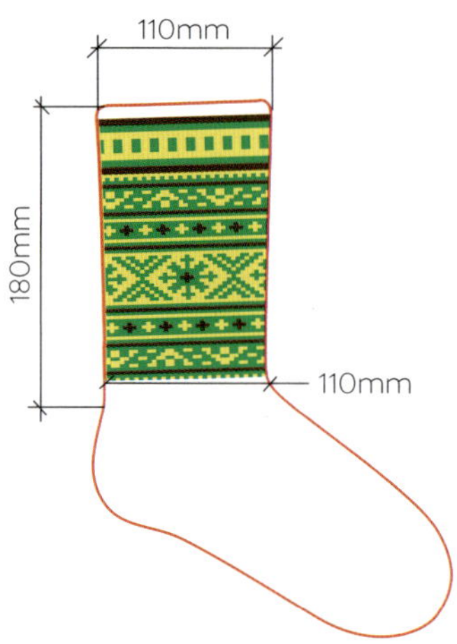

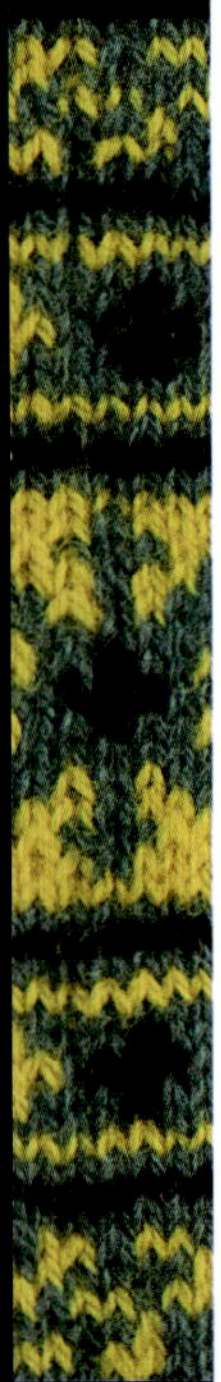

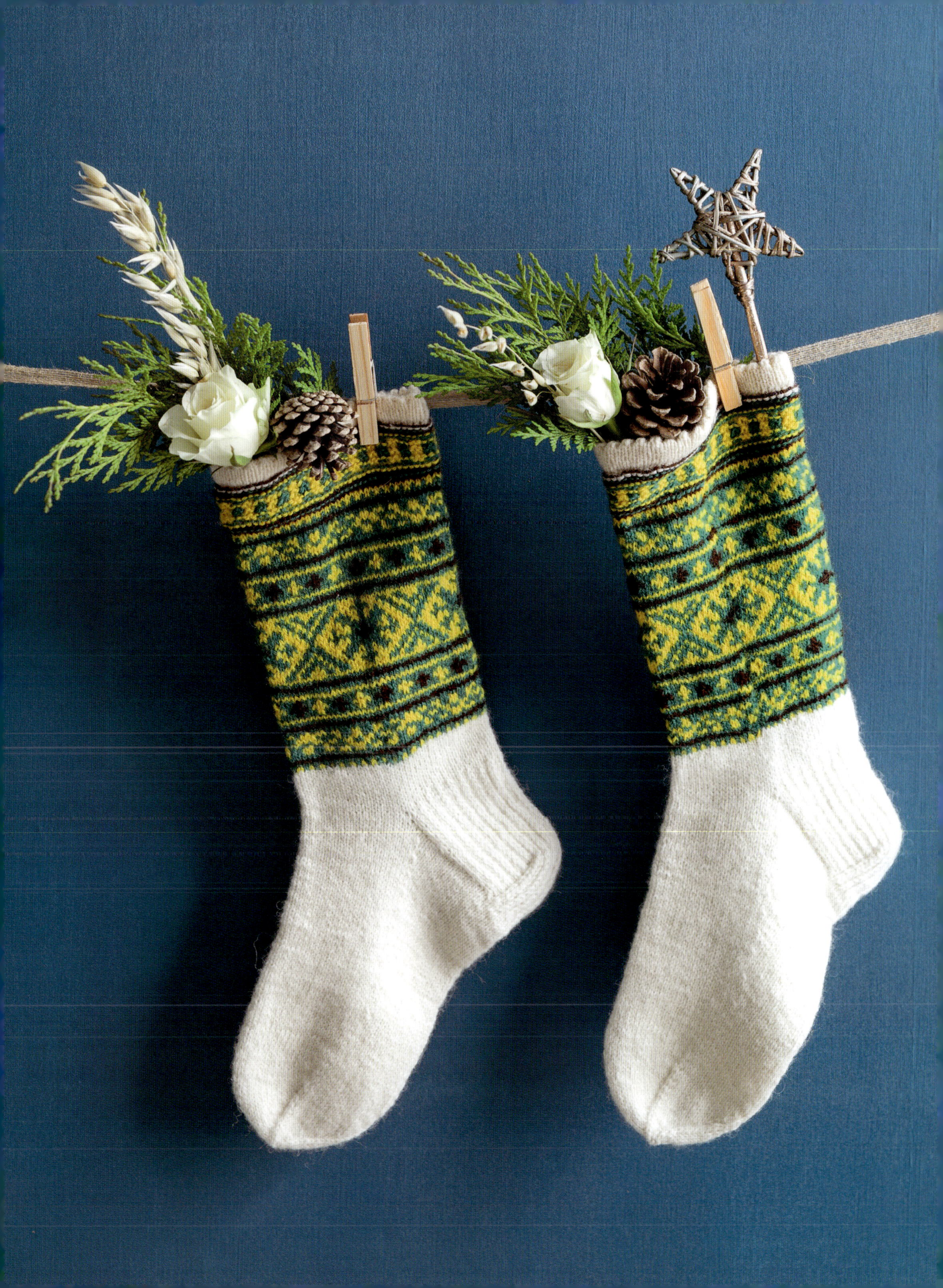

STERNENNACHT

Anleitung

Für detaillierte Erläuterungen die Grundanleitung (S. 118 f.) lesen.

3 Farben: eine Grundfarbe (Schwarz) und zwei Kontrastfarben (Dunkelgrau und Hellgrau).

2–2,5 mm Nadeln und 2-fädige Wolle.

1. 88 M in Hellgrau anschlagen.

2. In der 1. Runde die Maschen gleichmäßig auf 4 Nadeln verteilen (22 M pro Nadel).

3. 1 Runde links, wie in der Strickschrift angegeben, dann laut Strickschrift stricken und wo angegeben eine lettische Flechtborte arbeiten (s. Bündchentechniken S. 124). Die Strickschrift von rechts nach links lesen und zweimal arbeiten, wie in der Strickschrift angegeben abnehmen, sodass am Ende 68 M übrig sind.

4. Weitere 5 Runden in der Grundfarbe stricken.

5. In der nächsten Runde gleichmäßig verteilt 4 M abnehmen, dafür (2 M re zus, 15 M re) viermal stricken, mit 64 M enden.

6. Weitere 12 Runden in der Grundfarbe stricken.

7. Ferse in der Grundfarbe stricken, dabei auf die unterschiedliche Fersenplatzierung rechts und links achten (s. Grundanleitung).

8. Den Spann in der Grundfarbe stricken.

9. Den Fuß in der Grundfarbe stricken.

10. Die Spitze in der Grundfarbe als Sternchenspitze arbeiten (S. 123 in der Grundanleitung).

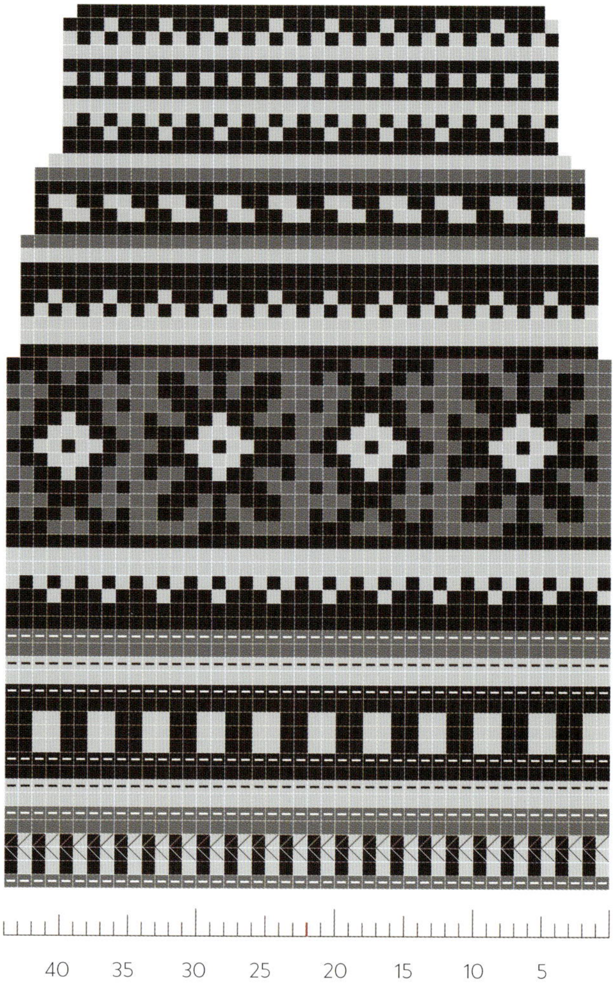

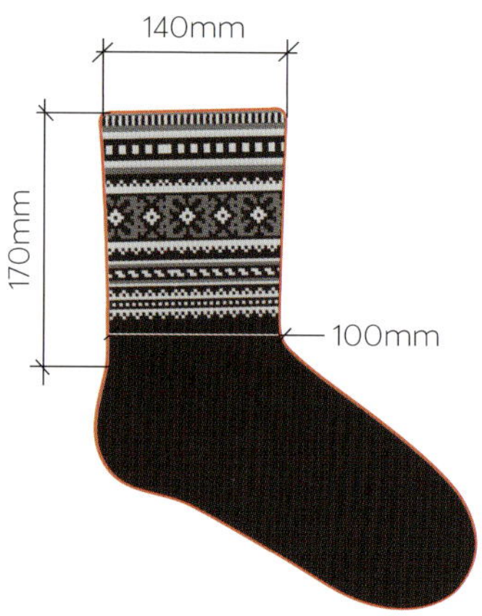

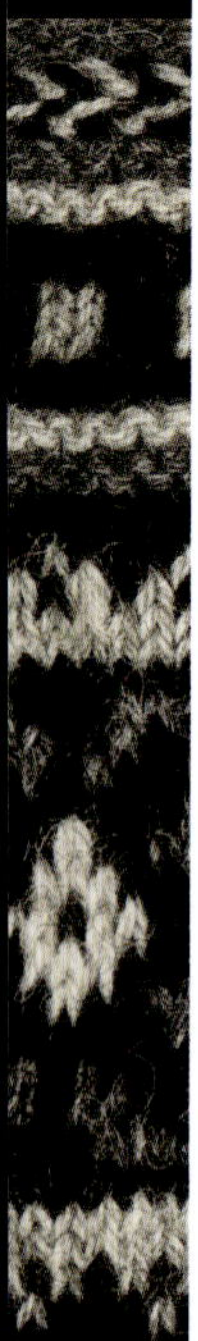

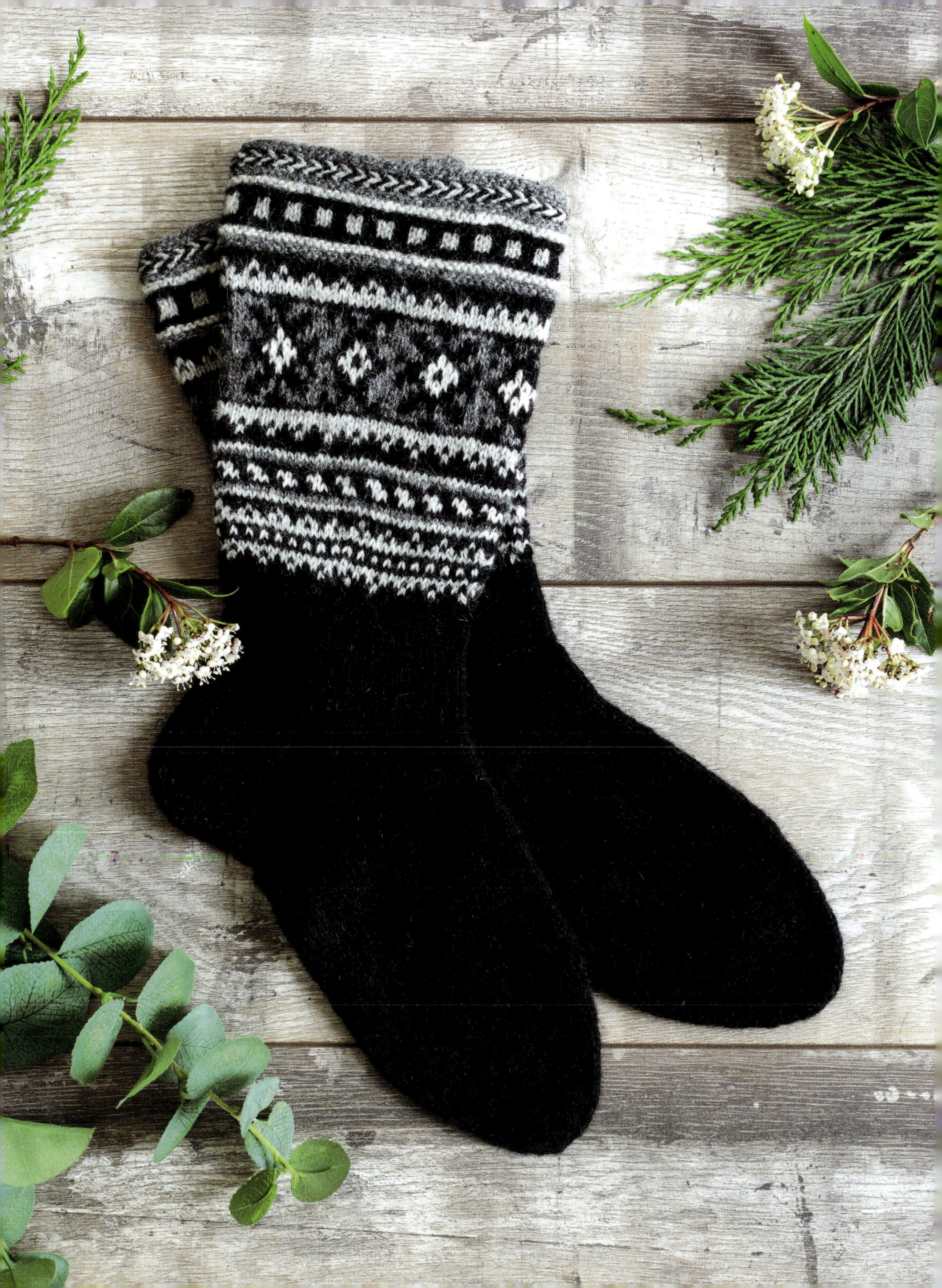

WOCHENENDE

Anleitung

Für detaillierte Erläuterungen die Grundanleitung (S. 118 f.) lesen.

4 Farben: eine Grundfarbe (Marineblau) und drei Kontrastfarben (Orange, Pink und Cremeweiß).

1,5 mm–2 mm Nadeln und 2-fädige Wolle.

1. 80 M in Cremeweiß anschlagen.

2. In der 1. Runde die Maschen gleichmäßig auf 4 Nadeln verteilen (20 M pro Nadel).

3. Eine Picotkante stricken (s. Bündchentechniken S. 124).

4. Das Bein laut Strickschrift stricken. Die Strickschrift von rechts nach links lesen und zweimal arbeiten. Wie angegeben zu- und abnehmen, um am Ende der Strickschrift 80 M zu haben.

5. Weitere 5 Runden in der Grundfarbe stricken.

6. In der nächsten Runde 8 M gleichmäßig verteilt abnehmen, dafür 8 Mal (2 M re zus, 8 M re) stricken, mit 72 M enden.

7. Weitere 5 Runden in der Grundfarbe stricken.

8. In der nächsten Runde 8 M gleichmäßig verteilt abnehmen, dafür 8 Mal (2 M re zus, 7 M re) stricken und mit 64 M enden.

9. Die Ferse in der Grundfarbe stricken, dabei auf die unterschiedliche Fersenplatzierung rechts und links achten (s. Grundanleitung).

10. Den Spann in der Grundfarbe stricken.

11. Den Fuß in der Grundfarbe stricken.

12. Die Spitze in der Grundfarbe als Sternchenspitze arbeiten (S. 123 in der Grundanleitung).

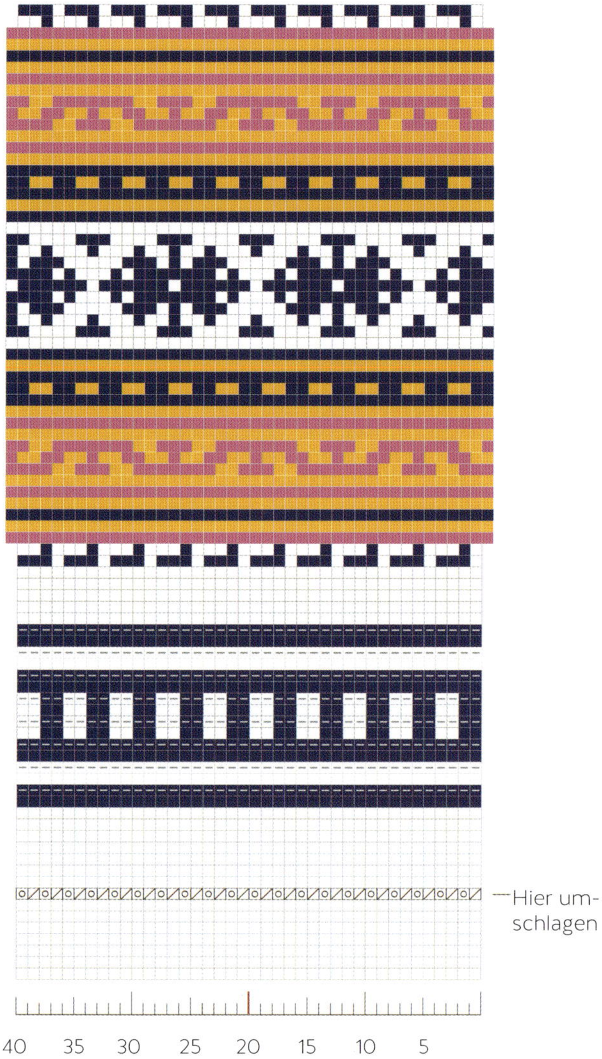

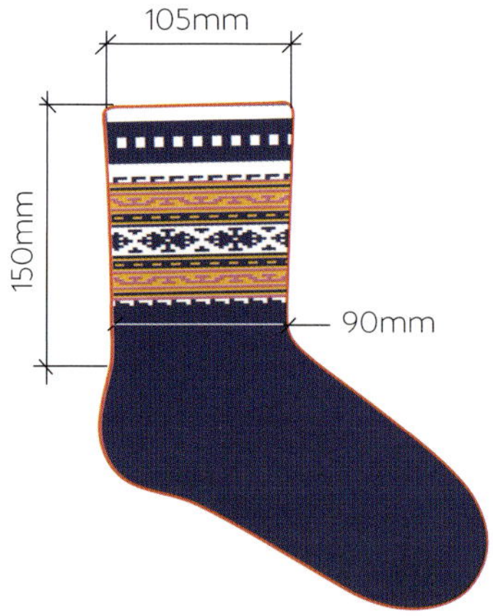

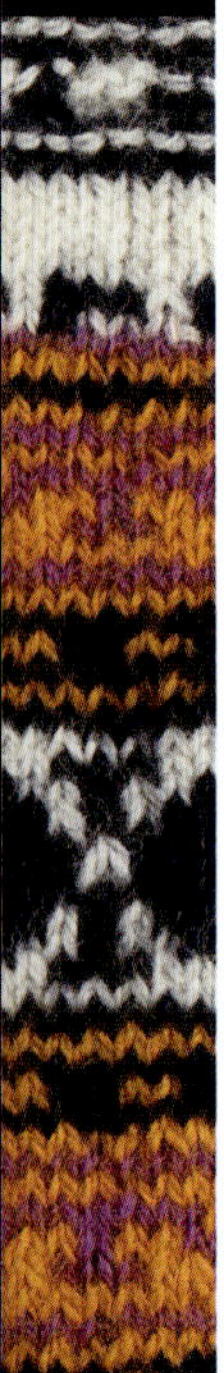

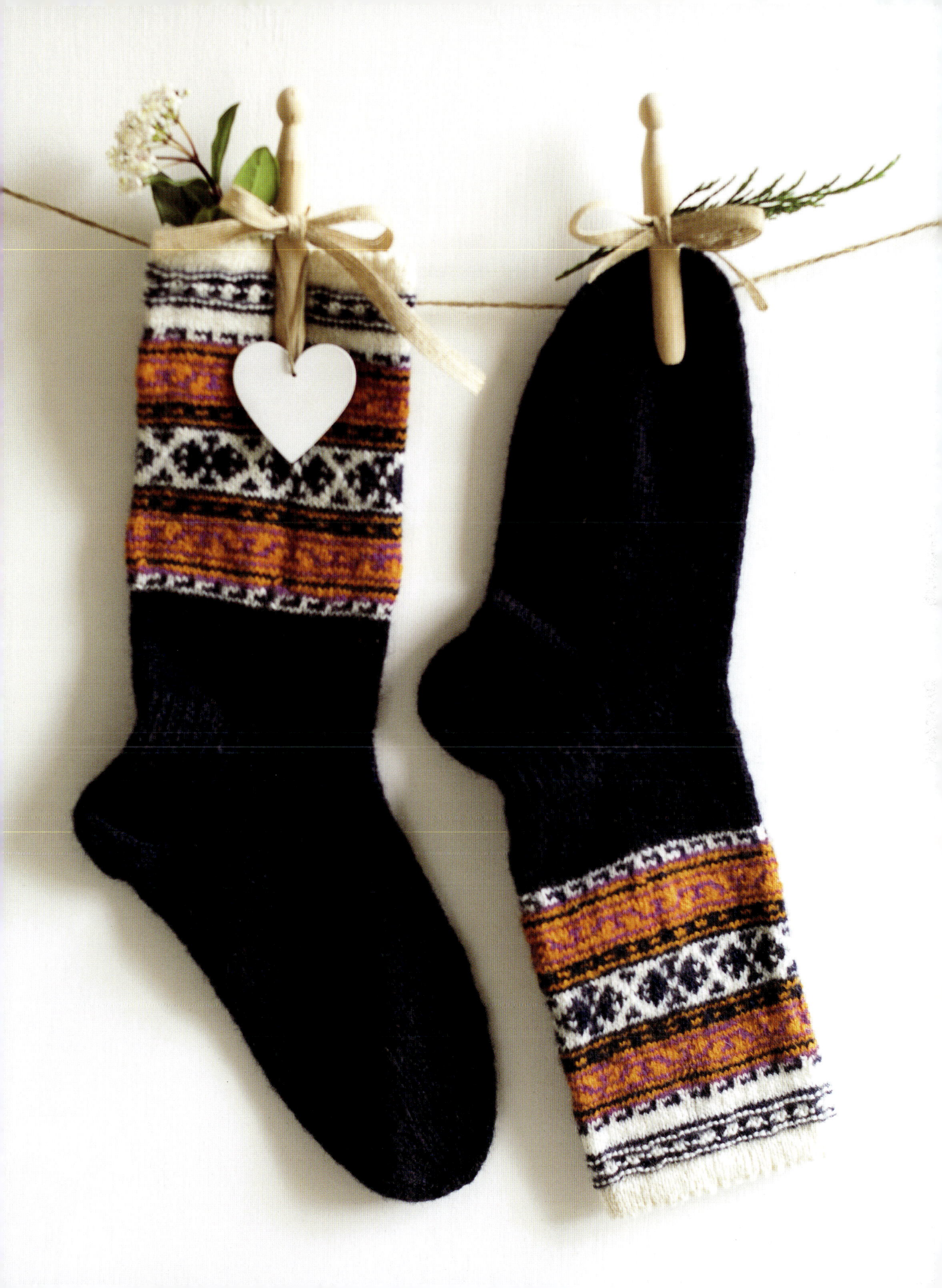

SCHLANGE

Anleitung

Für detaillierte Erläuterungen die Grundanleitung (S. 118 f.) lesen.

5 Farben: eine Grundfarbe (Cremeweiß) und vier Kontrastfarben (Grün, Rot, Dunkelgrau und Gelb).

2–2,5 mm Nadeln und 2-fädige Wolle.

1. 72 M in der Grundfarbe anschlagen.

2. In der 1. Runde die Maschen gleichmäßig auf 4 Nadeln verteilen (18 M pro Nadel).

3. 1 Runde links, dann über die nächsten 9 Runden 3 lettische Flechtborten arbeiten (s. Bündchentechniken S. 124).

4. Das Bein laut Strickschrift stricken. Die Strickschrift von rechts nach links lesen und zweimal arbeiten. Wie angegeben zu- und abnehmen, um am Ende der Strickschrift 72 M zu haben.

5. Ferse in der Grundfarbe stricken, dabei auf die unterschiedliche Fersenplatzierung rechts und links achten (s. Grundanleitung).

6. Spann in der Grundfarbe stricken.

7. Fuß in der Grundfarbe stricken.

8. Spitze in der Grundfarbe als Sternchenspitze arbeiten (S. 123 in der Grundanleitung).

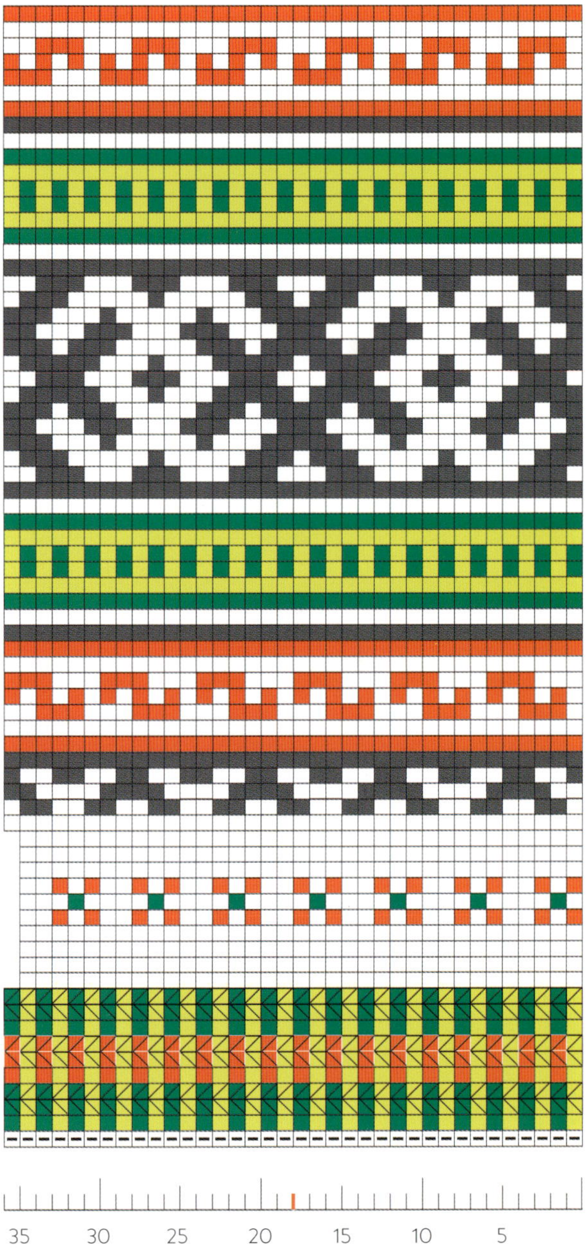

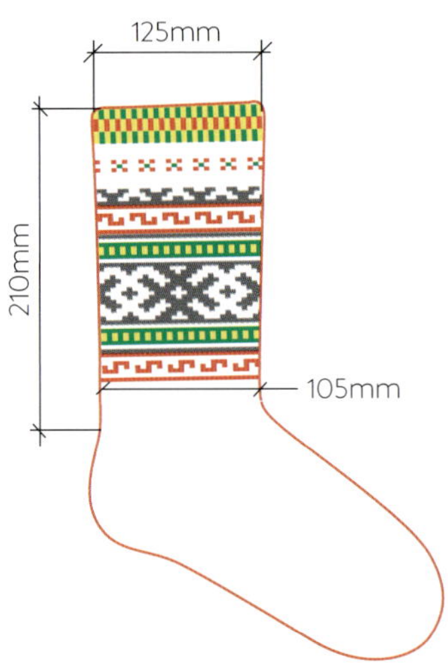

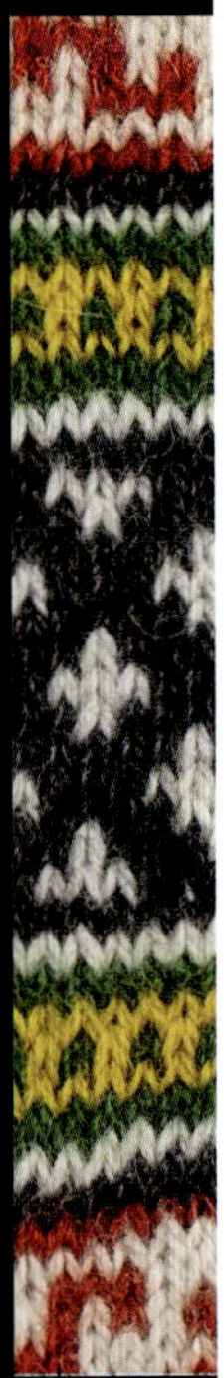

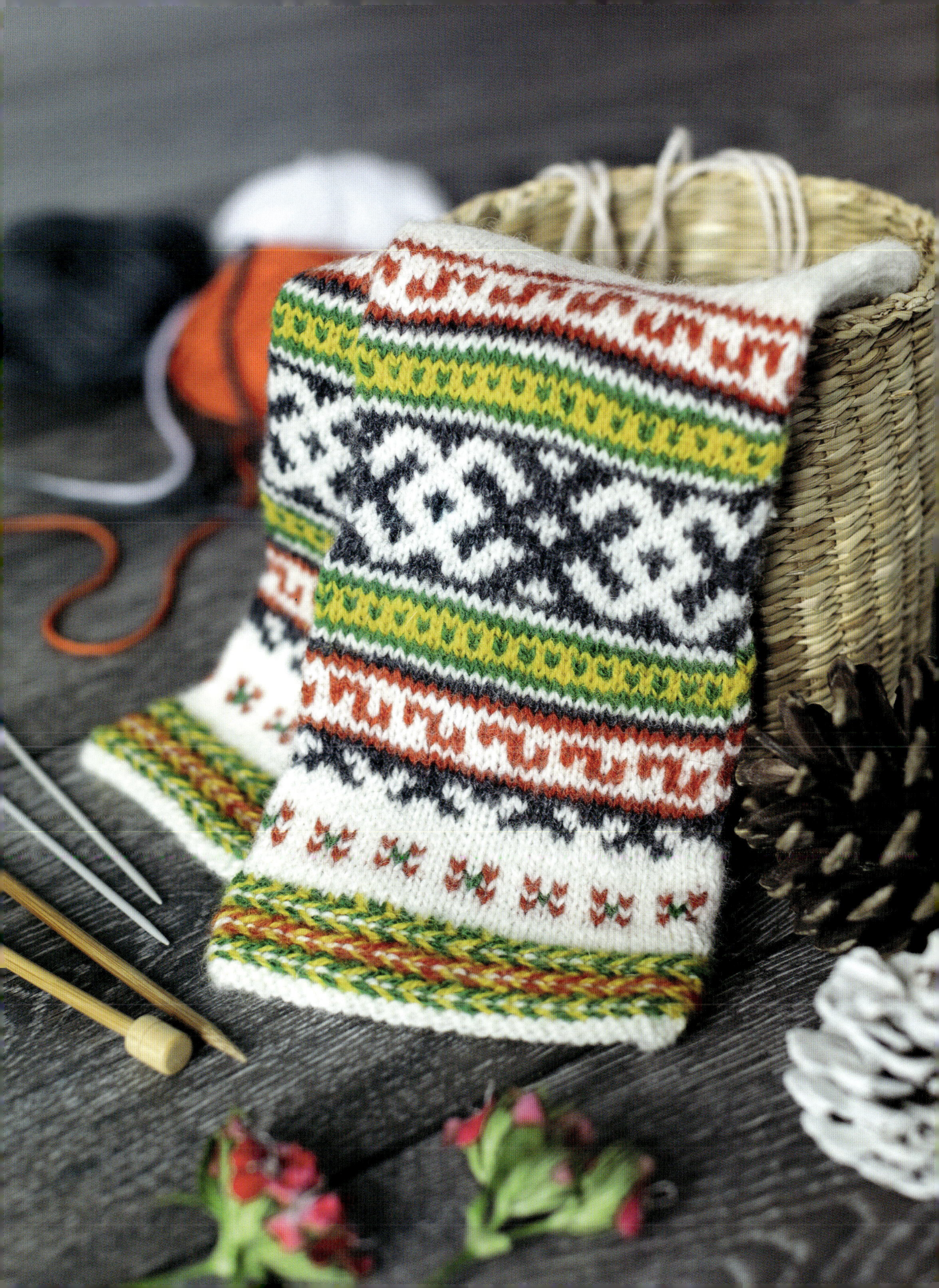

FERIEN

Anleitung

Für detaillierte Erläuterungen die Grundanleitung (S. 118 f.) lesen.

3 Farben: eine Grundfarbe (Marineblau) und zwei Kontrastfarben (Grün und Orange).

2–2,5 mm Nadeln und 2-fädige Wolle.

1. 60 M in der Grundfarbe anschlagen.

2. In der 1. Runde die Maschen gleichmäßig auf 4 Nadeln verteilen (15 M pro Nadel).

3. Das Bein weiter laut Strickschrift stricken. Jede Strickschrift einmal von rechts nach links stricken, mit der rechten Schrift beginnen (s. Techniken für Hebemaschen S.117).

4. Noch 2 Runden in der Grundfarbe stricken.

5. Die Ferse in der Grundfarbe stricken, dabei auf die unterschiedliche Fersenplatzierung rechts und links achten (s. Grundanleitung).

6. Den Spann in der Grundfarbe stricken.

7. Den Fuß in der Grundfarbe stricken.

8. Die Spitze in der Grundfarbe als Bandspitze arbeiten (S. 123 in der Grundanleitung).

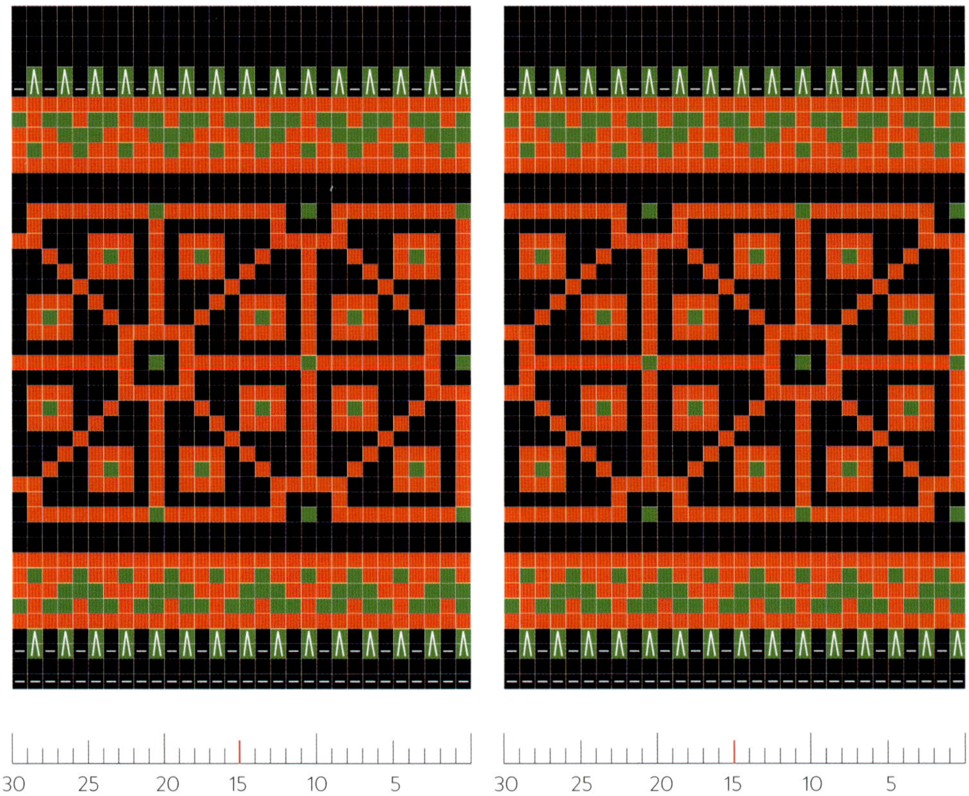

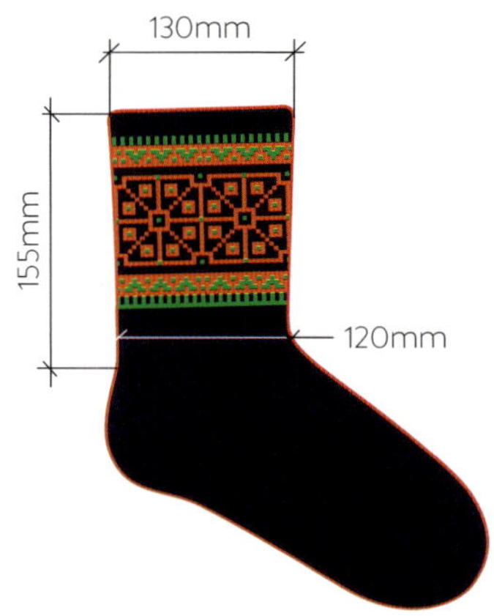

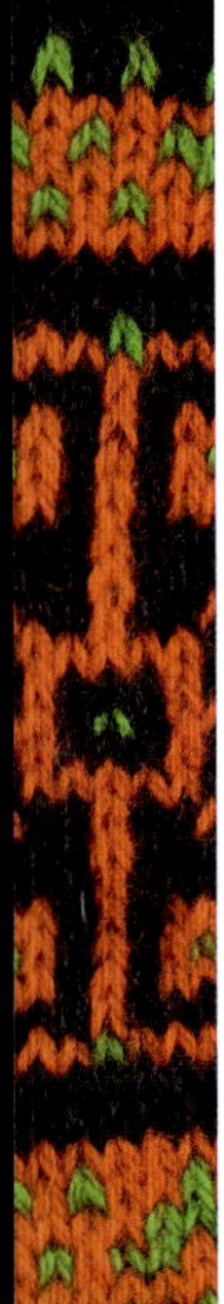

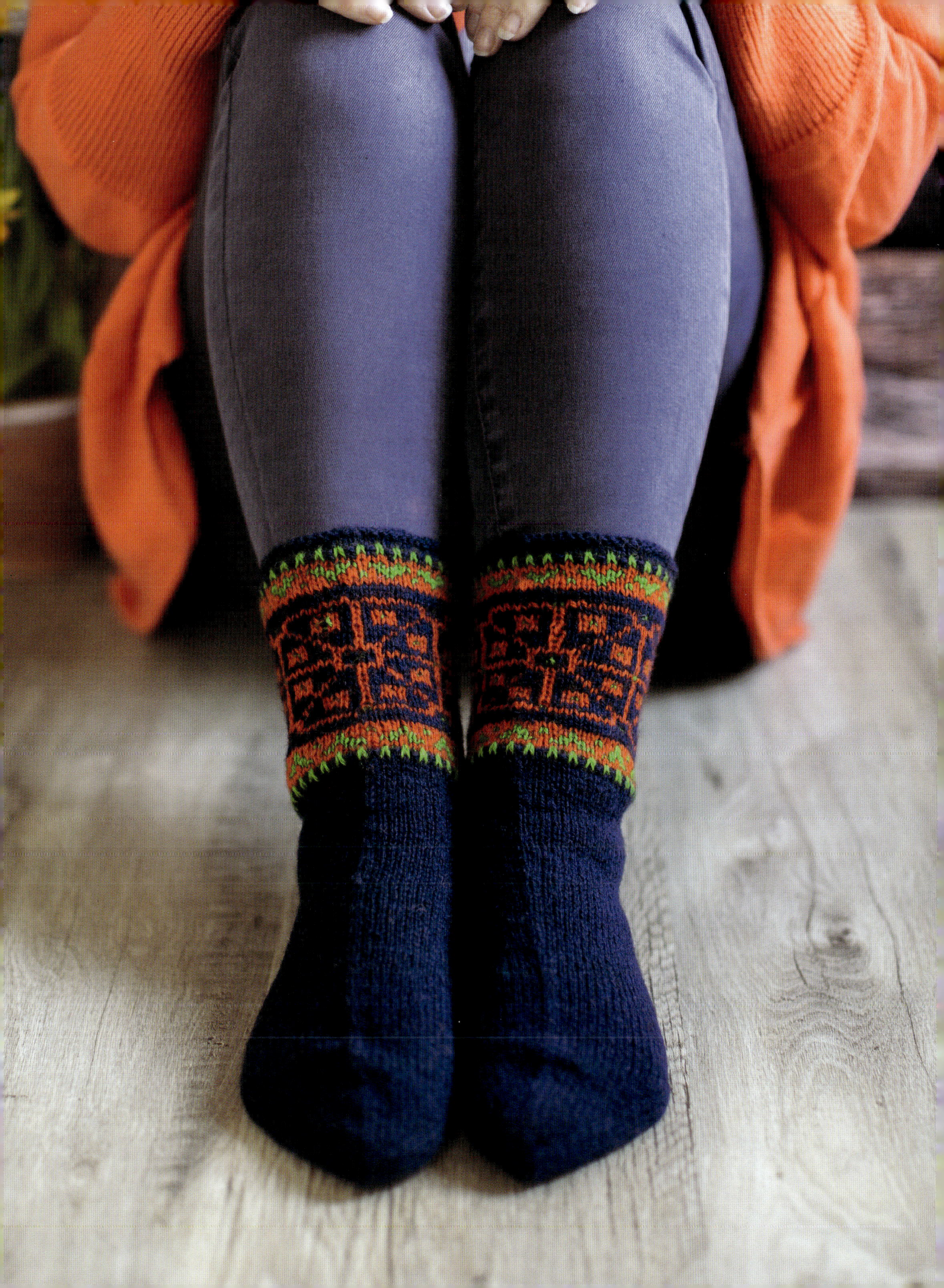

PINKES NETZ

Anleitung

Für detaillierte Erläuterungen die Grundanleitung (S. 118 f.) lesen.

5 Farben: eine Grundfarbe (Grau meliert) und vier Kontrastfarben (Pink, Blau, Schwarz und Orange).

2,5–3 mm Nadeln und 2-fädige Wolle.

1. 60 M in der Grundfarbe anschlagen.

2. In der 1. Runde die Maschen gleichmäßig auf 4 Nadeln verteilen (15 M pro Nadel).

3. Das Bein weiter laut Strickschrift stricken. Jede Strickschrift einmal von rechts nach links stricken, mit der rechten Schrift beginnen (s. Techniken für Hebemaschen S. 117).

4. Noch 2 Runden in der Grundfarbe stricken.

5. Ferse in der Grundfarbe stricken, dabei auf die unterschiedliche Fersenplatzierung rechts und links achten (s. Grundanleitung).

6. Den Spann in der Grundfarbe stricken

7. Den Fuß in der Grundfarbe stricken.

8. Die Spitze in der Grundfarbe als Bandspitze arbeiten (S. 123 in der Grundanleitung).

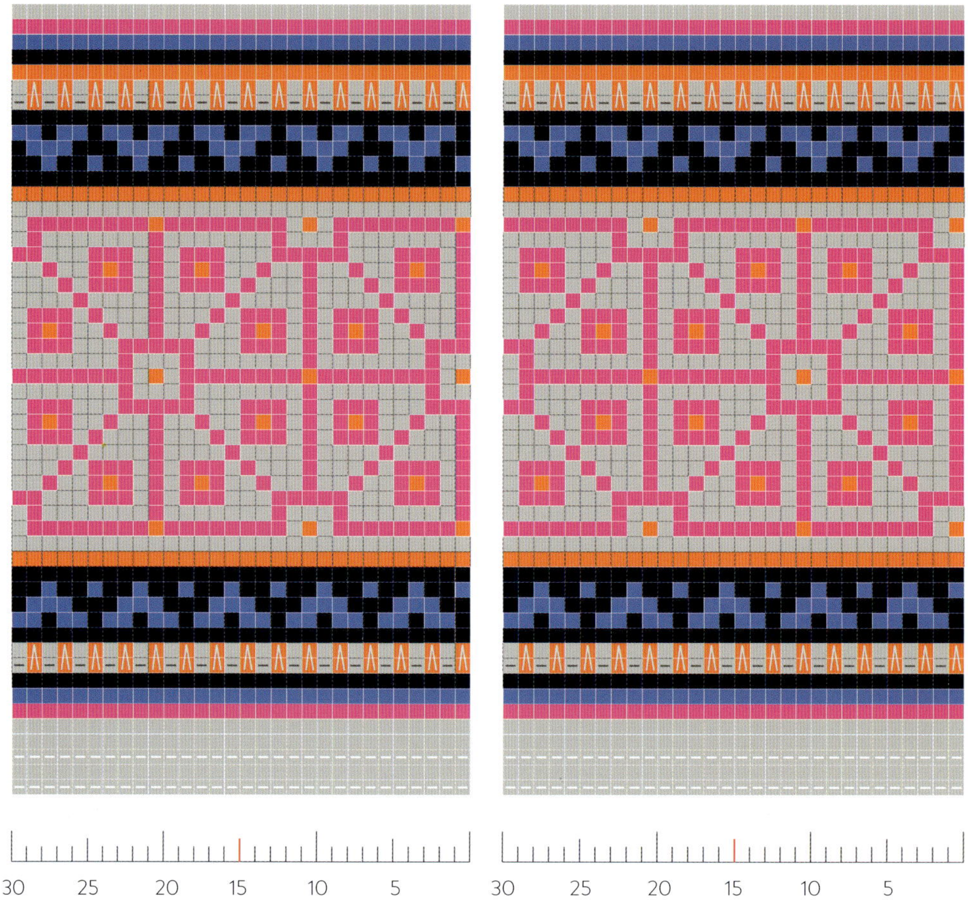

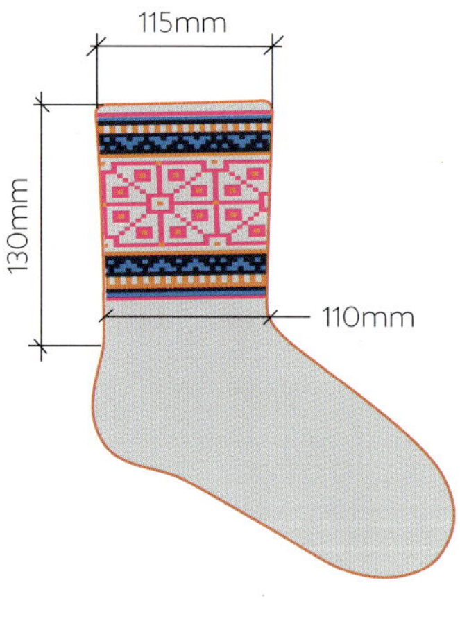

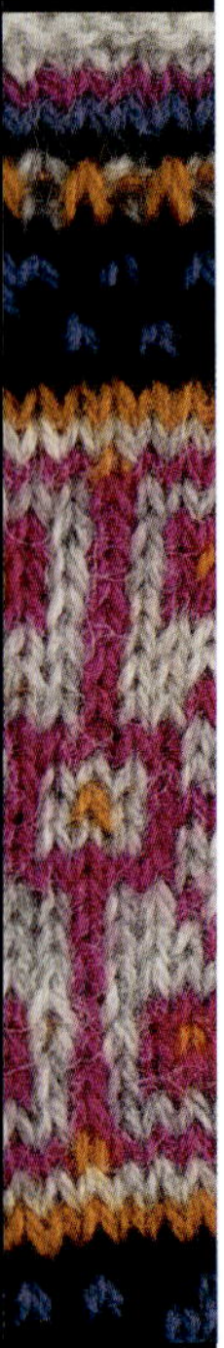

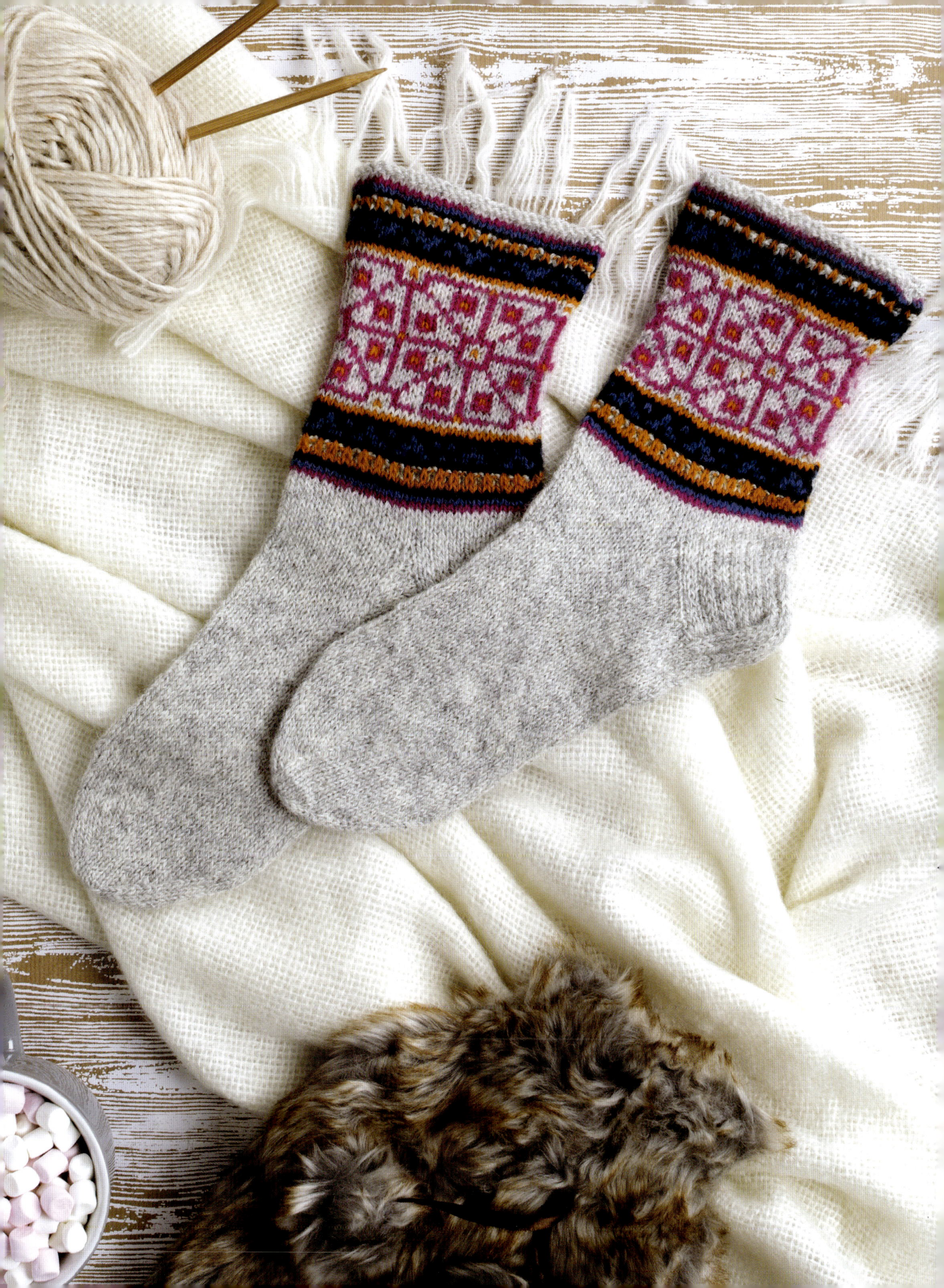

GOLDENE STREIFEN

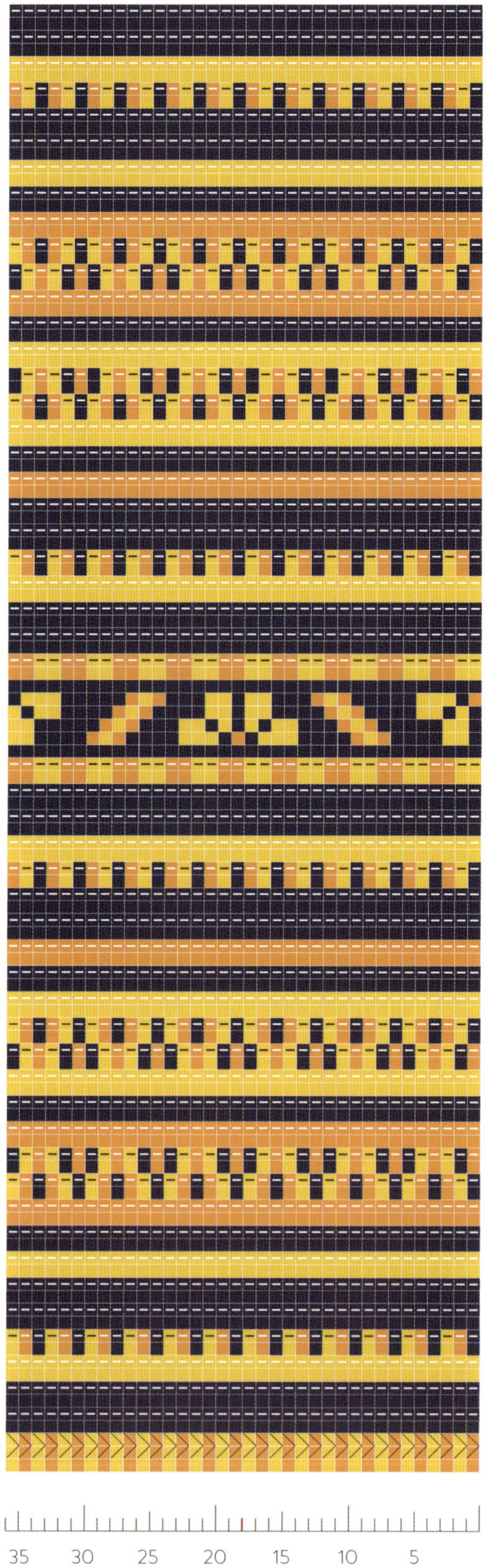

Anleitung

Für detaillierte Erläuterungen die Grundanleitung (S. 118 f.) lesen.

4 Farben: eine Grundfarbe (Cremeweiß) und drei Kontrastfarben (Gelb, Orange und Schwarz).

2–3 mm Nadeln und 2-fädige Wolle.

1. 72 M in Orange anschlagen.

2. In der 1. Runde die Maschen gleichmäßig auf 4 Nadeln verteilen (18 M pro Nadel).

3. Das Bein weiter laut Strickschrift stricken. Die Strickschrift von rechts nach links lesen und zweimal arbeiten.

4. Die Ferse in der Grundfarbe stricken, dabei auf die unterschiedliche Fersenplatzierung rechts und links achten (s. Grundanleitung).

5. Den Zwickel in der Grundfarbe stricken.

6. Den Fuß in der Grundfarbe stricken.

7. Die Spitze in der Grundfarbe als Bandspitze arbeiten (S. 123 in der Grundanleitung).

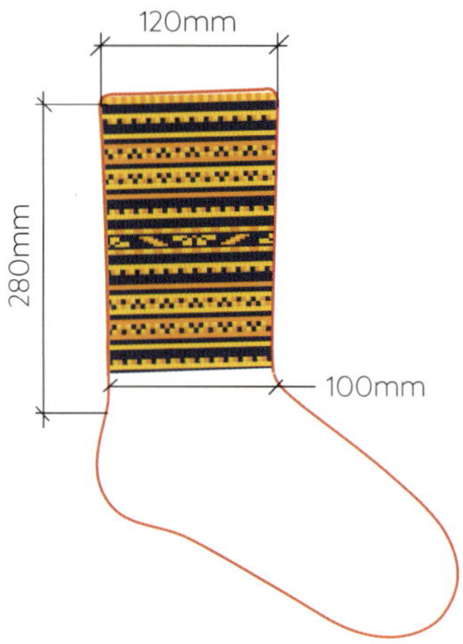

(Inspiriert vom Ausstellungsstück Nr. KNM 8134)

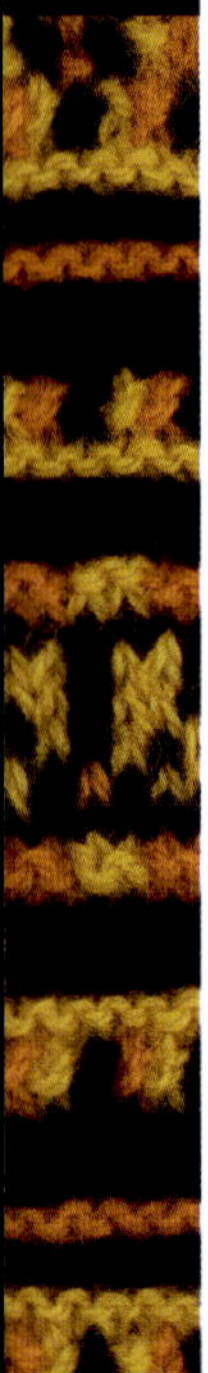

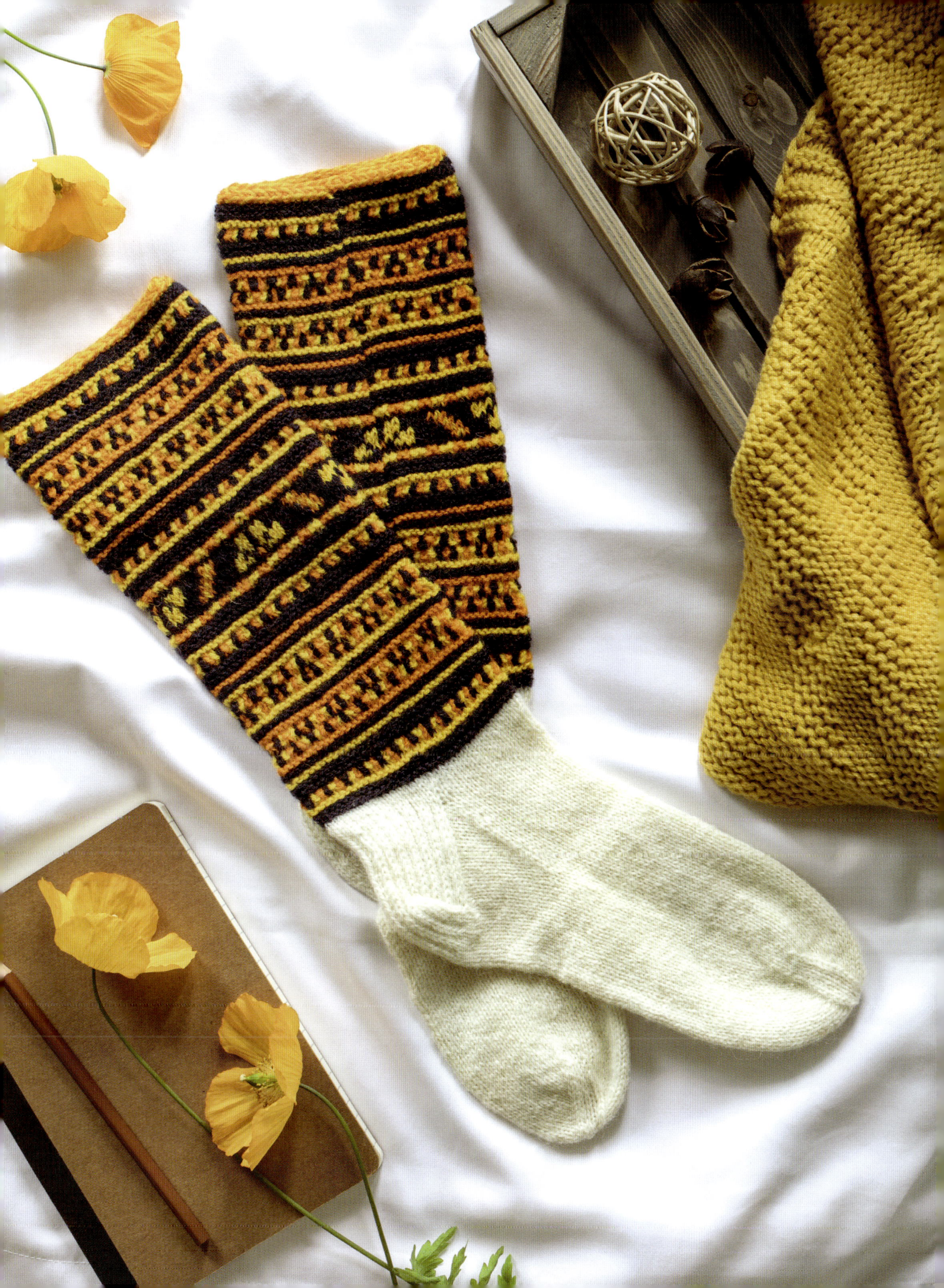

FESTLICH

Anleitung

Für detaillierte Erläuterungen die Grundanleitung (S. 118 f.) lesen.

Farben: eine Grundfarbe (Cremeweiß) und fünf Kontrastfarben (Blau, Grün, Rot, Braun und Gelb).

2–3 mm Nadeln und 2-fädige Wolle.

1. 72 M in der Grundfarbe anschlagen.

2. In der 1. Runde die Maschen gleichmäßig auf 4 Nadeln verteilen (18 M pro Nadel).

3. Das Bein weiter laut Strickschrift stricken und an der angegebenen Stelle eine lettische Flechtborte arbeiten (s. Bündchentechniken S. 124). Die Strickschrift von rechts nach links lesen und zweimal arbeiten.

4. In der Grundfarbe noch 4 weitere Runden glatt rechts stricken.

5. Die Ferse in der Grundfarbe stricken, dabei auf die unterschiedliche Fersenplatzierung rechts und links achten (s. Grundanleitung).

6. Den Fuß in der Grundfarbe stricken.

7. Die Spitze in der Grundfarbe als Bandspitze arbeiten (S. 123 in der Grundanleitung).

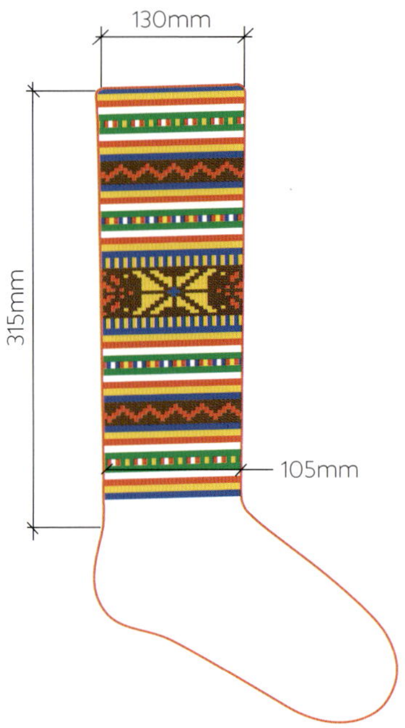

(Inspiriert vom Ausstellungsstück Nr. KNM 8144)

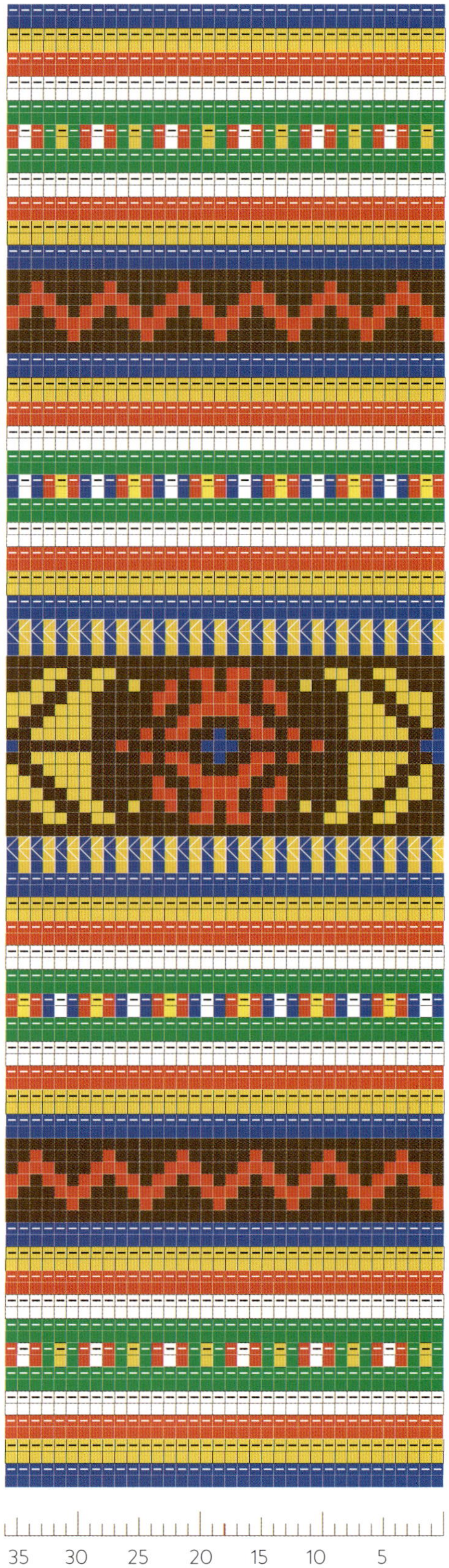

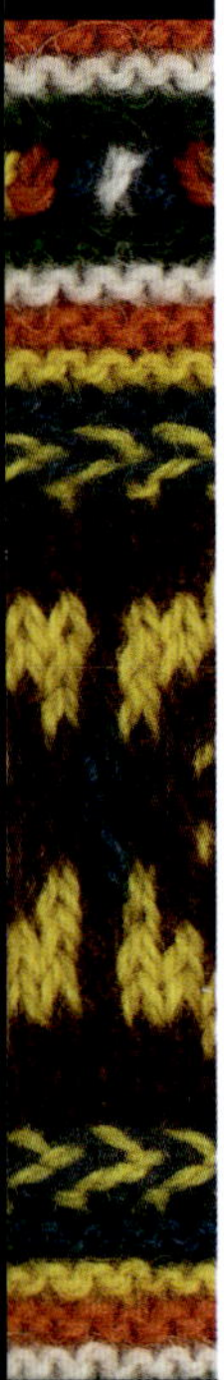

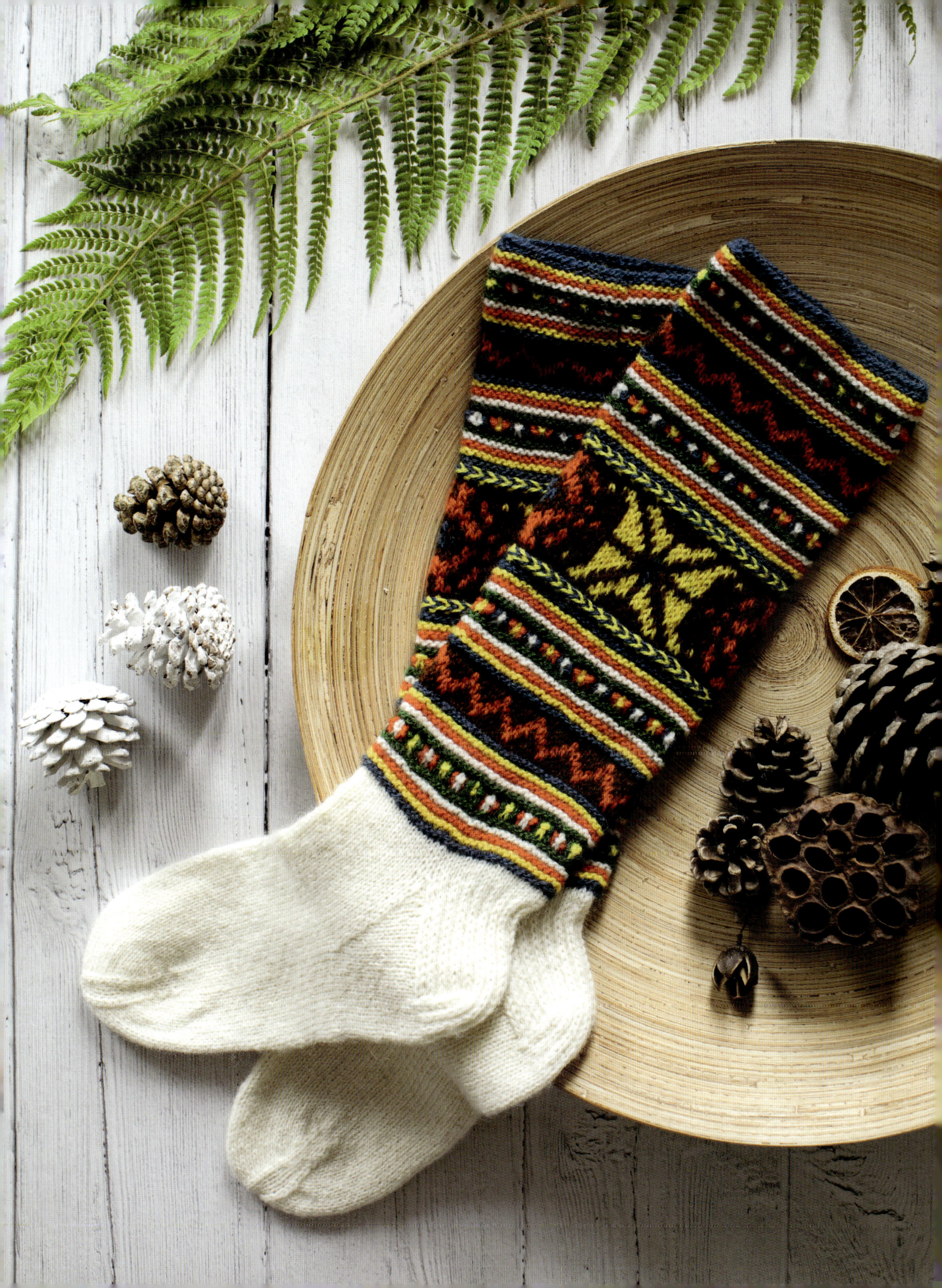

ORANGER STERN

Anleitung

Für detaillierte Erläuterungen die Grundanleitung (S. 118 f.) lesen.

5 Farben: eine Grundfarbe (Cremeweiß) und vier Kontrastfarben (Orange, Schwarz, Petrol und Gelb).

2–3 mm Nadeln und 2-fädige Wolle.

1. 72 M in Orange anschlagen.

2. In der 1. Runde die Maschen gleichmäßig auf 4 Nadeln verteilen (18 M pro Nadel).

3. Das Bein laut Strickschrift stricken, wie angegeben zu- und abnehmen. Die Strickschrift von rechts nach links lesen und zweimal arbeiten.

4. In der Grundfarbe 14 Runden glatt rechts stricken.

5. Die Ferse in der Grundfarbe stricken, dabei auf die unterschiedliche Fersenplatzierung rechts und links achten (s. Grundanleitung).

6. Den Fuß in der Grundfarbe stricken.

7. Die Spitze in der Grundfarbe als Bandspitze arbeiten (S. 123 in der Grundanleitung).

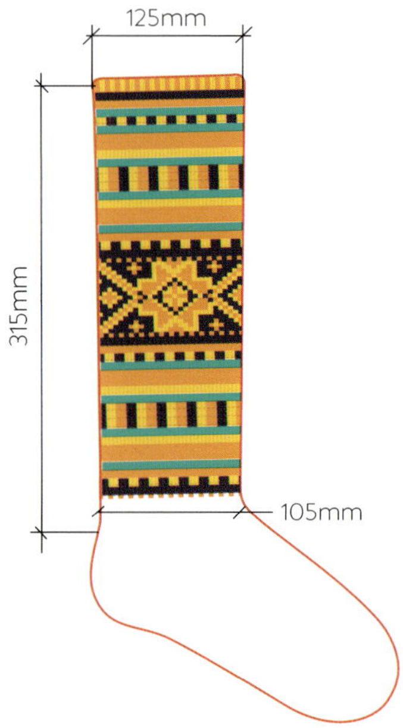

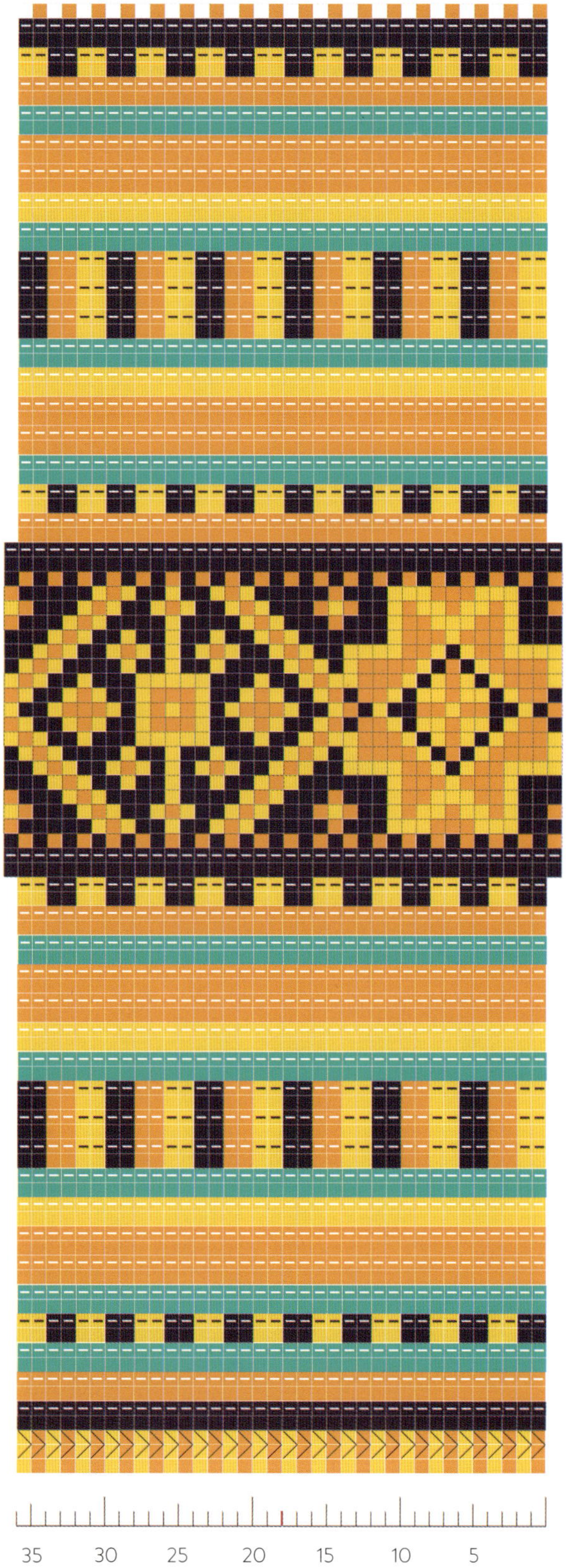

(Inspiriert vom Ausstellungsstück Nr. KNM 8135)

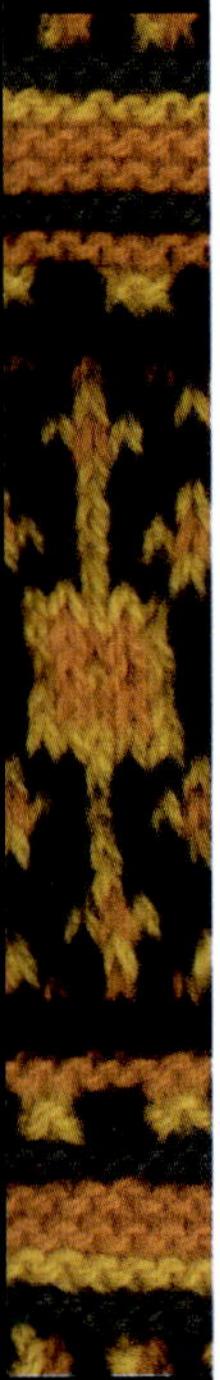

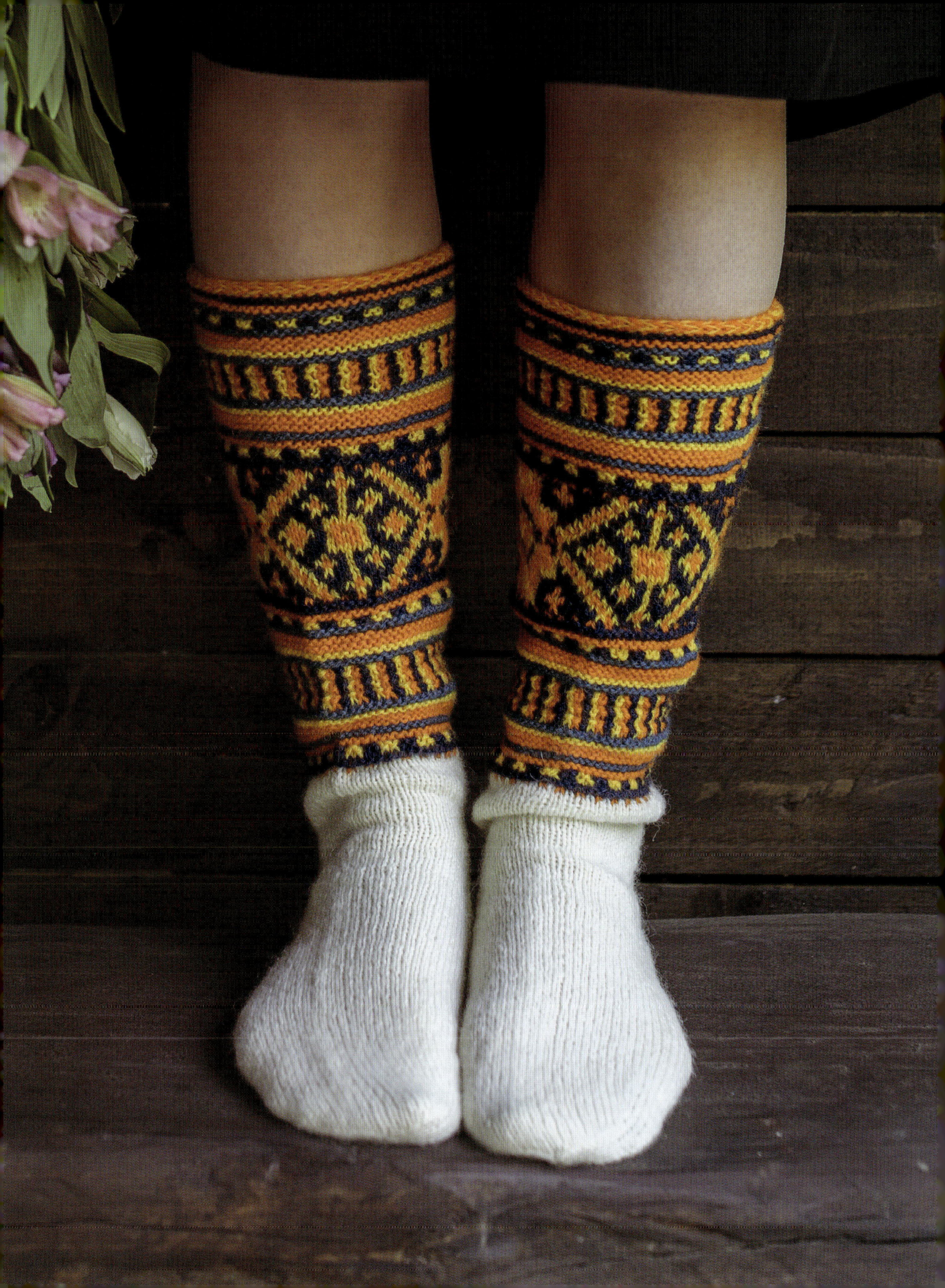

LEUCHTENDE FESSEL

Anleitung

Für detaillierte Erläuterungen die Grundanleitung (S. 118 f.) lesen.

4 Farben: eine Grundfarbe (Schwarz) und drei Kontrastfarben (Orange, Grün und Blau).

2–2,5 mm Nadeln und 4-fädige Sockenwolle.

1. 80 M in der Grundfarbe anschlagen.

2. In der 1. Runde die Maschen gleichmäßig auf 4 Nadeln verteilen (20 M pro Nadel).

3. 10 Runden (1 M li, 1 M re) Rippen laut Bündchenstrickschrift stricken. Die Strickschrift von rechts nach links lesen und zweimal arbeiten.

4. Das Bein weiter in der Grundfarbe stricken, bis es 19 cm ab der Anschlagkante misst, dann wie folgt abnehmen: In der nächsten Runde am Ende der 2. und 4. Nadel abnehmen (um 2 M abzunehmen). 5 Runden stricken. Die letzten 6 Runden noch dreimal wiederholen und mit 72 M enden.

5. Weiter glatt rechts stricken, bis die Socke 32 cm ab der Anschlagkante misst.

6. Fesselmuster laut Strickschrift stricken. Die Strickschrift von rechts nach links lesen und zweimal arbeiten.

7. Ferse in der Grundfarbe stricken.

8. Fuß in der Grundfarbe stricken.

9. Spitze in der Grundfarbe als Sternchenspitze arbeiten (detaillierte Erläuterung S. 123 in der Grundanleitung).

Fessel Muster

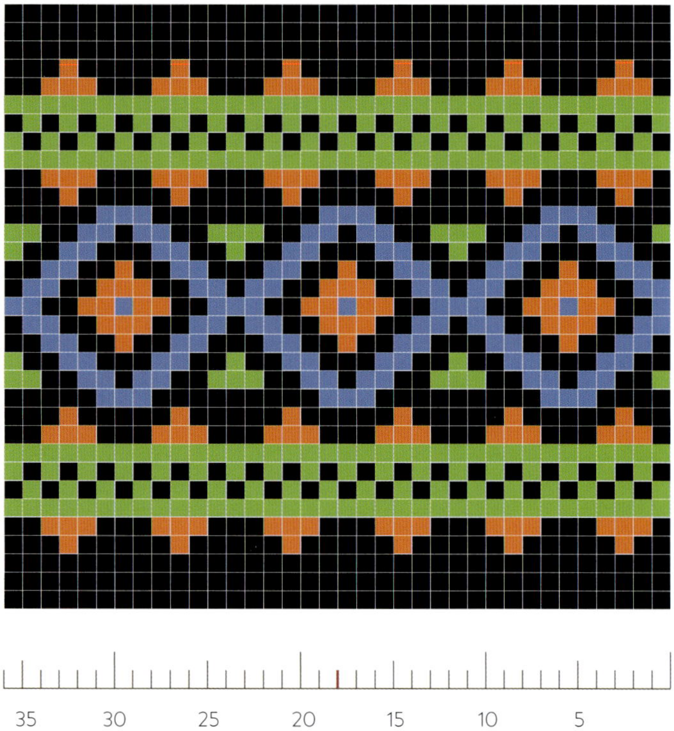

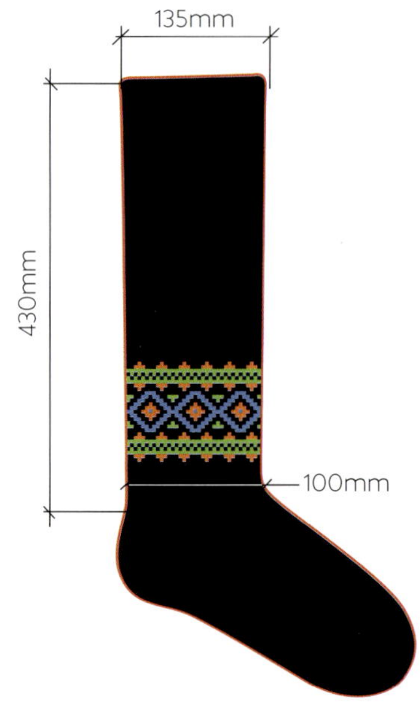

Bündchen

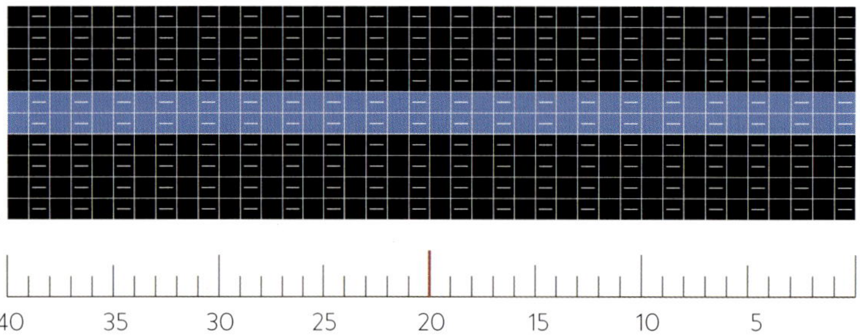

(Inspiriert vom Ausstellungsstück Nr. MNM 2961:1-2, Piebalga. Frühes 19. Jahrhundert)

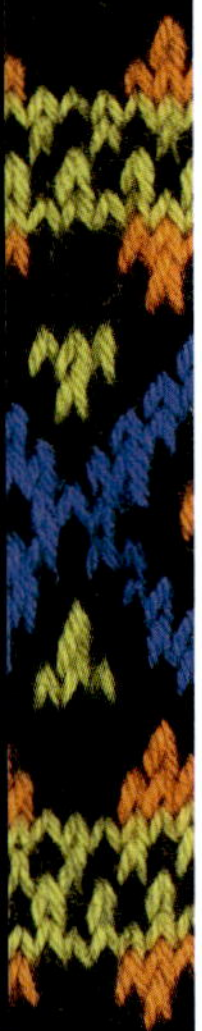

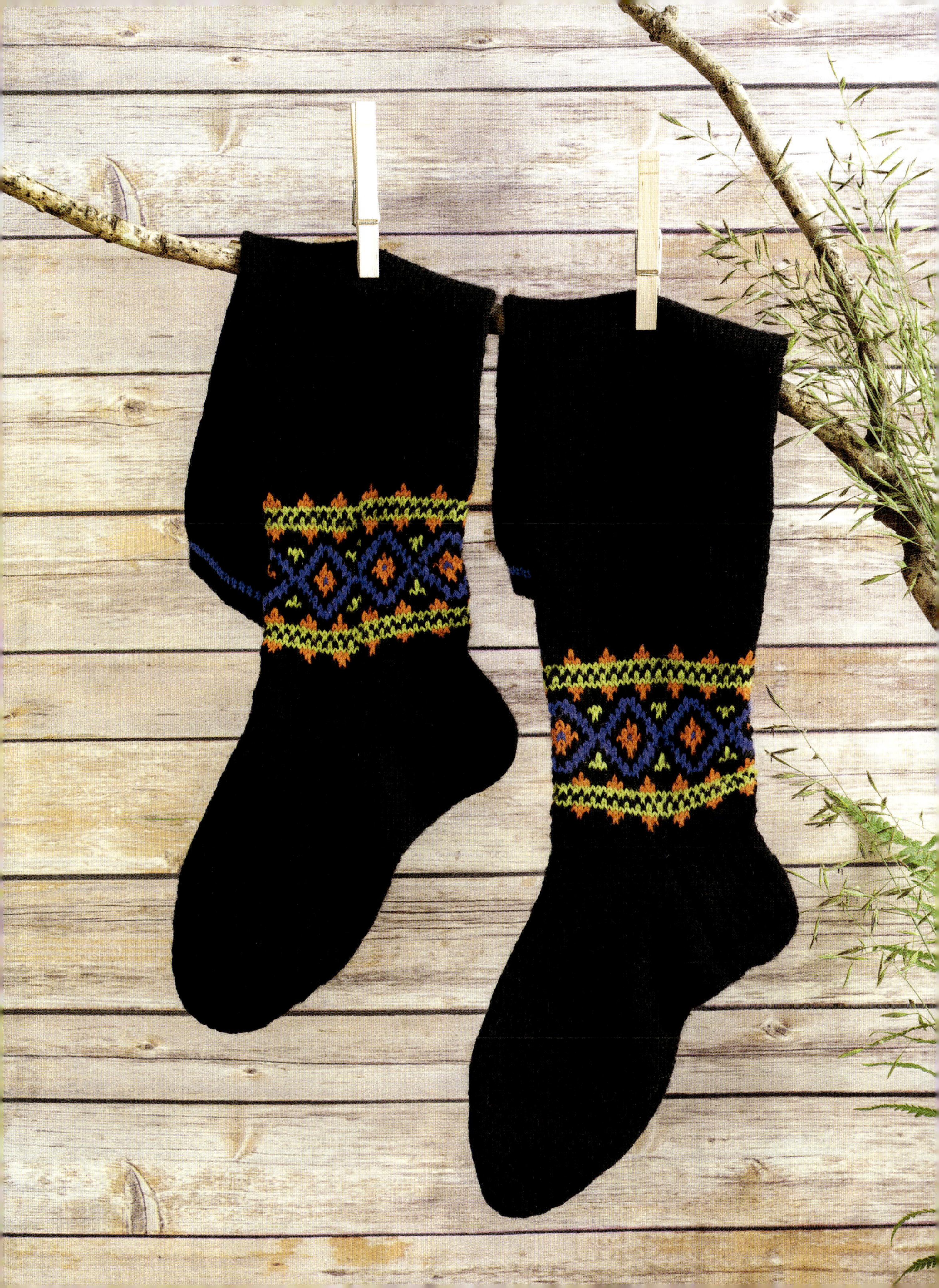

GEMUSTERTE FESSEL

Anleitung

Für detaillierte Erläuterungen die Grundanleitung (S. 118 f.) lesen.

2 Farben: eine Grundfarbe (Cremeweiß) und eine Kontrastfarbe (Schwarz).

2–2,5 mm Nadeln und 4-fädige Sockenwolle.

1. 80 M in der Grundfarbe anschlagen.

2. In der 1. Runde die Maschen gleichmäßig auf 4 Nadeln verteilen (20 M pro Nadel).

3. 12 Runden (1 M li, 1 M re) Rippen laut Bündchenstrickschrift stricken. Strickschrift von rechts nach links lesen und zweimal arbeiten.

4. Das Bein weiter in der Grundfarbe stricken, bis es 17 cm ab der Anschlagkante misst, dann wie folgt abnehmen: In der nächsten Runde am Ende der 2. und 4. Nadel abnehmen (um 2 M abzunehmen). 5 Runden stricken. Die letzten 6 Runden noch dreimal wiederholen und mit 72 M enden.

5. Weiter glatt rechts stricken, bis die Socke 30 cm ab der Anschlagkante misst.

6. Das Fesselmuster laut Strickschrift stricken. Jede Strickschrift einmal von rechts nach links stricken, mit der rechten Schrift beginnen.

7. In der Grundfarbe 3 Runden glatt rechts stricken.

8. Ferse, Zwickel und Fuß in der Grundfarbe stricken.

9. Spitze in der Grundfarbe als Sternchenspitze arbeiten (S. 123 in der Grundanleitung).

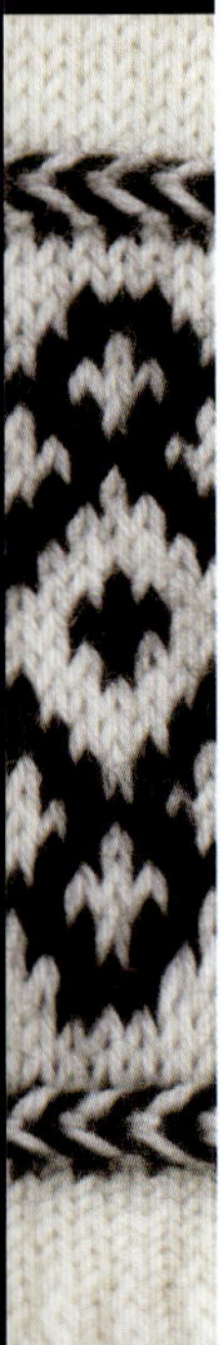

Bein
Muster

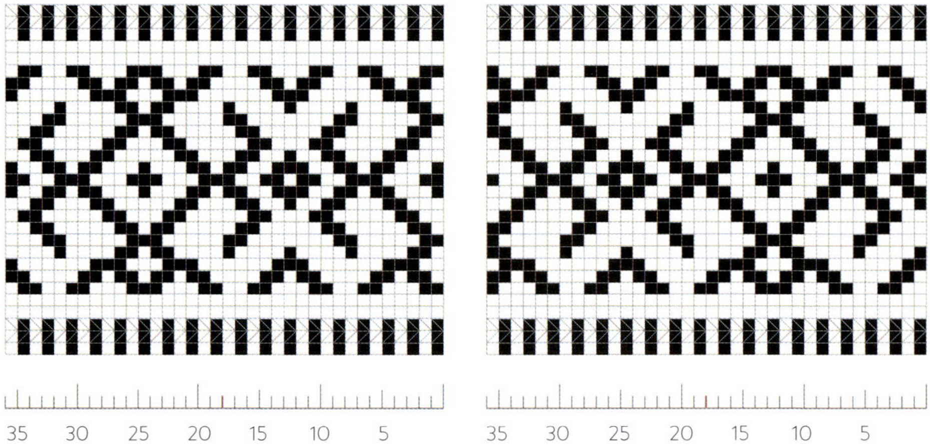

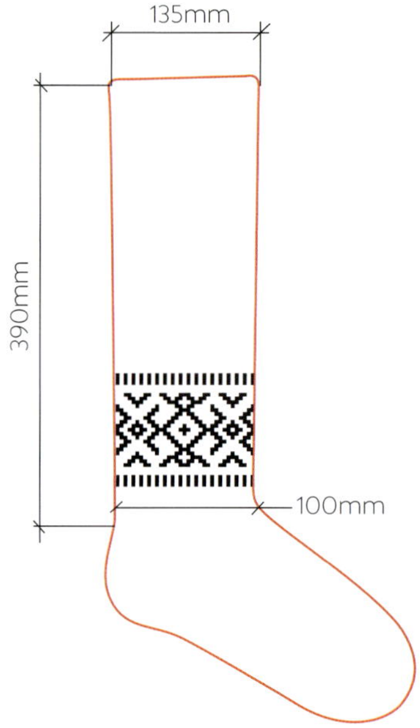

Bündchen

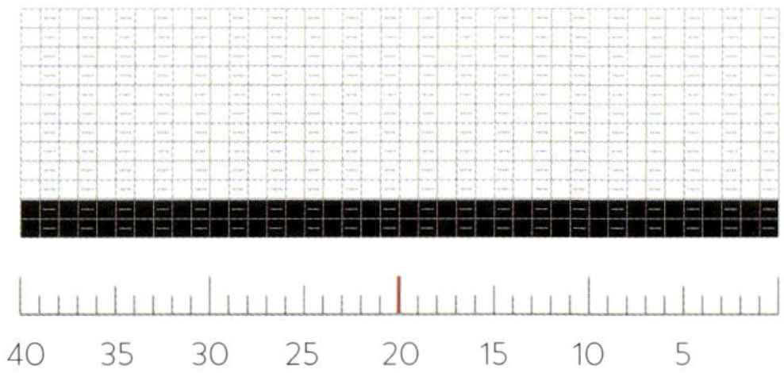

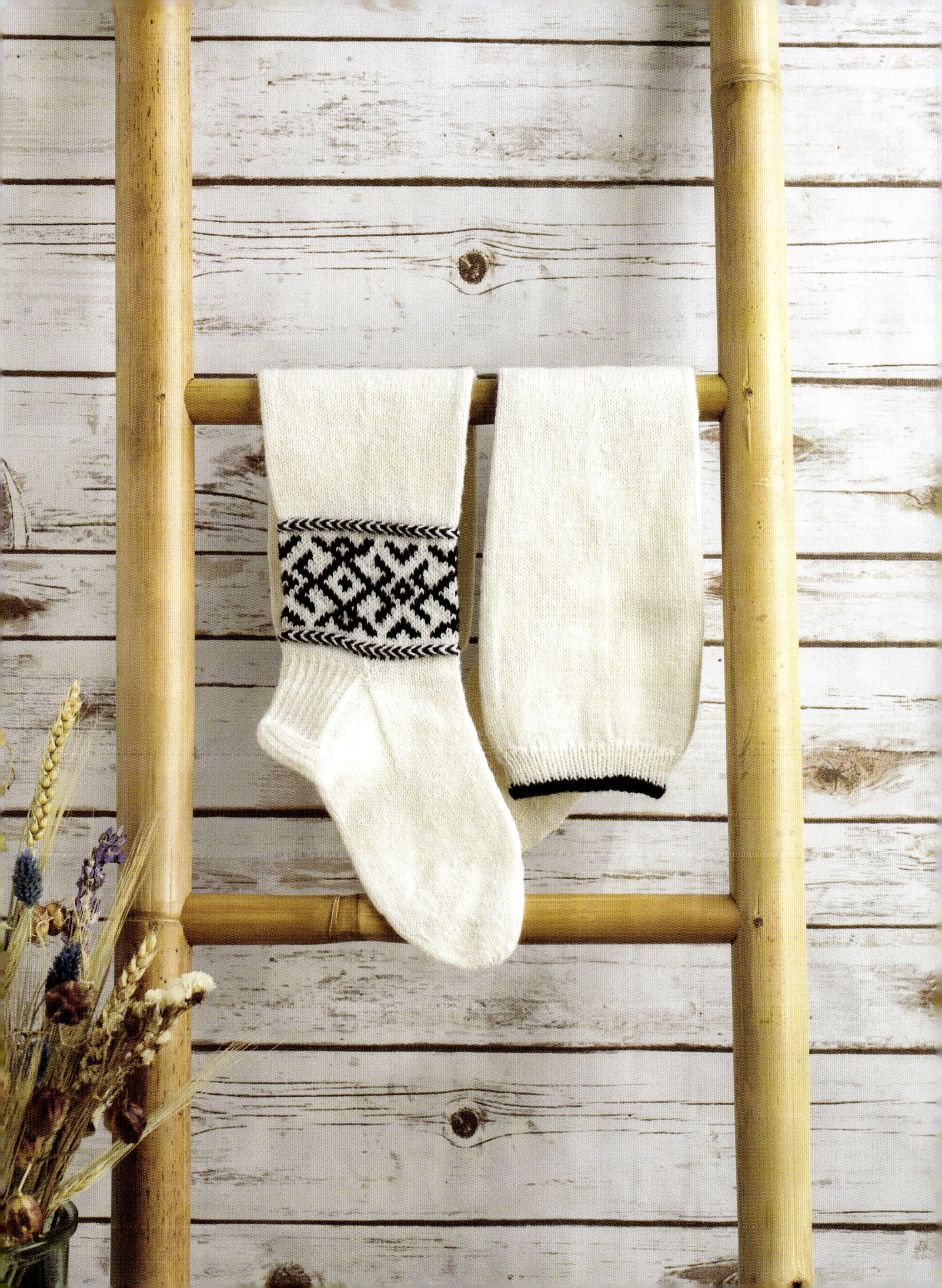

SUITI

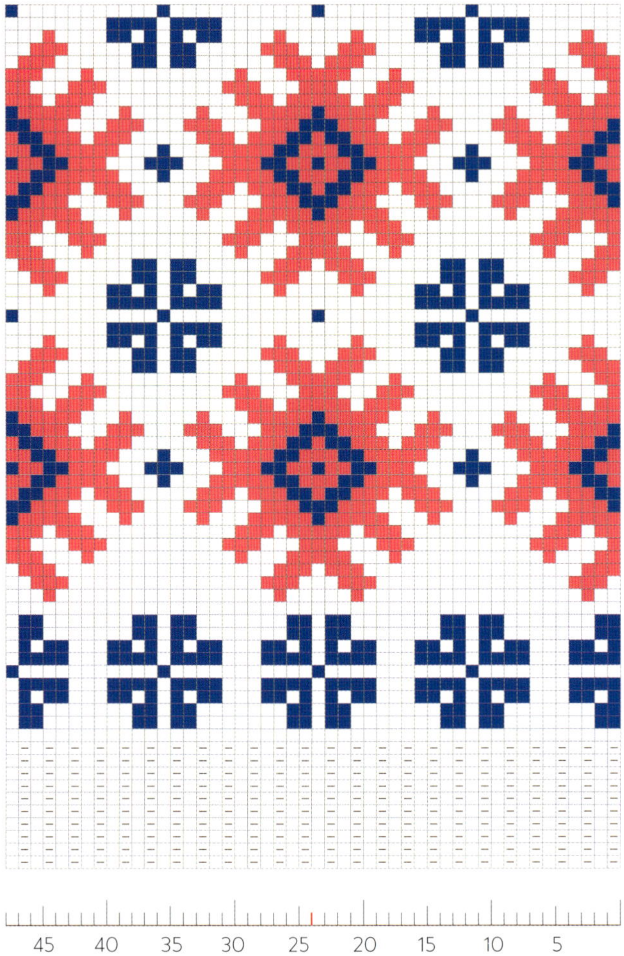

Anleitung

Für detaillierte Erläuterungen die Grundanleitung (S. 118 f.) lesen.

3 Farben: eine Grundfarbe (Cremeweiß) und zwei Kontrastfarben (Dunkelpink und Marineblau).

1,5 mm, 2 mm und 2,5 mm Nadeln und 2-fädige Wolle.

1. 72 M in der Grundfarbe auf 2 mm Nadeln anschlagen.

2. In der 1. Runde die Maschen gleichmäßig auf 4 Nadeln verteilen (18 M pro Nadel).

3. 10 Runden (1 M re, 1 M li) wie in der Strickschrift angegeben für das Bündchen stricken.

4. Das Bein weiter laut Strickschrift stricken. Die Strickschrift von rechts nach links zweimal stricken, mit der rechten Schrift beginnen, wie folgt die Nadeln benutzen: Für die 1., 3. und 4. Musterwiederholung 2 mm Nadeln benutzen, für die 2. Musterwiederholung 2,5 mm Nadeln, für die restliche Socke 1,5 mm Nadeln.

5. Die Ferse in der Grundfarbe stricken, dabei auf die unterschiedliche Fersenplatzierung rechts und links achten (s. Grundanleitung).

6. Weiter laut Strickschrift im Muster Zwickel und Fuß stricken.

7. Weiter im Muster arbeiten, die Spitze als Bandspitze stricken (S. 123 in der Grundanleitung).

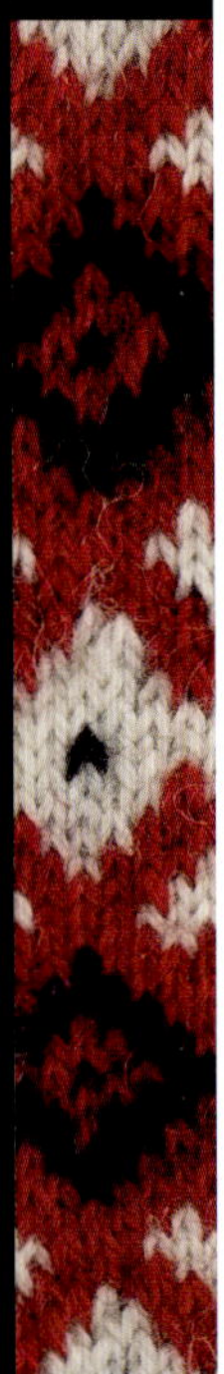

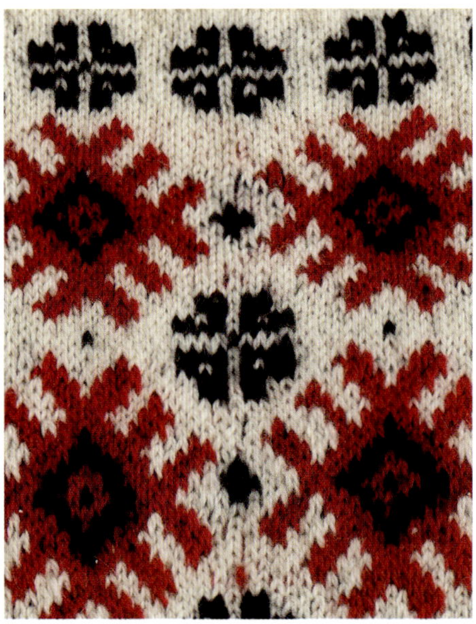

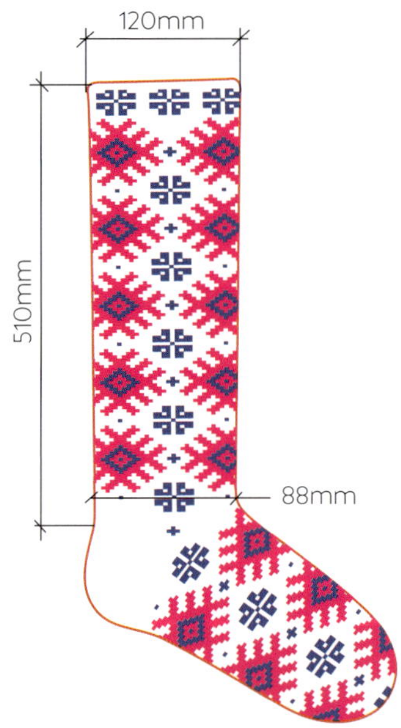

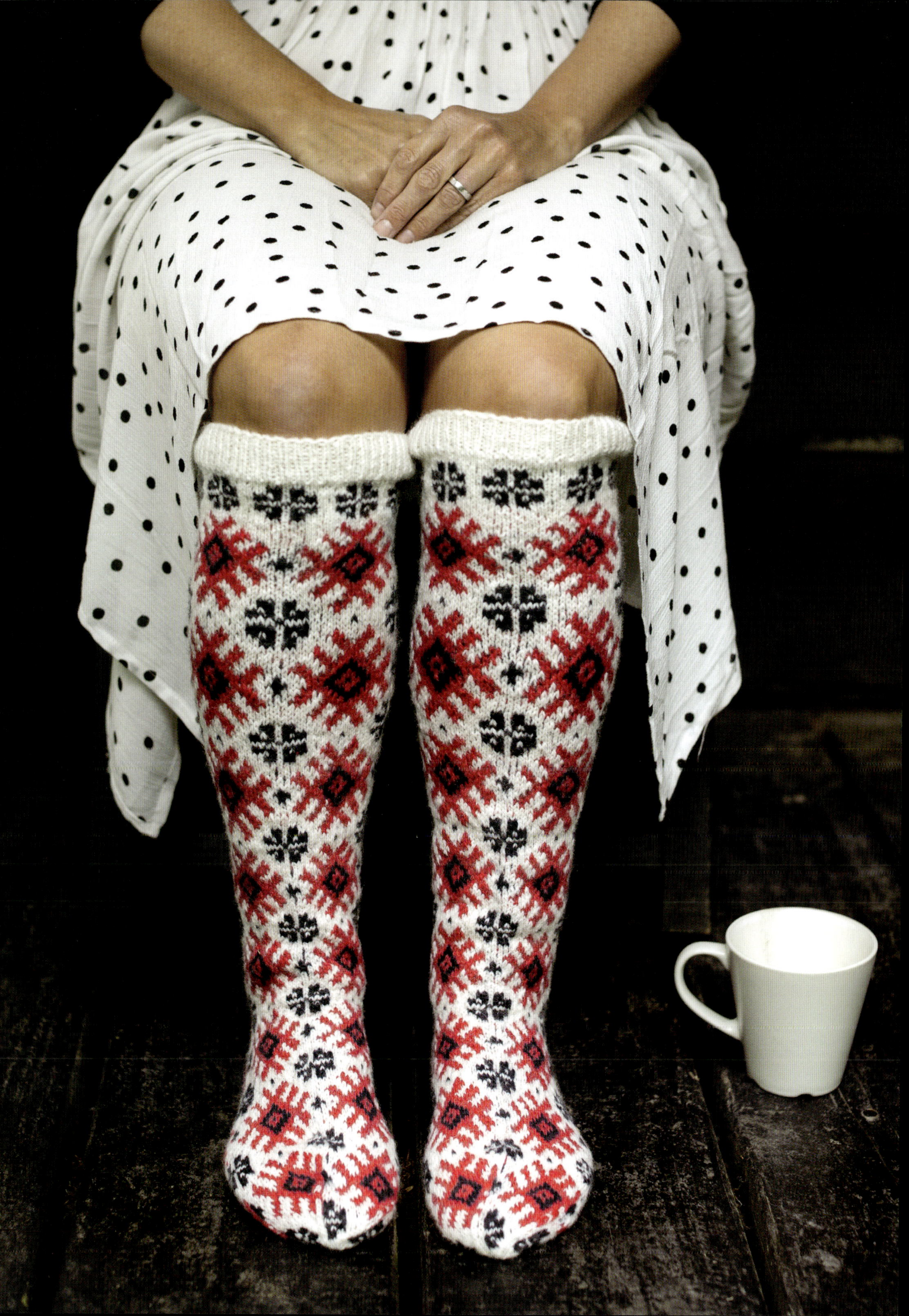

SCHWARZ-WEISSER STERN

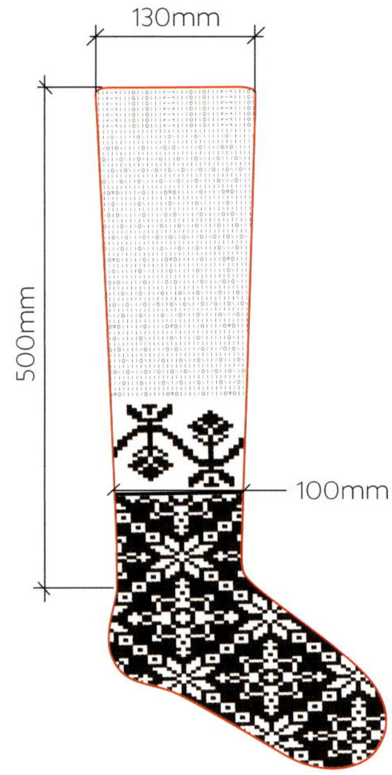

Anleitung

Für detaillierte Erläuterungen die Grundanleitung (S. 118 f.) lesen.

2 Farben: eine Grundfarbe (Weiß) und eine Kontrastfarbe (Schwarz).

2–2,5 mm Nadeln und 4-fädige Sockenwolle.

1. 78 M in der Grundfarbe anschlagen.

2. In der 1. Runde die Maschen gleichmäßig auf 4 Nadeln verteilen (19 M auf 2 Nadeln und 20 M auf zwei Nadeln).

3. 7 Runden zackige Rippen wie in der Strickschrift angegeben stricken, dann das Bein arbeiten. Die Strickschrift von rechts nach links lesen und zweimal arbeiten. 8 komplette Musterwiederholungen des Spitzenmusters stricken, dann sechsmal 1 Abnahmerunde (2 M re zus, 11 M re), um mit 72 M zu enden.

4. Das Fesselmuster laut Strickschrift arbeiten. Jede Strickschrift einmal von rechts nach links stricken, mit der rechten Schrift beginnen.

5. Nun der Anleitung für die kurze Version von Schwarz-weißer Stern (S. 34) ab Punkt 4 bis zum Ende folgen.

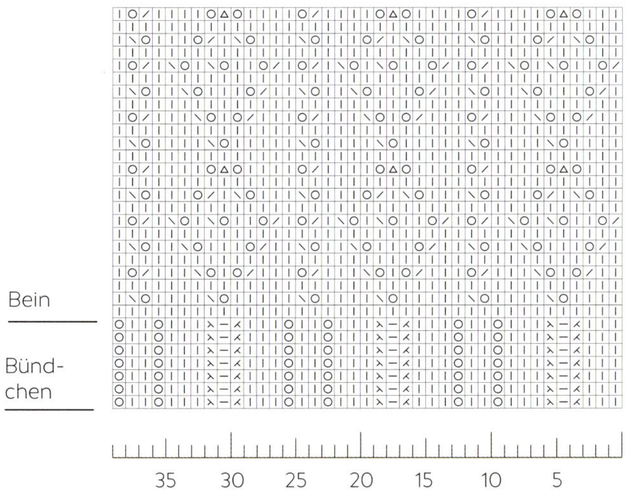

Fesselmuster

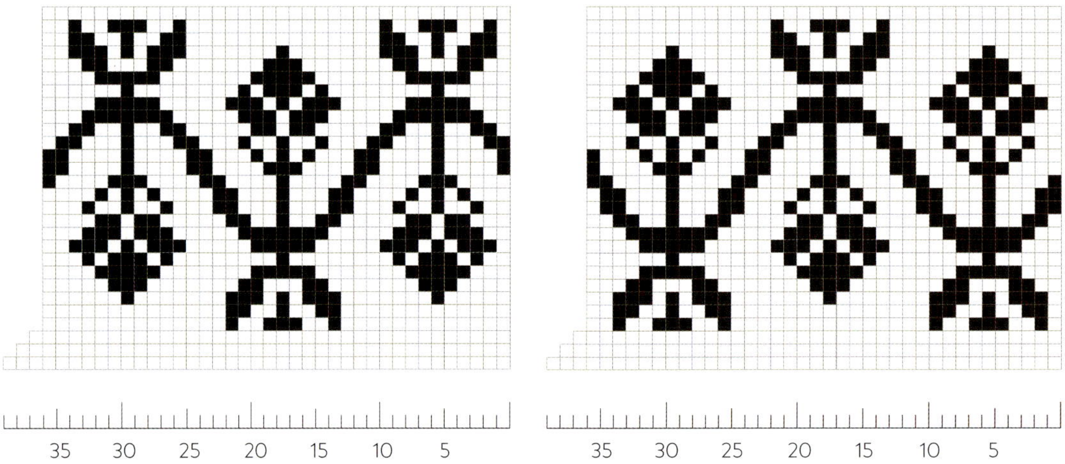

(Inspiriert vom Ausstellungsstück Nr. LM 43269:2, Kurland)

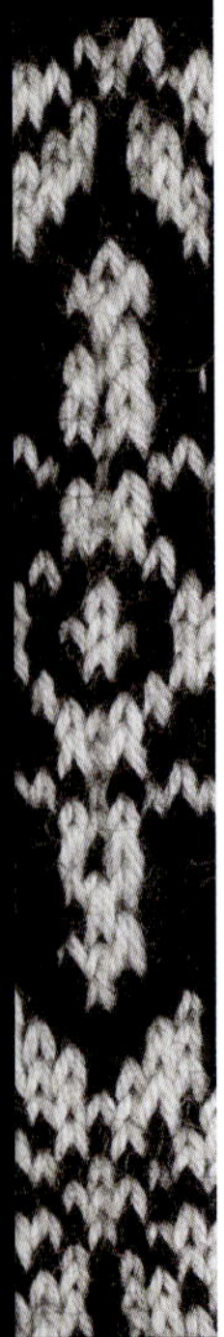

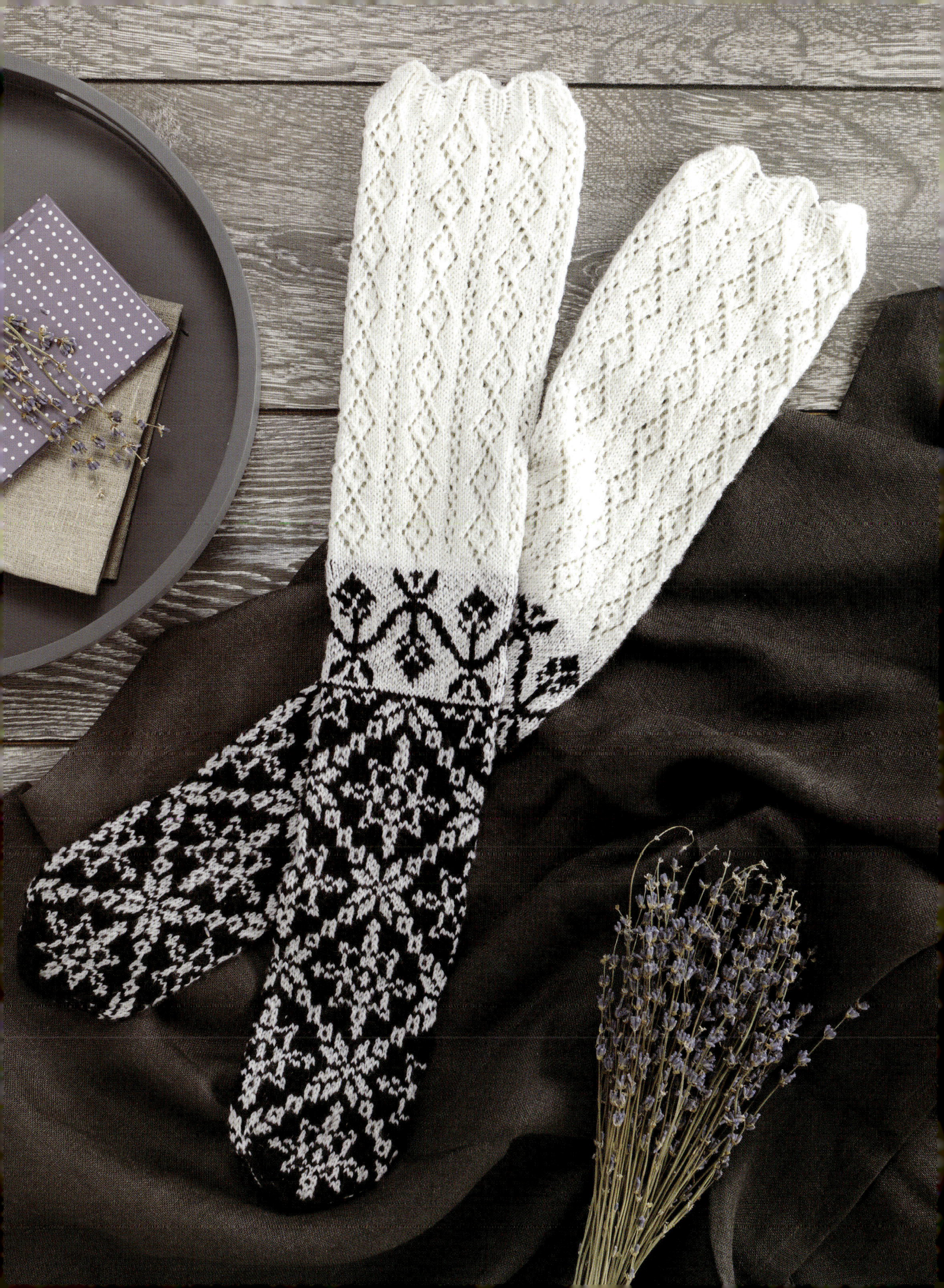

SCHWARZE BLUME

Anleitung

Für detaillierte Erläuterungen die Grundanleitung (S. 118 f.) lesen.

2 Farben: eine Grundfarbe (Cremeweiß) und eine Kontrastfarbe (Schwarz).

2–2,5 mm Nadeln und 4-fädige Sockenwolle.

1. 104 M in der Grundfarbe anschlagen.

2. In der 1. Runde die Maschen gleichmäßig auf 4 Nadeln verteilen (26 M pro Nadel).

3. 13 Runden zackige Rippen laut Strickschrift stricken. Strickschrift von rechts nach links lesen, zweimal arbeiten.

4. Jetzt das Bein stricken. 92 Runden im Spitzenmuster stricken, dabei wie in der Strickschrift angegeben abnehmen, um mit 80 M zu enden.

5. Das Bein weiter laut Strickschrift stricken. Jede Strickschrift einmal von rechts nach links stricken, mit der rechten Schrift beginnen.

6. Über die erste Hälfte der Maschen die Ferse stricken, dabei auf Zu- und Abnahmen achten.

7. Weiter im Muster Zwickel und Fuß stricken.

8. Weiter im Muster stricken, die Spitze als Sternchenspitze stricken (S. 123 in der Grundanleitung).

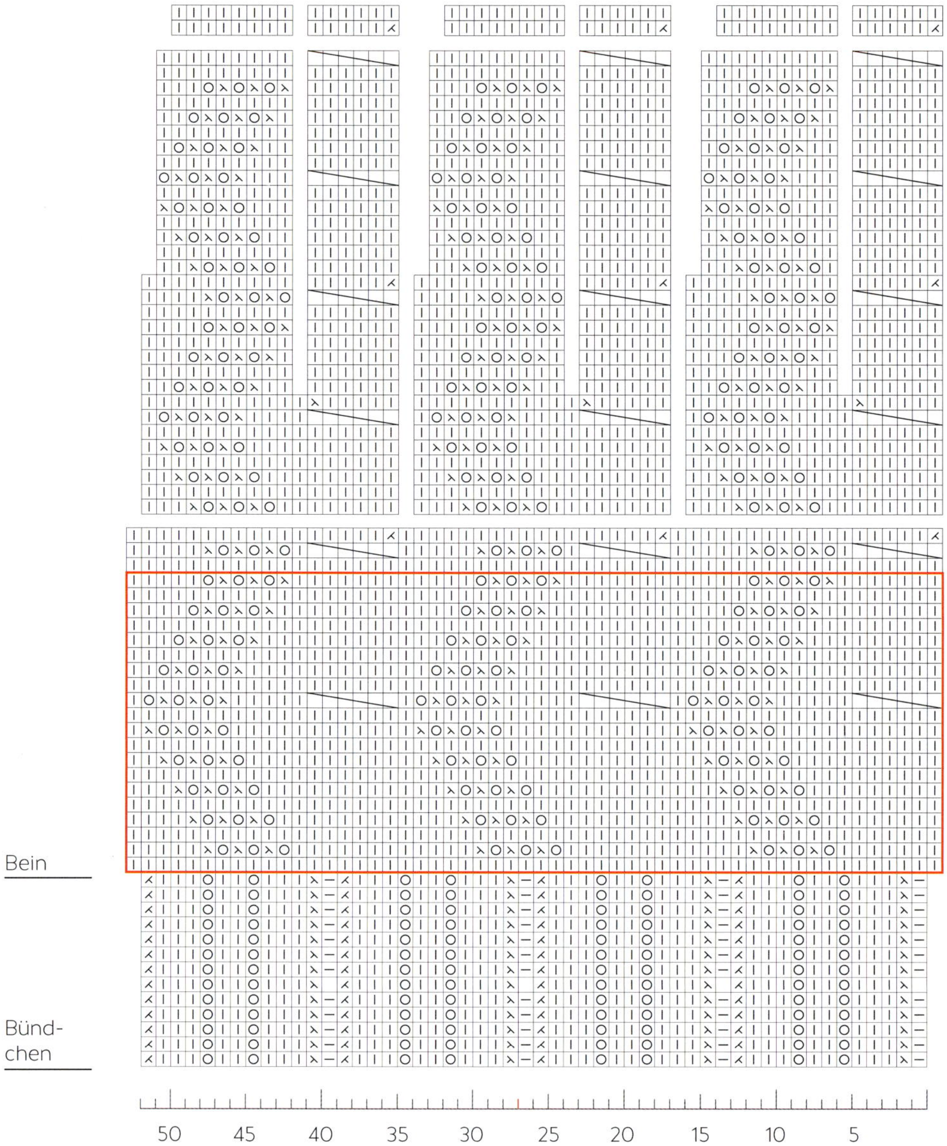

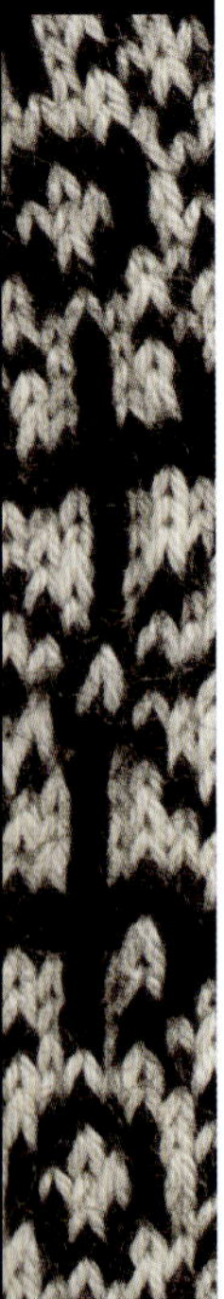

(Inspiriert vom Ausstellungsstück Nr. LM 42732:1, Kurland)

Ferse

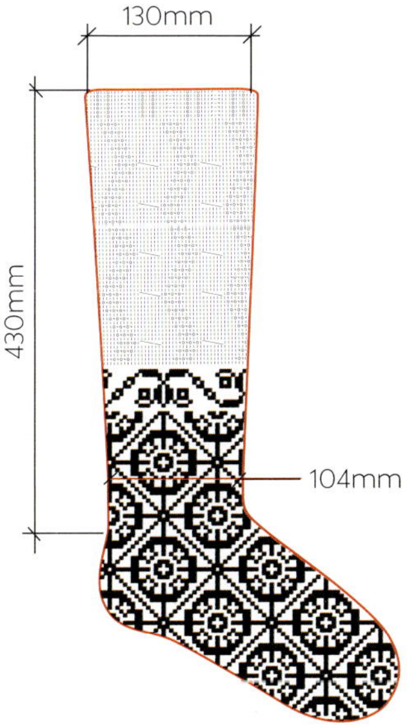

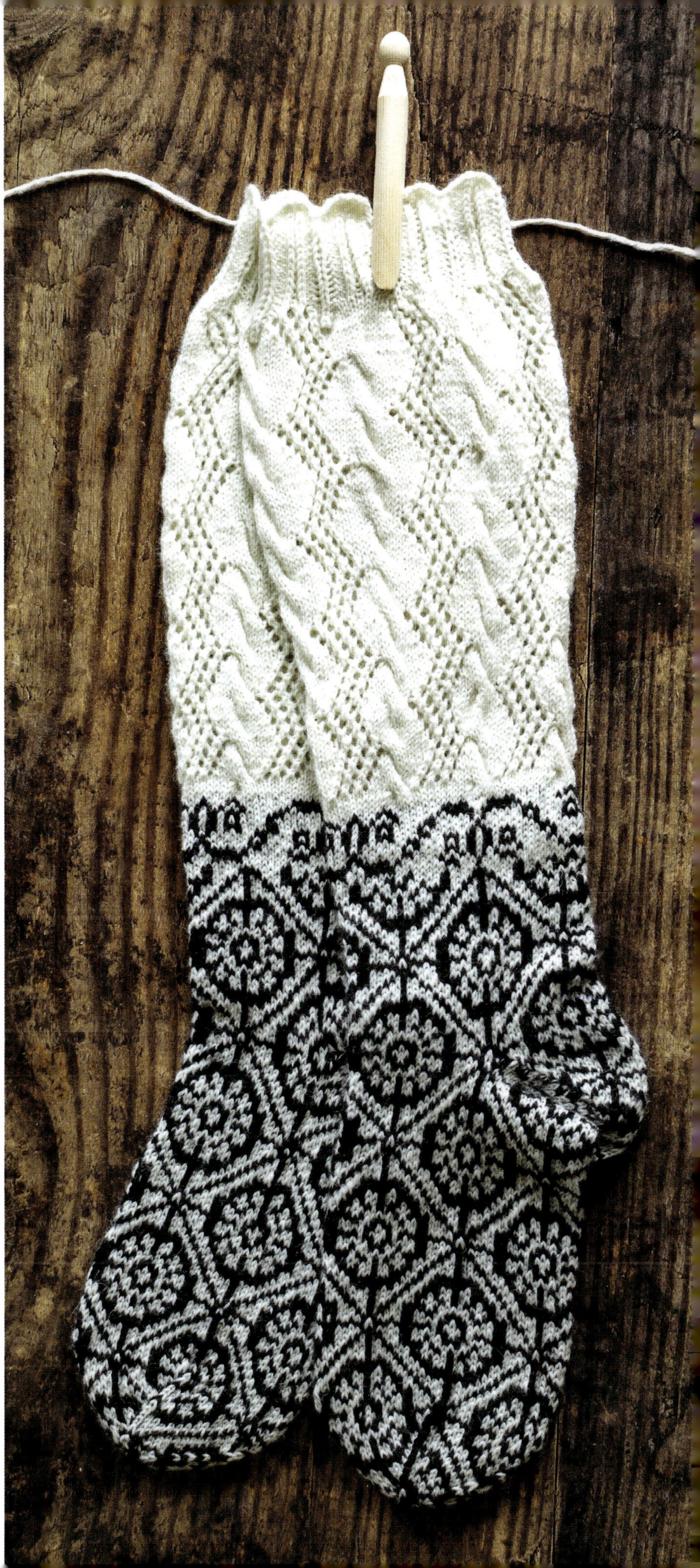

GELBE SPITZE

Anleitung

Für detaillierte Erläuterungen die Grundanleitung (S. 118 f.) lesen.

Eine Farbe: Grundfarbe (Gelb).

2–2,5 mm Nadeln und 4-fädige Sockenwolle.

1. 88 M in der Grundfarbe anschlagen.

2. In der 1. Runde die Maschen gleichmäßig auf 4 Nadeln verteilen (22 M pro Nadel).

3. 10 Runden laut Strickschrift im Rippenmuster stricken. Strickschrift von rechts nach links lesen, zweimal arbeiten.

4. Das Bein weiter laut Strickschrift stricken, wie in der Strickschrift angegeben abnehmen, mit 72 M enden.

5. Ferse mit Schrägnaht in der Grundfarbe stricken (s. Grundanleitung).

6. Über die obere Hälfte der Maschen weiter im Muster stricken, die andere Hälfte glatt rechts, Zwickel und Fuß stricken.

7. Die Spitze als Bandspitze stricken (S. 123 in der Grundanleitung).

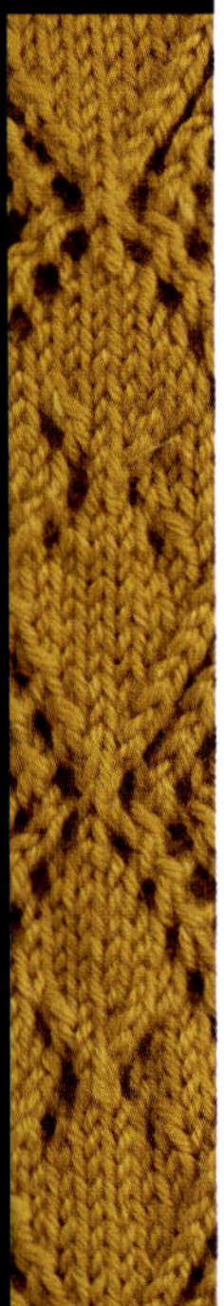

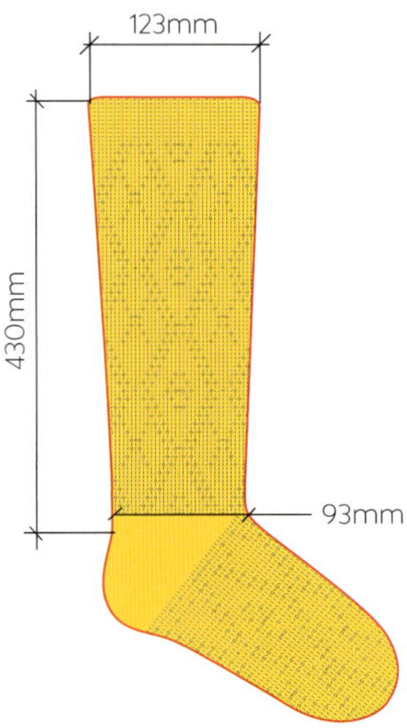

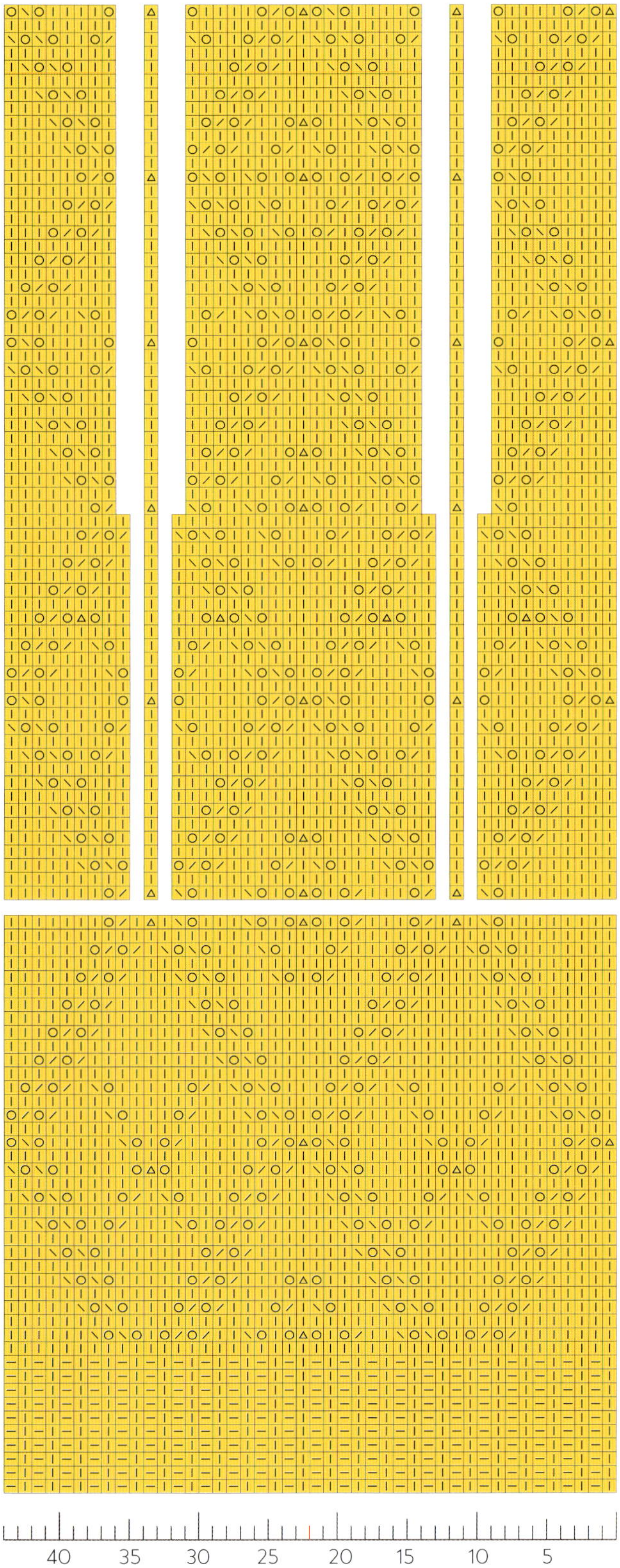

(Inspiriert vom Ausstellungsstück Nr. LM 30346:1, Kurland)

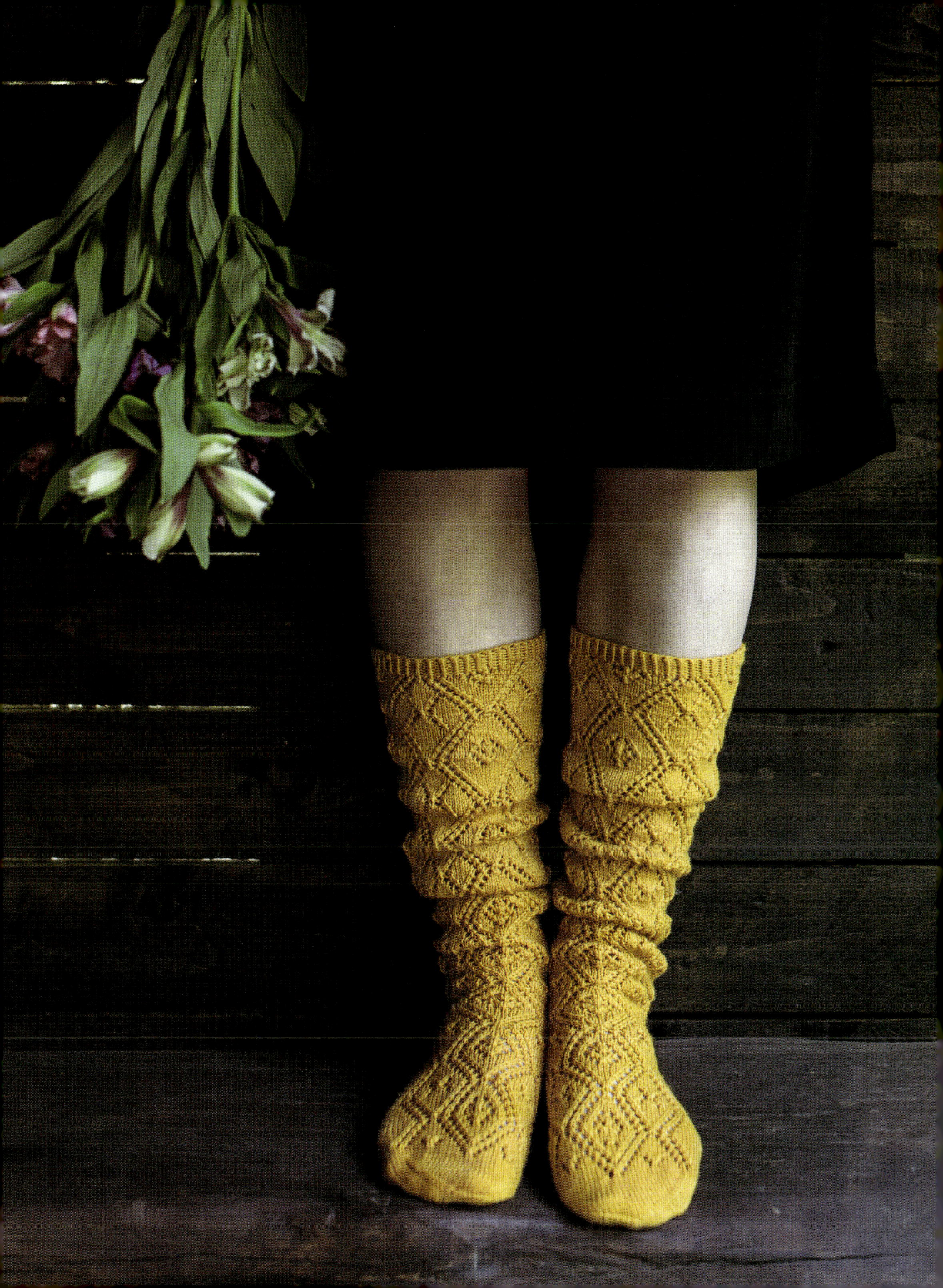

SCHWARZE SONNE

Anleitung

Für detaillierte Erläuterungen die Grundanleitung (S. 118 f.) lesen.

2 Farben: eine Grundfarbe (Weiß) und eine Kontrastfarbe (Schwarz).

2–2,5 mm Nadeln und 4-fädig Sockenwolle.

1. In der Grundfarbe wie bei den Strümpfen Gelbe Spitze (S. 82) 3 komplette Musterwiederholungen des Spitzenmusters stricken, mit 80 M enden.

2. Das Bein weiter laut Strickschrift stricken. Jede Strickschrift einmal von rechts nach links stricken, mit der rechten Schrift beginnen.

3. Über die erste Hälfte der Maschen die Ferse mit Schrägnaht stricken (s. Grundanleitung S. 218), dabei auf die Zu- und Abnahmen achten.

4. Weiter den Fuß im Muster über alle M stricken.

5. Die Spitze im Muster mit Schrägnaht stricken.

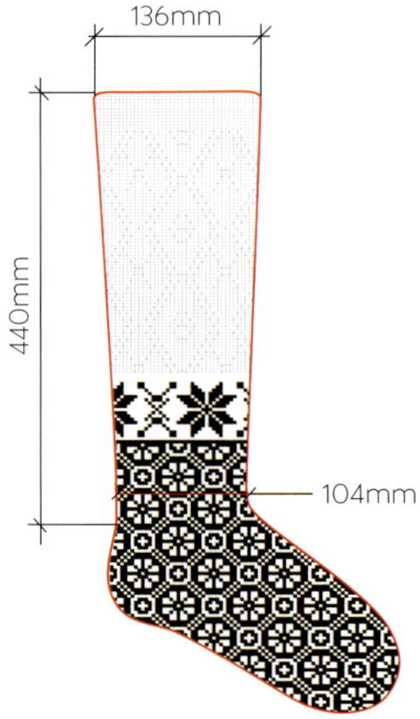

Ferse

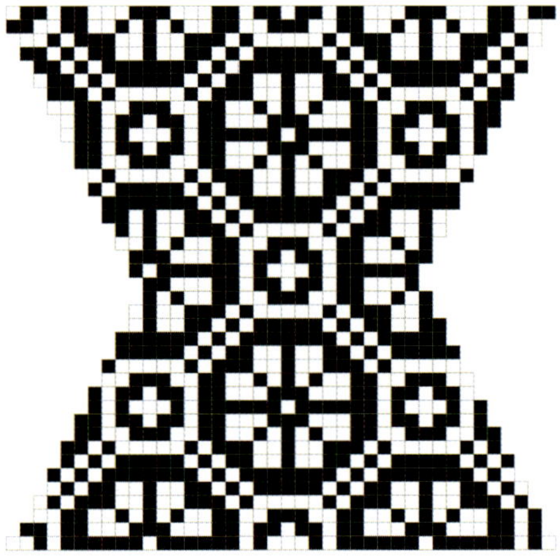

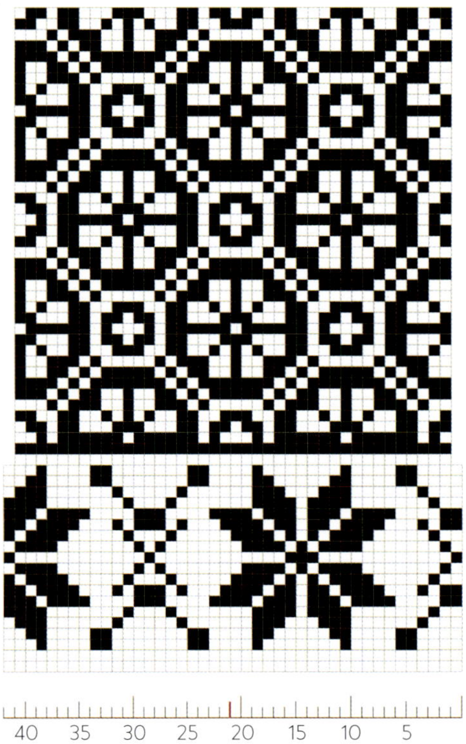

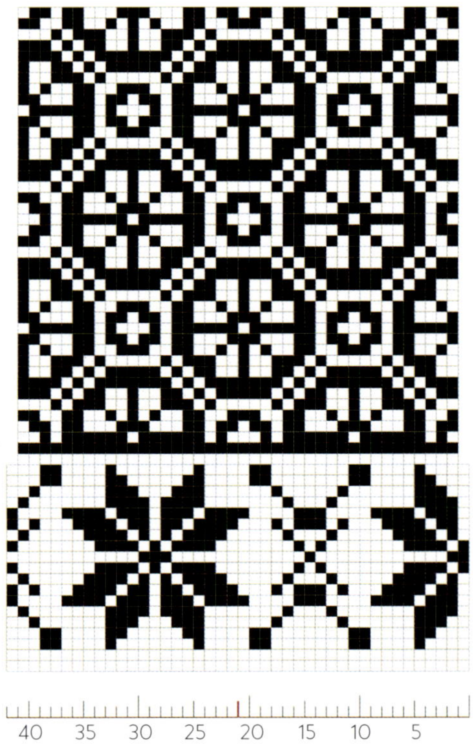

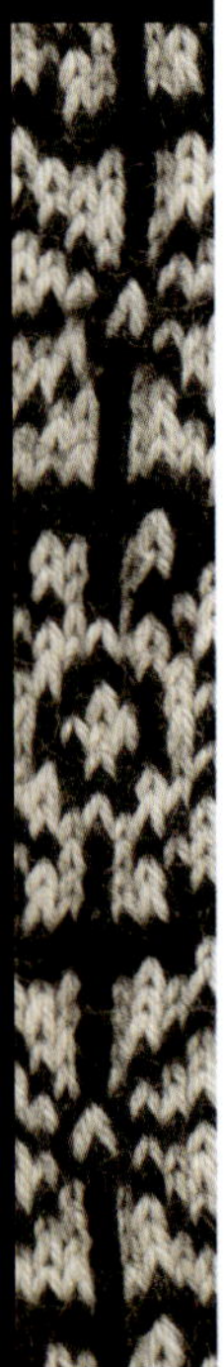

(Inspiriert vom Ausstellungsstück Nr. LM 30346:1, Kurland)

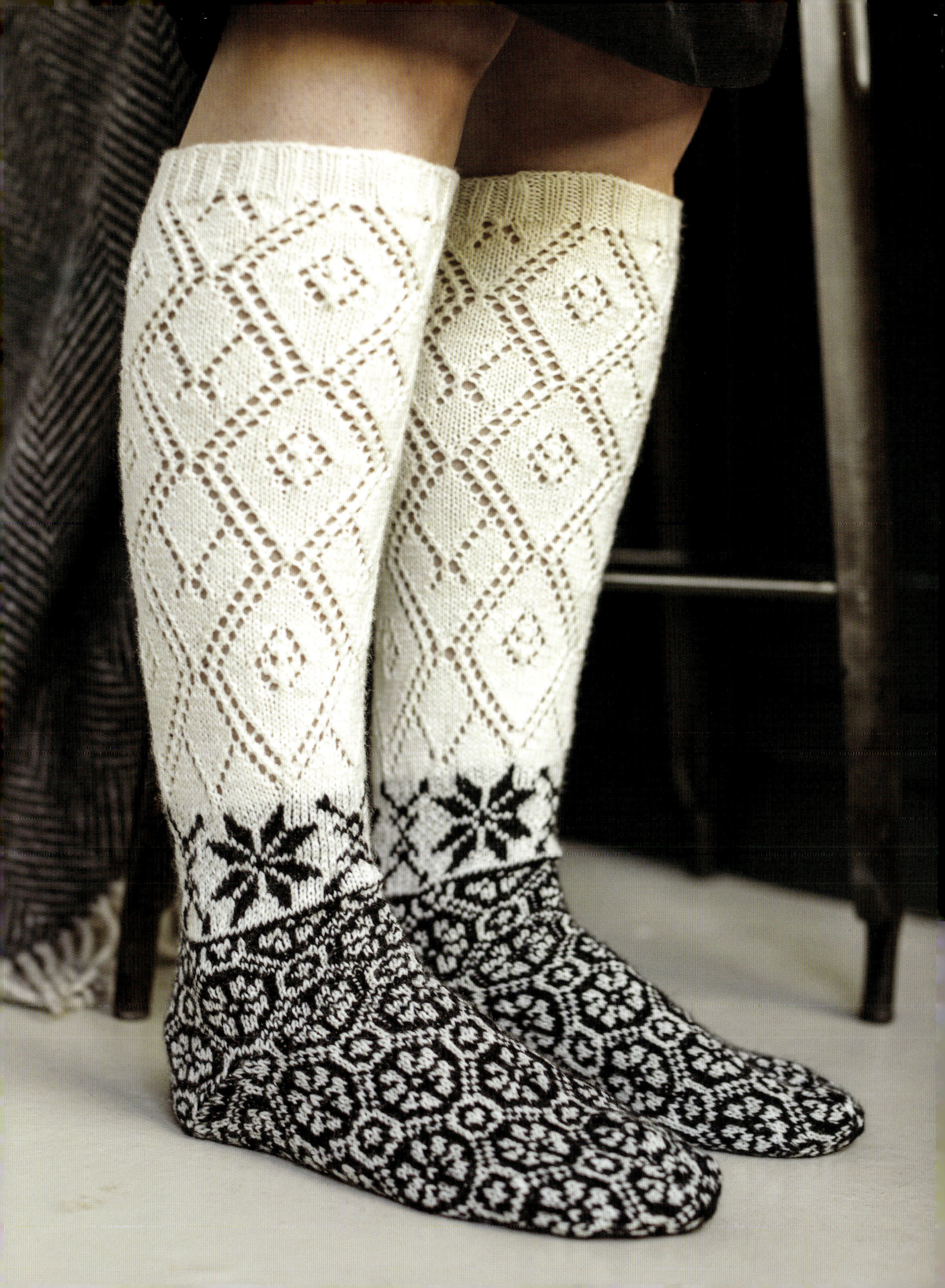

WEISSE SPITZE

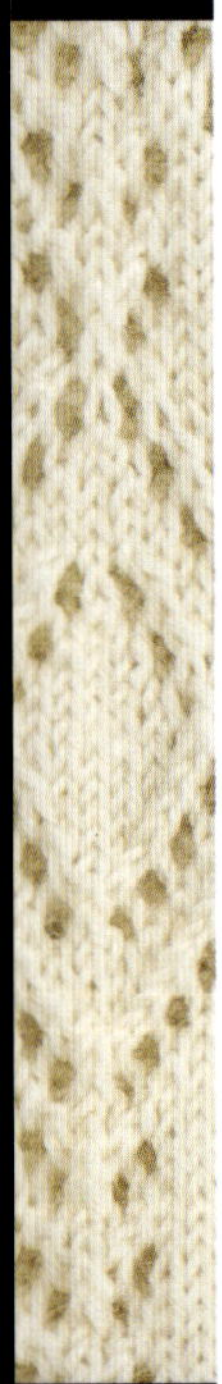

Anleitung

Für detaillierte Erläuterungen die Grundanleitung (S. 118 f.) lesen.

Eine Farbe: Grundfarbe (Weiß)

2–2,5 mm Nadeln und 4-fädige Sockenwolle.

1. 96 M in der Grundfarbe auf 2,5 mm Nadeln anschlagen.

2. In der 1. Runde die Maschen gleichmäßig auf 4 Nadeln verteilen (24 M pro Nadel).

3. 10 Runden (1 M re, 1 M li) Rippen laut Strickschrift stricken. Die Strickschrift von rechts nach links lesen und zweimal wiederholen.

4. Das Bein weiter laut Strickschrift stricken, wie in der Strickschrift angegeben abnehmen, mit 66 M enden.

5. Die Ferse mit Schrägnaht in der Grundfarbe stricken (s. Grundanleitung).

6. Über die obere Hälfte der Maschen weiter im Muster stricken, die andere Hälfte glatt rechts, Zwickel und Fuß stricken.

7. Spitze laut der Strickschrift mit Schrägnaht stricken, dabei die Abnahmen beachten.

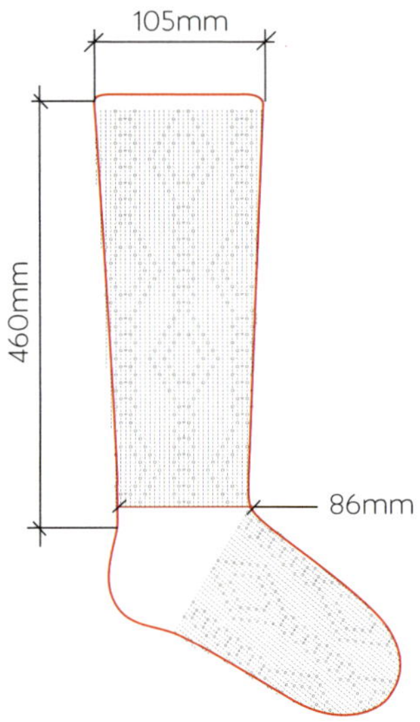

(Inspiriert vom Ausstellungsstück Nr. BDM 27487, Barta. Frühes 19. Jahrhundert)

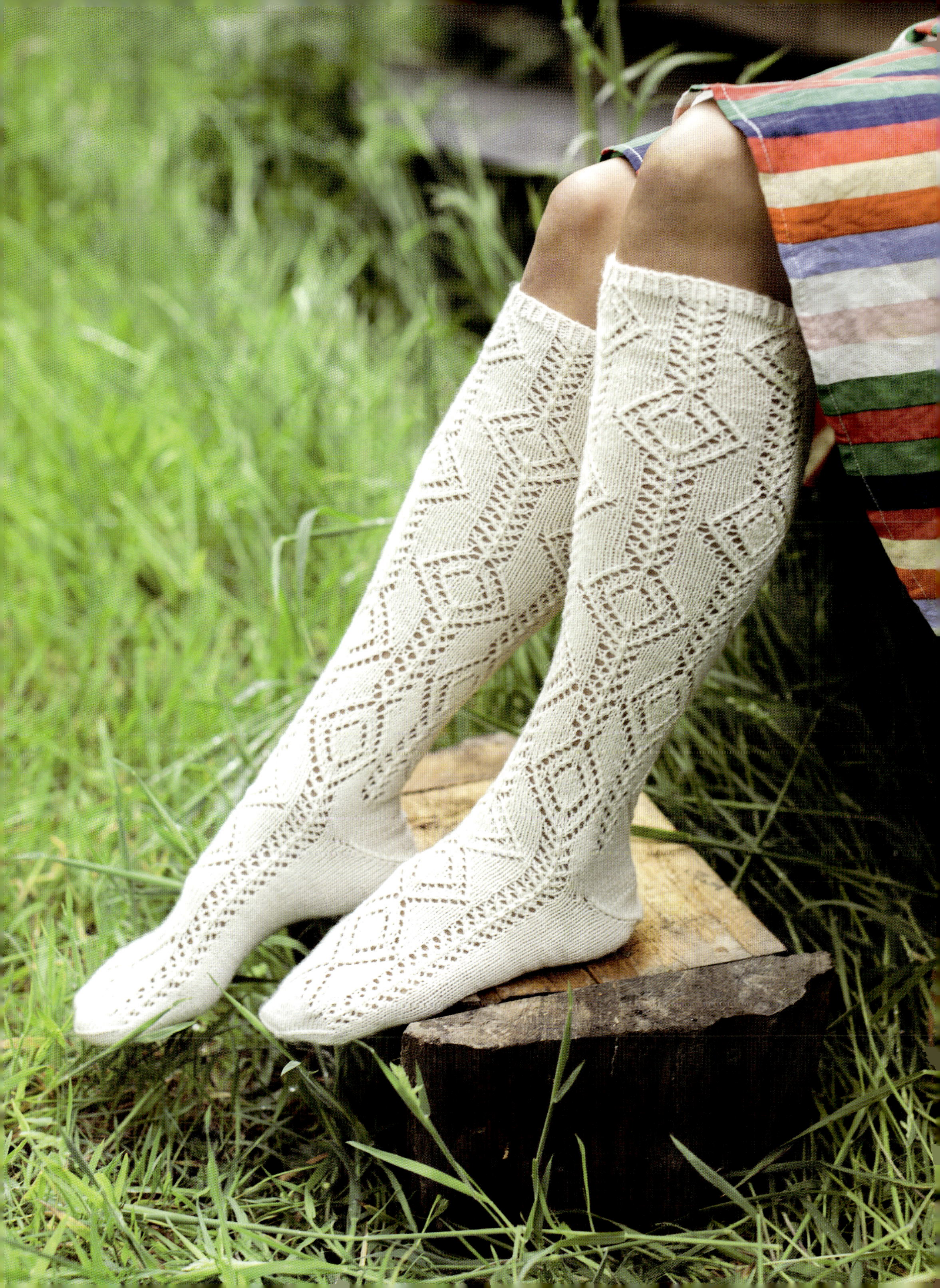

PASTELL SPITZE

Anleitung

Für detaillierte Erläuterungen die Grundanleitung (S. 118 f.) lesen.

Eine Farbe: Grundfarbe (Hellrosa)

2–2,5 mm Nadeln und 4-fädige Sockenwolle.

1. 96 M in der Grundfarbe anschlagen.

2. In der 1. Runde die Maschen gleichmäßig auf 4 Nadeln verteilen (24 M pro Nadel).

3. 10 Runden (1 M re, 1 M li) Rippen laut Strickschrift stricken. Die Strickschrift von rechts nach links lesen und zweimal arbeiten.

4. Das Bein weiter laut Strickschrift stricken, wie in der Strickschrift angegeben abnehmen, mit 72 M enden. Strickschrift von rechts nach links lesen, zweimal arbeiten, 12,5 Musterwiederholungen insgesamt.

5. Die Ferse mit Schrägnaht stricken (s. die Grundanleitung).

6. Über die obere Hälfte der Maschen weiter im Muster stricken, die andere Hälfte glatt rechts, Zwickel und Fuß stricken.

7. Die Spitze als Bandspitze stricken (S. 123 in der Grundanleitung).

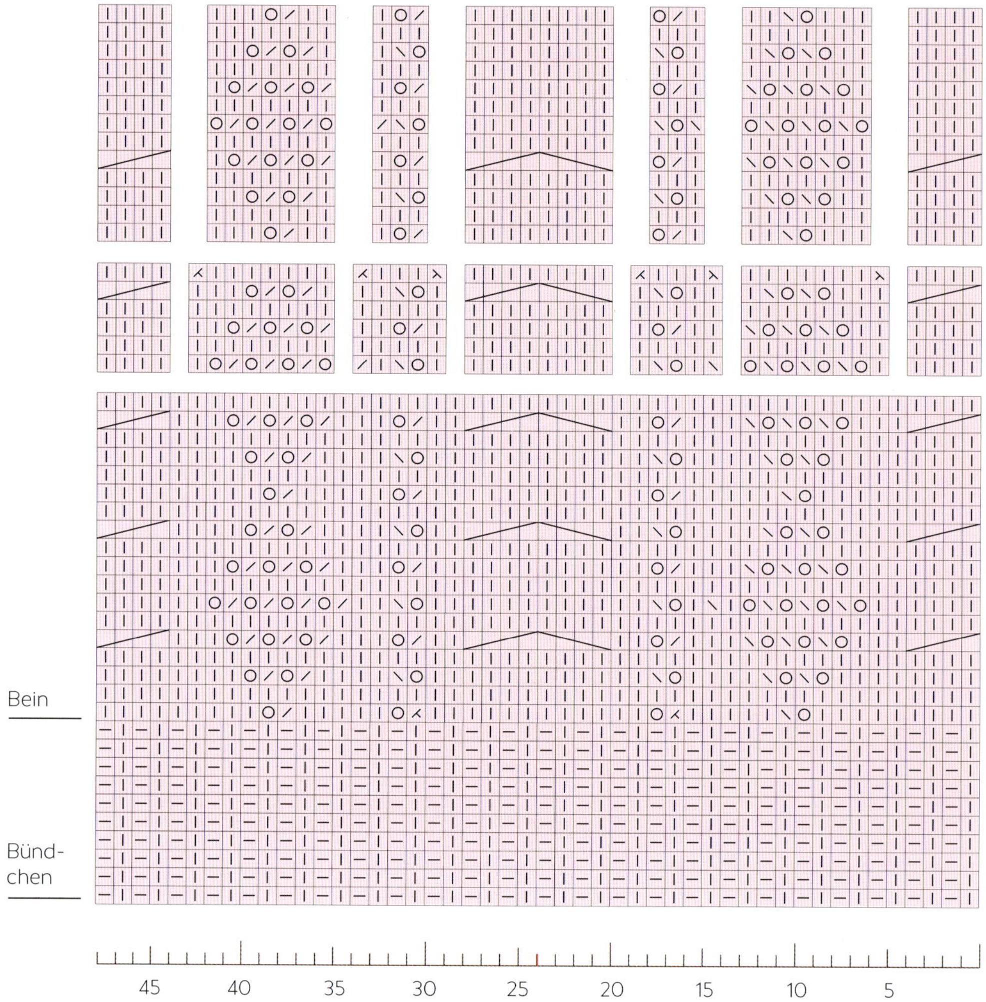

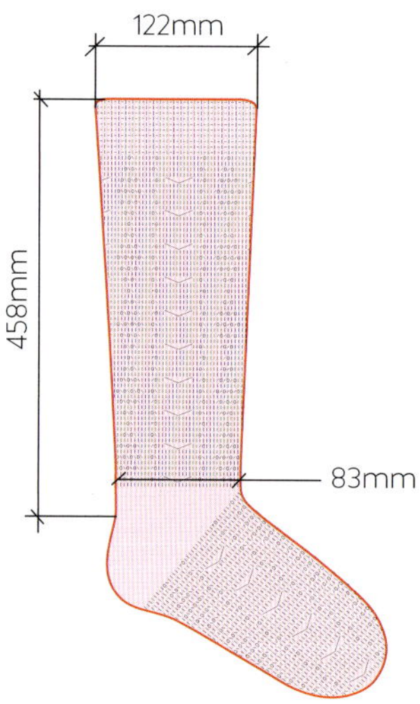

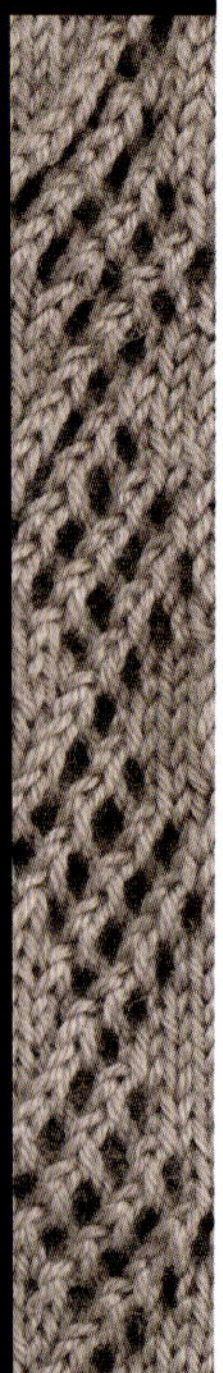

(Inspiriert vom Ausstellungsstück Nr. LM 43269:2, Kurland)

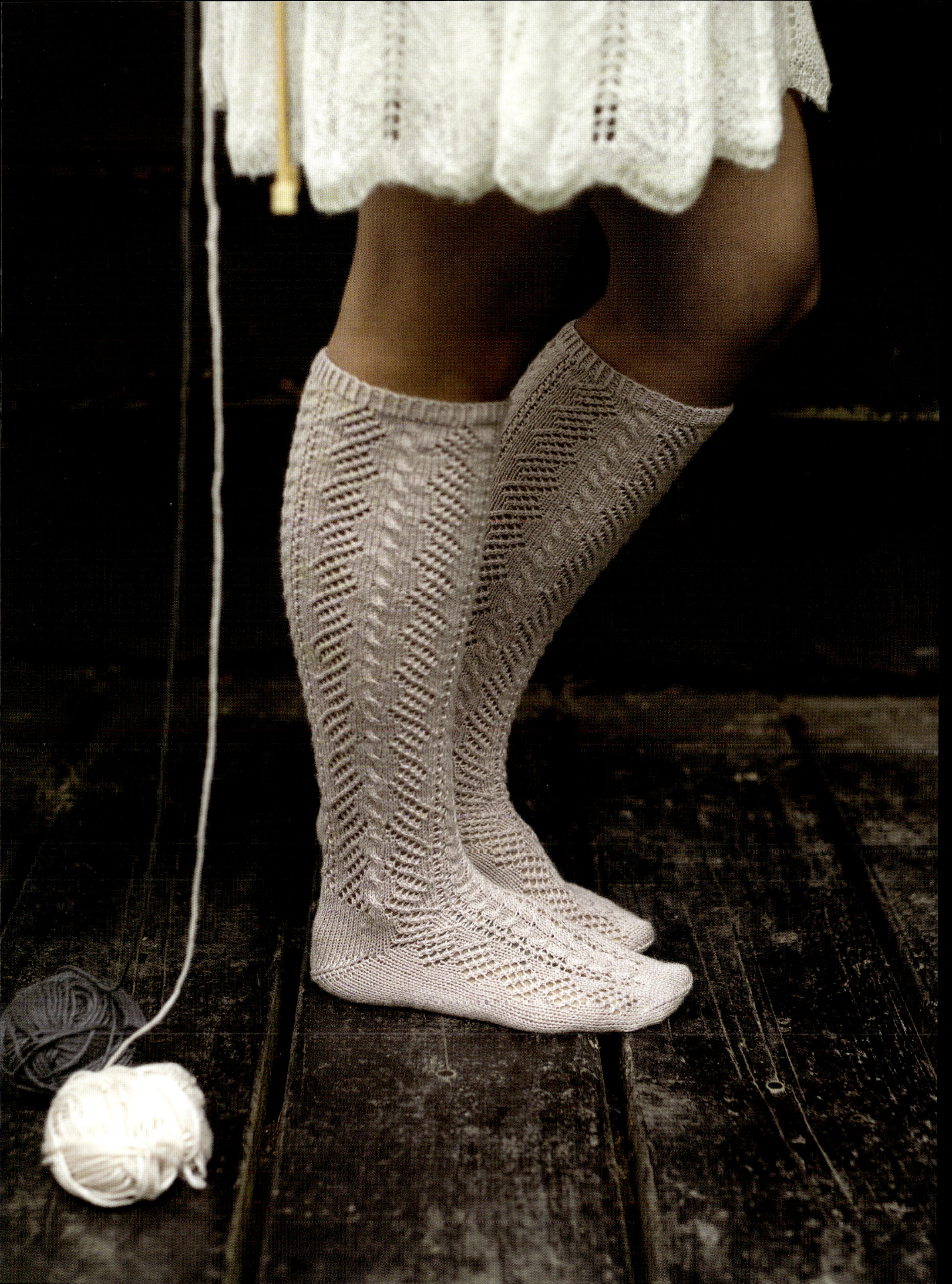

LANGE SPITZE

Anleitung

Für detaillierte Erläuterungen die Grundanleitung (S. 118 f.) lesen.

Eine Farbe: Grundfarbe (Grau)

3–3,5 mm Nadeln und 6-fädige Sockenwolle.

1. 64 M in der Grundfarbe anschlagen.

2. In der 1. Runde die Maschen gleichmäßig auf 4 Nadeln verteilen (16 M pro Nadel).

3. Eine Picotkante stricken (s. Bündchentechniken S. 124).

4. Das Bein laut Strickschrift stricken. Die Strickschrift von rechts nach links lesen und viermal in jeder Runde arbeiten. Die 18 Runden des Musters insgesamt 6 Mal stricken, dabei wie folgt zu Beginn der 3. und 5. Musterwiederholung abnehmen:

- in der 1. Reihe der 3. Musterwiederholung am Rundenanfang 2 M li zus, 1 M li arbeiten (anstatt 3 M li), diese Maschen in den folgenden Runden li stricken.
- zu Beginn der 5. Musterwiederholung am Rundenanfang 2 M li zus stricken, diese Masche in den folgenden Runden li stricken.

Nach 6 Musterwiederholungen hat das Bein am Ende noch 56 M.

5. Die Ferse stricken, dabei auf die unterschiedliche Fersenplatzierung rechts und links achten (s. die Grundanleitung).

6. Über die obere Hälfte der Maschen weiter im Muster stricken, die andere Hälfte glatt rechts, Zwickel und Fuß stricken.

7. Die Spitze als Bandspitze stricken (S. 123 in der Grundanleitung).

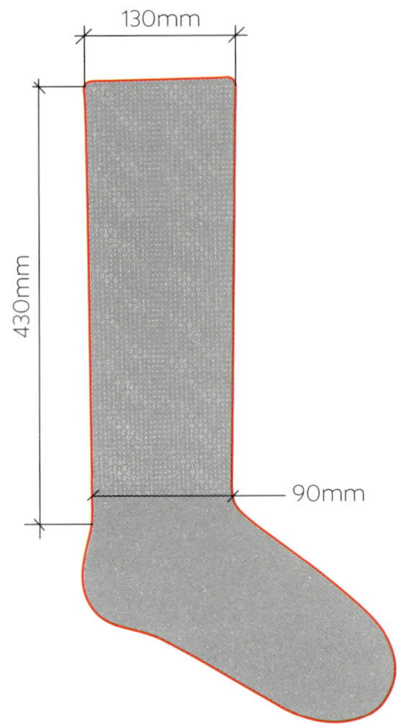

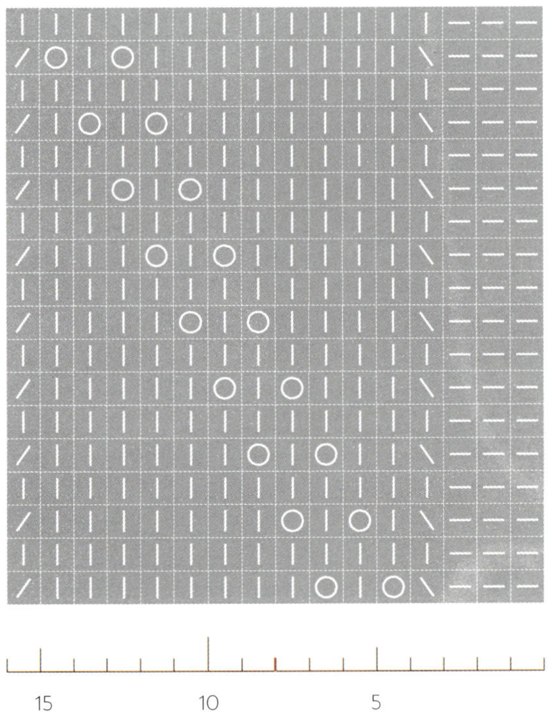

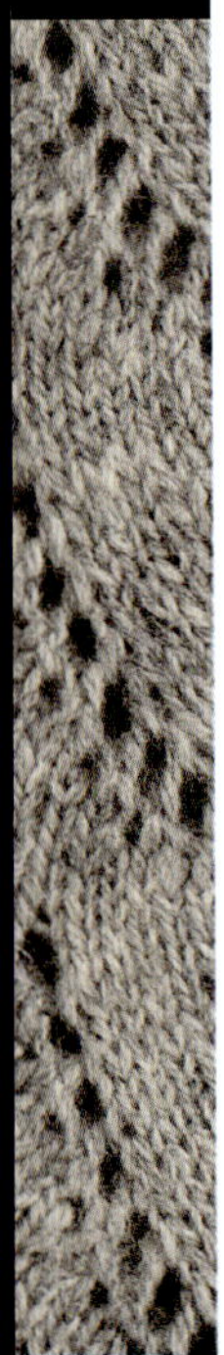

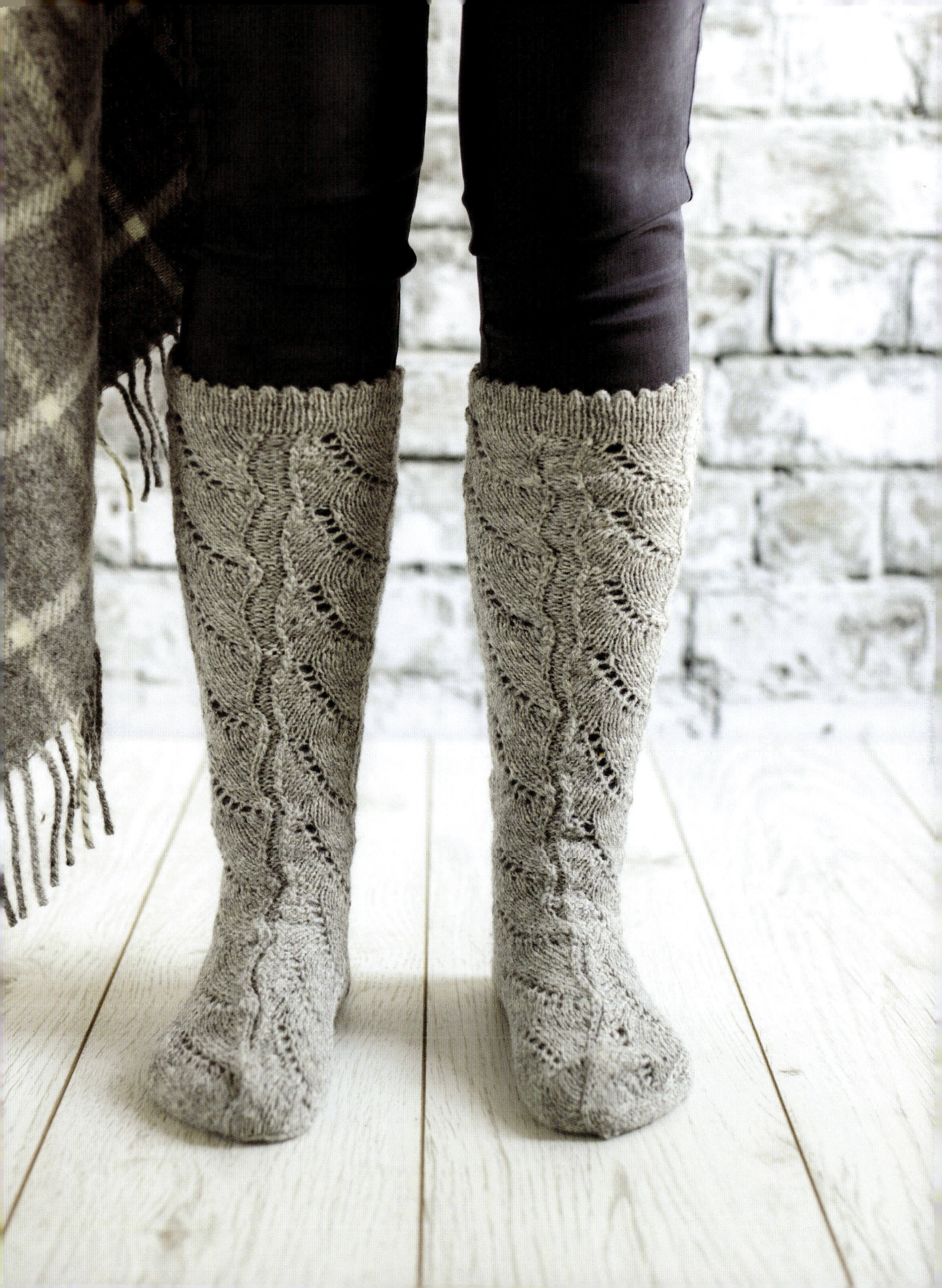

LANGE BLÄTTER

Anleitung

Für detaillierte Erläuterungen die Grundanleitung (S. 118 f.) lesen.

Eine Farbe: Grundfarbe (Cremeweiß)

3–3,5 mm Nadeln und 6-fädige Sockenwolle.

1. 64 M in der Grundfarbe anschlagen.

2. In der 1. Runde die Maschen gleichmäßig auf 4 Nadeln verteilen (16 M pro Nadel).

3. Eine Picotkante stricken (s. Bündchentechniken S. 124).

4. Das Bein laut Strickschrift stricken. Die Strickschrift von rechts nach links lesen und viermal in jeder Runde stricken. Die 16 Reihen der Musterwiederholung insgesamt 6 Mal stricken, dabei wie folgt abnehmen:

- in der ersten Reihe der 4. Musterwiederholung am Anfang jeder Musterwiederholung 2 M li zus (anstatt 2 M li) stricken und die M in den folgenden Runden ins Muster einbauen.

Nach 6 Musterwiederholungen hat das Bein am Ende noch 60 M.

5. Ferse stricken, dabei auf die unterschiedliche Fersenplatzierung rechts und links achten (s. Grundanleitung).

6. Über die obere Hälfte der Maschen weiter im Muster stricken, die andere Hälfte glatt rechts, Zwickel und Fuß stricken.

7. Spitze als Sternchenspitze stricken (S. 123 in der Grundanleitung).

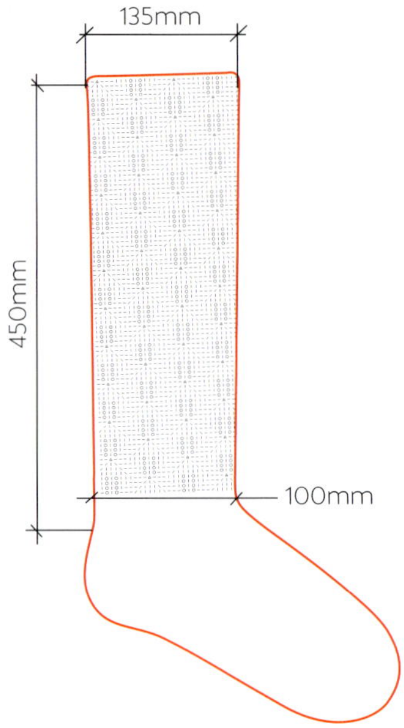

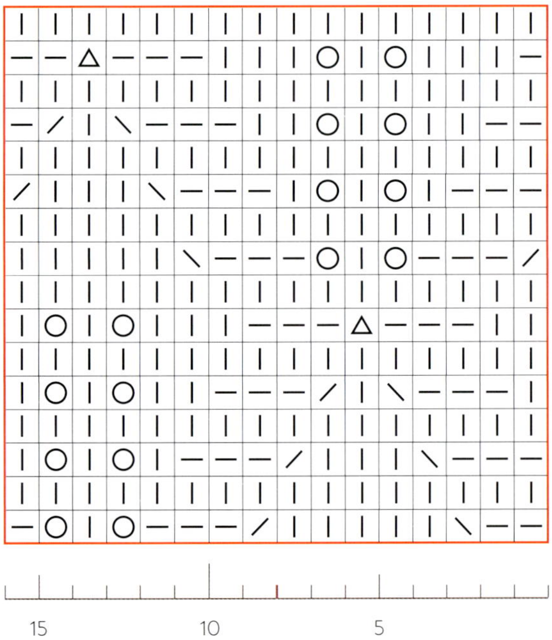

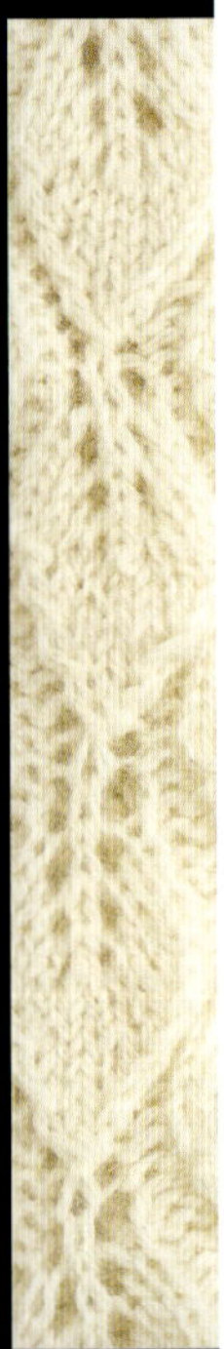

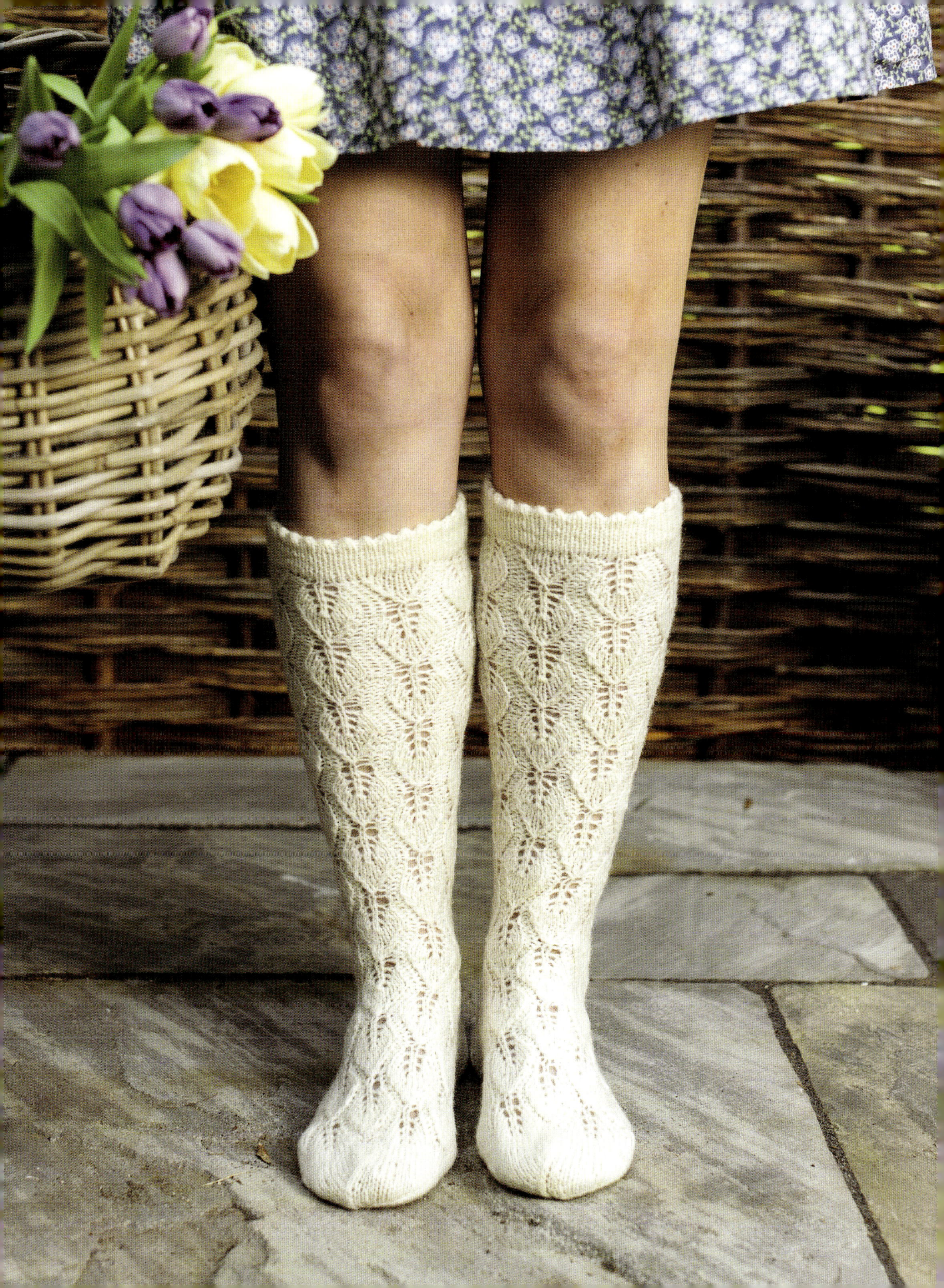

SUITI ZICKZACK

Anleitung

Für detaillierte Erläuterungen die Grundanleitung (S. 118 f.) lesen.

4 Farben: eine Grundfarbe (Marineblau) und drei Kontrastfarben (Pink, Grün, Gelb).

2-2,5 mm Nadeln und 4-fädige Sockenwolle.

1. 96 M in der Grundfarbe anschlagen.

2. In der 1. Runde die Maschen gleichmäßig auf 4 Nadeln verteilen (24 M pro Nadel).

3. 10 Runden (1 M re, 1 M li) Rippen laut Strickschrift stricken. Die Strickschrift von rechts nach links lesen und viermal arbeiten.

4. Das Bein weiter laut Strickschrift stricken, wie darin angegeben abnehmen, mit 72 M enden. Die Strickschrift von rechts nach links lesen und zweimal arbeiten, insgesamt 13 Streifen zu je 5 Runden stricken.

5. Ferse in der Grundfarbe stricken (s. Grundanleitung).

6. Über die obere Hälfte der Maschen weiter im Muster stricken, die andere Hälfte glatt rechts, Zwickel und Fuß stricken.

7. Die Spitze in der Grundfarbe als Bandspitze arbeiten (S. 123 in der Grundanleitung).

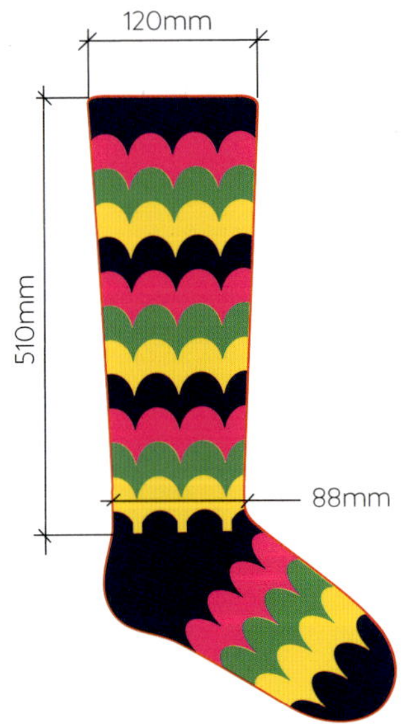

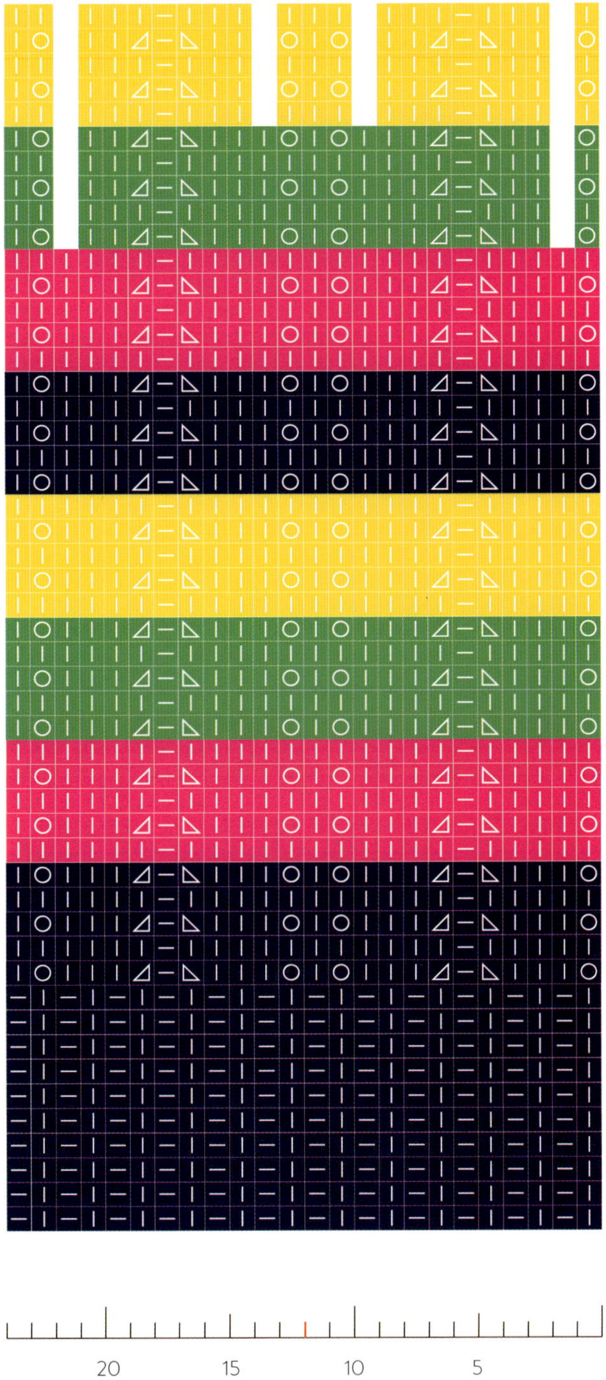

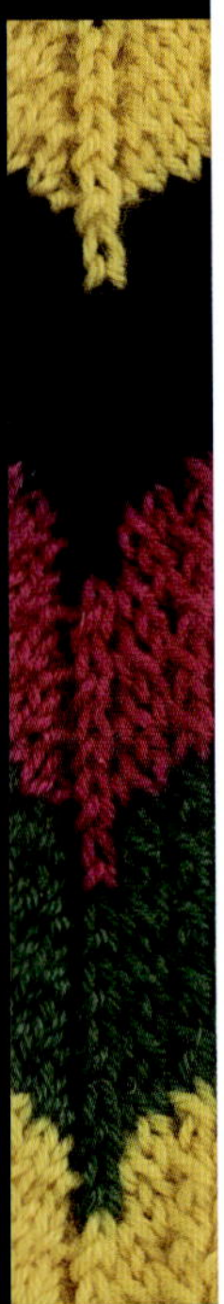

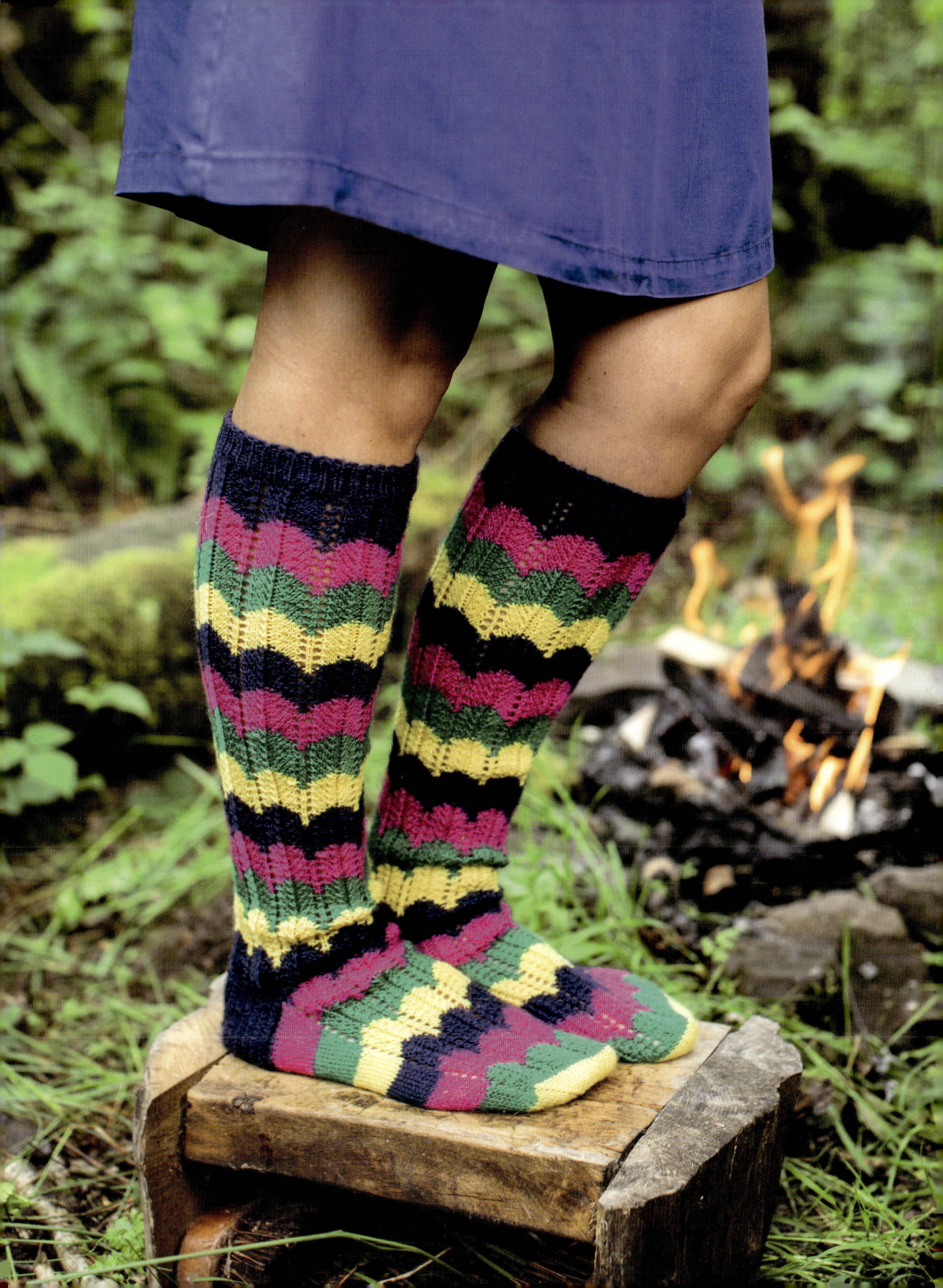

FARBENFROH

Anleitung

Für detaillierte Erläuterungen die Grundanleitung (S. 118 f.) lesen.

6 Farben: eine Grundfarbe (Schwarz) und fünf Kontrastfarben (Lila, Pink, Rot, Grün und Gelb).

2–3 mm Nadeln und 2-fädige Wolle.

1. 96 M in der Grundfarbe anschlagen.

2. In der 1. Runde die Maschen gleichmäßig auf 4 Nadeln verteilen (24 M pro Nadel).

3. Eine Picotkante stricken (s. Bündchentechniken S. 124).

4. Das Bein weiter laut Strickschrift stricken, wie angegeben abnehmen und mit 72 M enden. Jede Strickschrift einmal von rechts nach links stricken, mit der rechten Schrift beginnen.

5. Die Ferse in der Grundfarbe stricken, dabei auf die unterschiedliche Fersenplatzierung rechts und links achten (s. Grundanleitung).

6. Den Zwickel und den oberen Fuß nach der Hauptstrickschrift arbeiten, nach der Ferse die Sohle laut der extra Strickschrift stricken.

7. Die Spitze in der Grundfarbe als Sternchenspitze arbeiten (S. 123 in der Grundanleitung).

8. In einer Kontrastfarbe eine Strickkordel stricken, die lang genug ist, um durch die Löcher im Bündchen geführt und festgeknotet zu werden (s. Techniken).

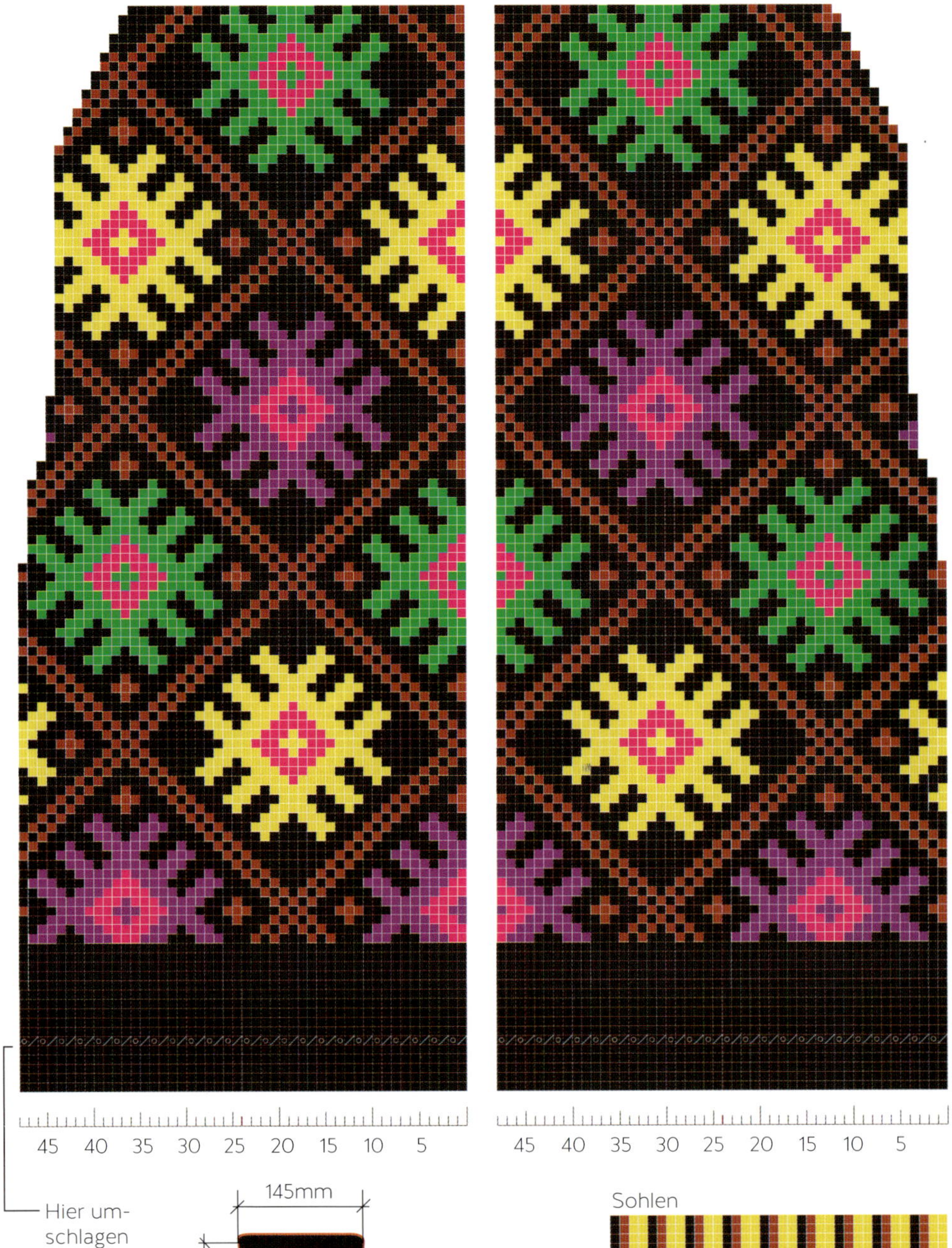

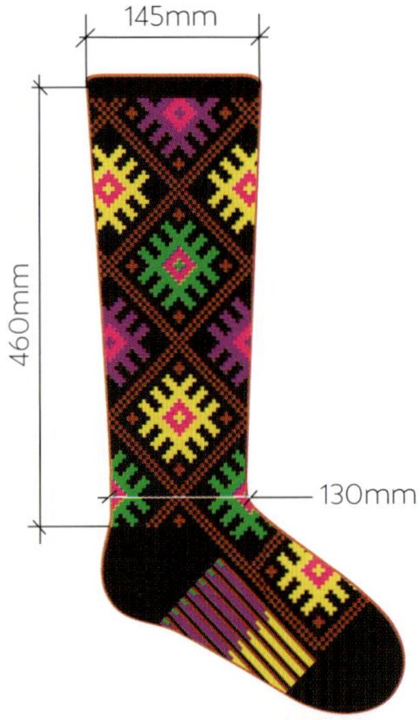

Sohlen

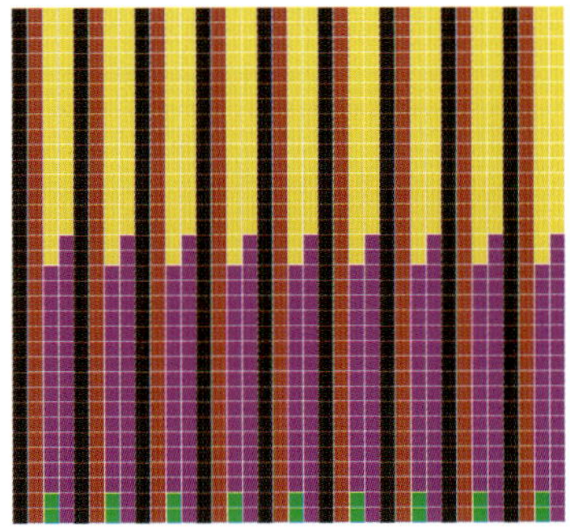

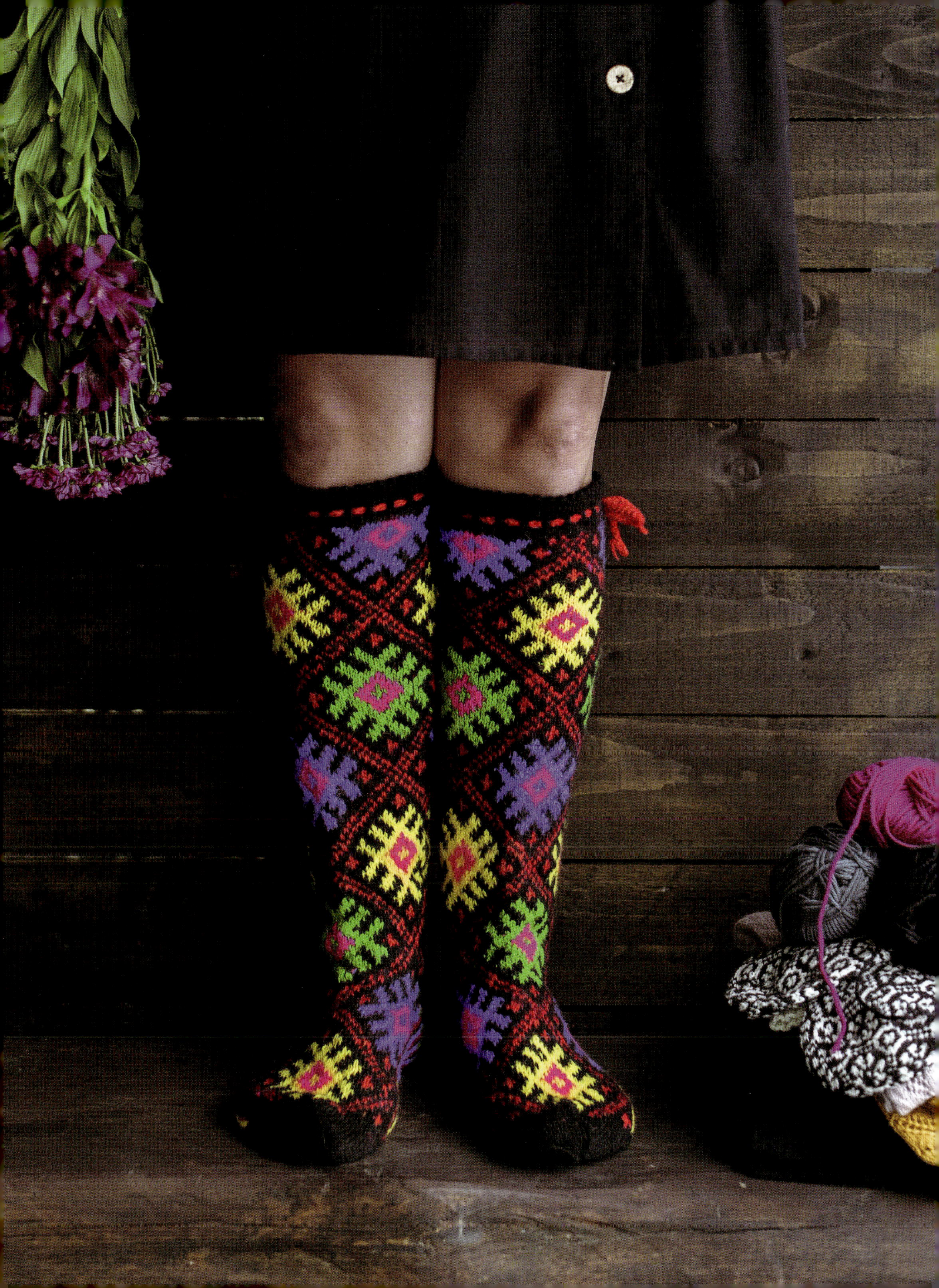

DAGDA

Anleitung

5 Farben: eine Grundfarbe (Grau) und vier Kontrastfarben (Weiß, Hellgrau, Schwarz und Rot).

2–3 mm Nadeln und 6-fädige Sockenwolle.

1. 64 M in der Grundfarbe anschlagen.

2. In der 1. Runde die Maschen gleichmäßig auf 4 Nadeln verteilen (16 M pro Nadel).

3. Eine Picotkante stricken (s. Bündchentechniken S. 124).

4. Den Hauptteil laut Strickschrift arbeiten. Die Strickschrift von rechts nach links lesen und zweimal arbeiten, wie angegeben mit einer Picotkante enden.

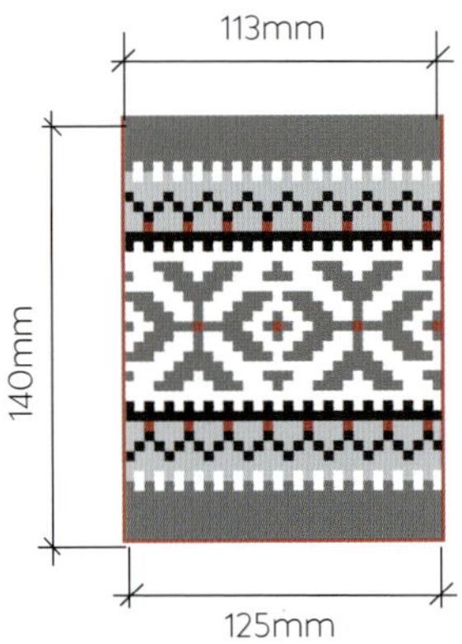

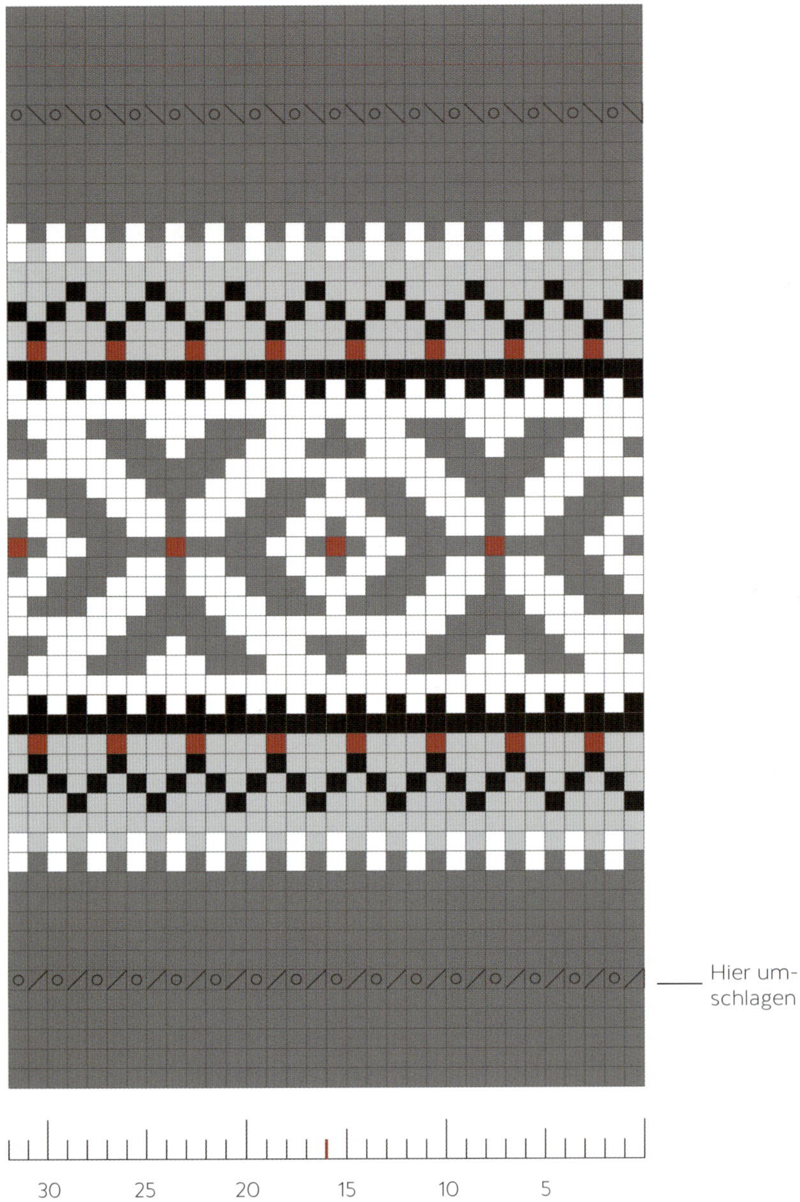

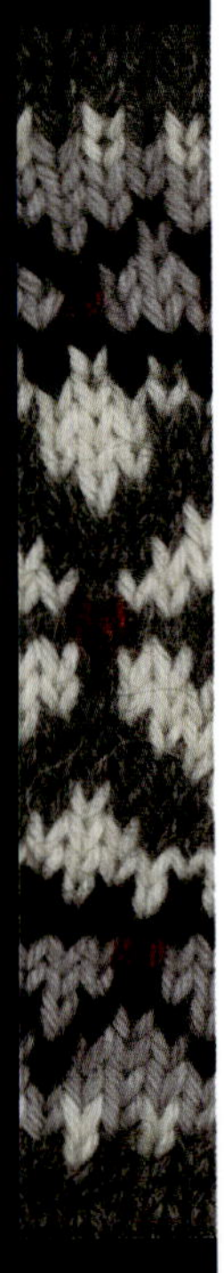

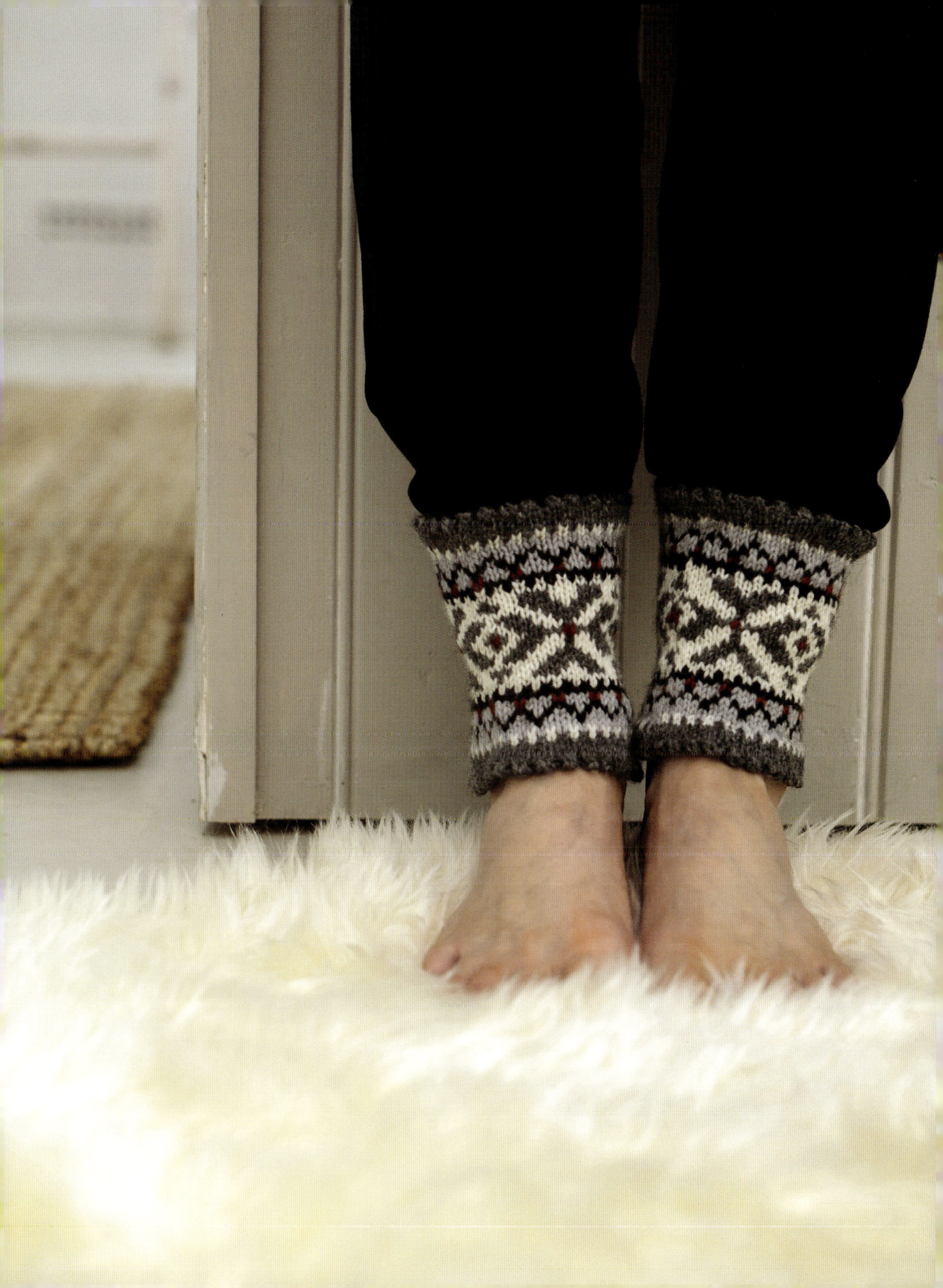

BALVI

Anleitung

7 Farben: eine Grundfarbe (Weinrot) und sechs Kontrastfarben (Rot, Gelb, Cremeweiß, Braun, Hellgrün und Dunkelgrün).

2–2,5 mm Nadeln und 2-fädige Wolle.

1. 80 M in der Grundfarbe anschlagen.

2. In der 1. Runde die Maschen gleichmäßig auf 4 Nadeln verteilen (20 M pro Nadel).

3. Das Bündchen laut Strickschrift stricken. Die Strickschrift von rechts nach links lesen und zweimal arbeiten.

4. Weiter im Hauptmuster laut Strickschrift arbeiten, dabei wie angegeben abnehmen und mit 72 M enden. Die Strickschrift von rechts nach links lesen und zweimal arbeiten.

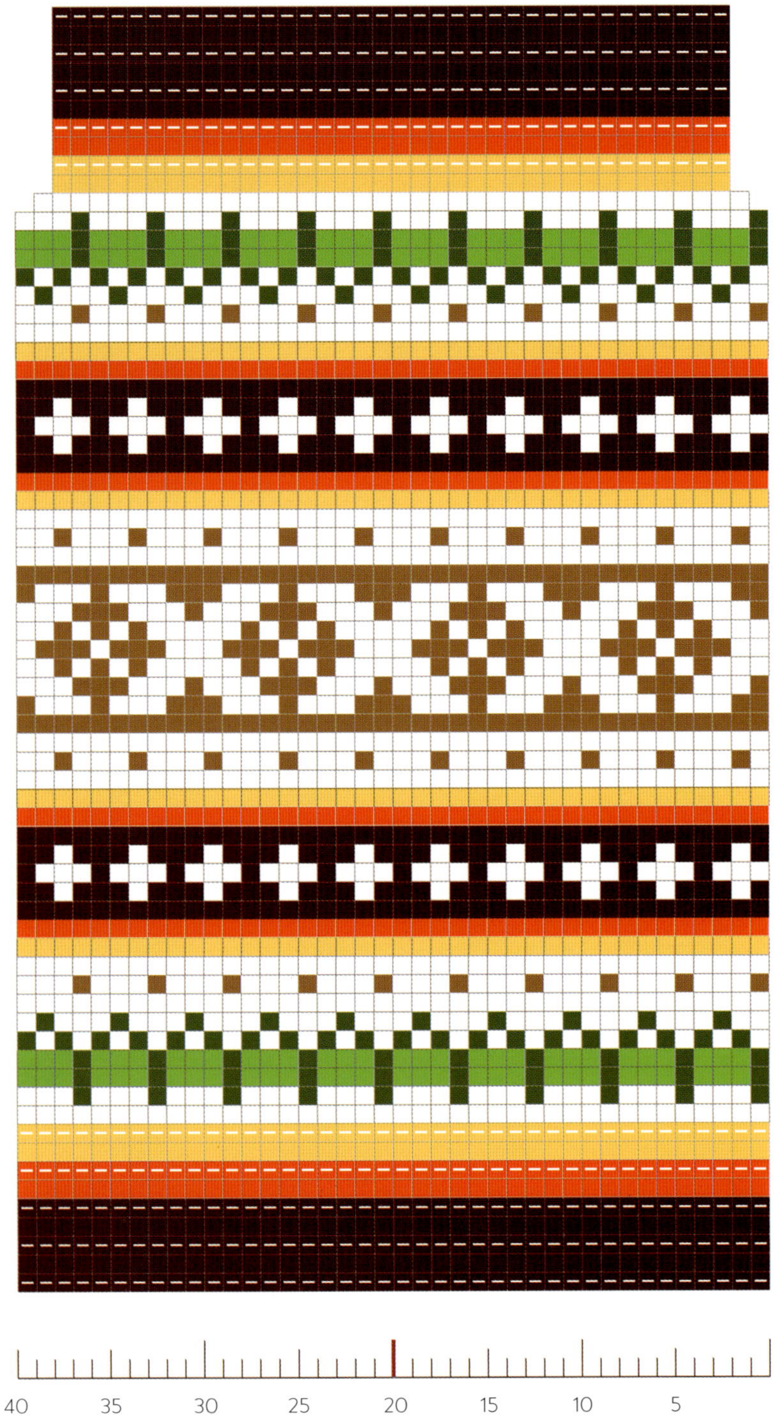

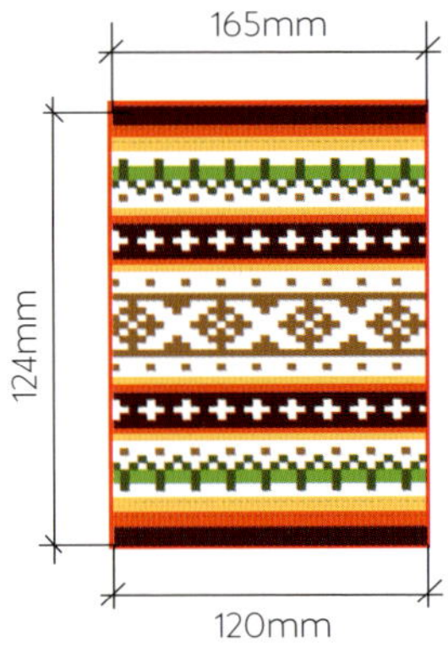

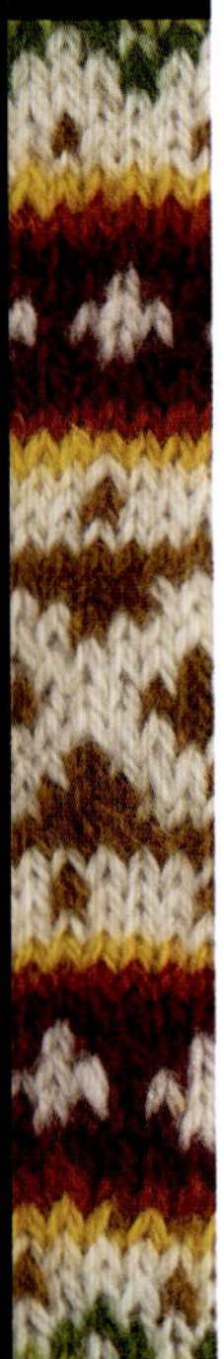

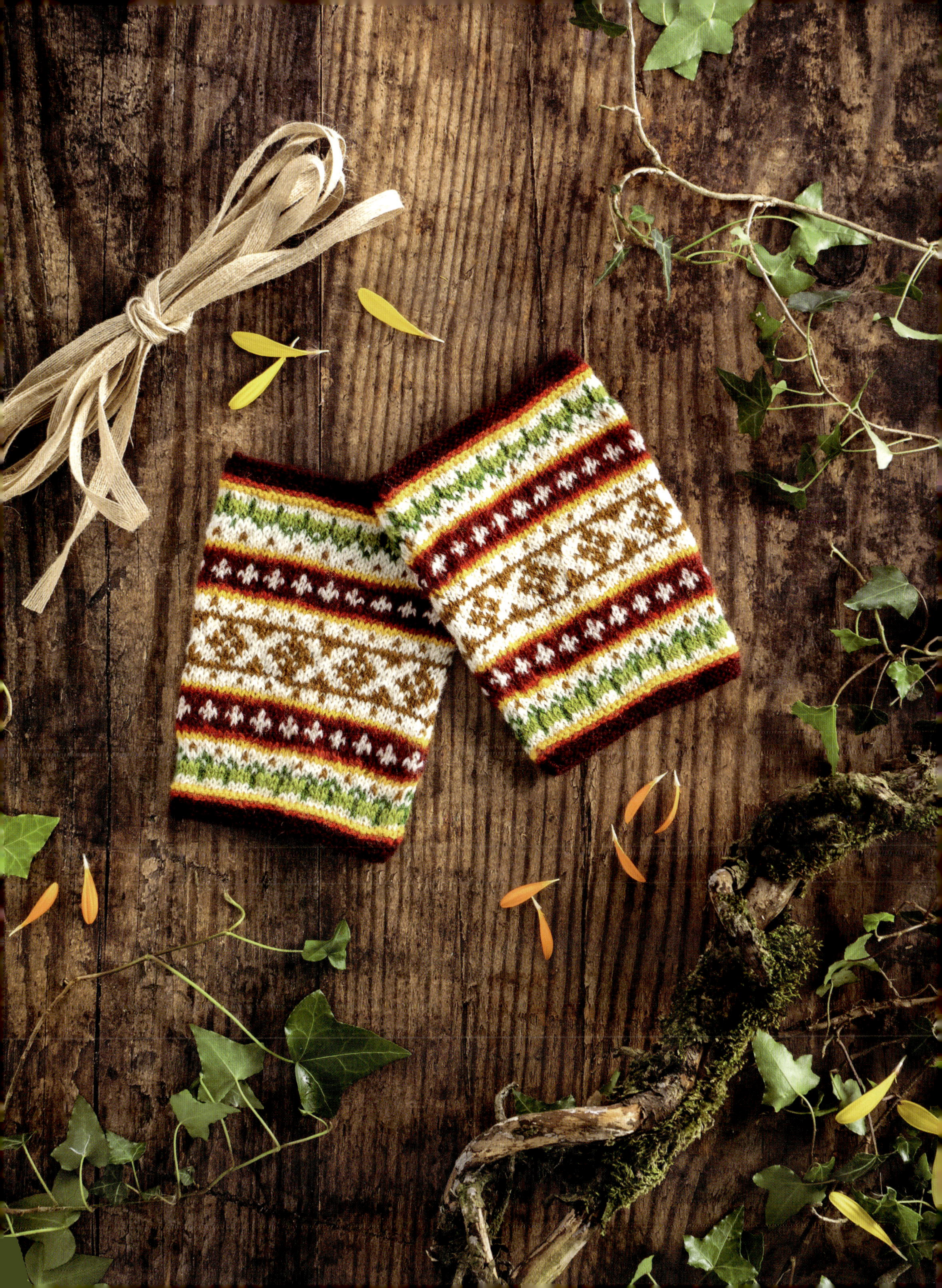

SPITZE

Anleitung

Eine Farbe: Grundfarbe (Grau)

2–3 mm Nadeln und 6-fädige Sockenwolle

1. 56 M anschlagen.

2. In der 1. Runde die Maschen gleichmäßig auf 4 Nadeln verteilen (14 M pro Nadel).

3. Die ersten 2 Runden links, dann laut Strickschrift stricken. Die Strickschrift von rechts nach links lesen und viermal arbeiten. Insgesamt 10 Mal die 8 Runden der Musterwiederholung stricken.

4. 2 Runden links, dann abketten.

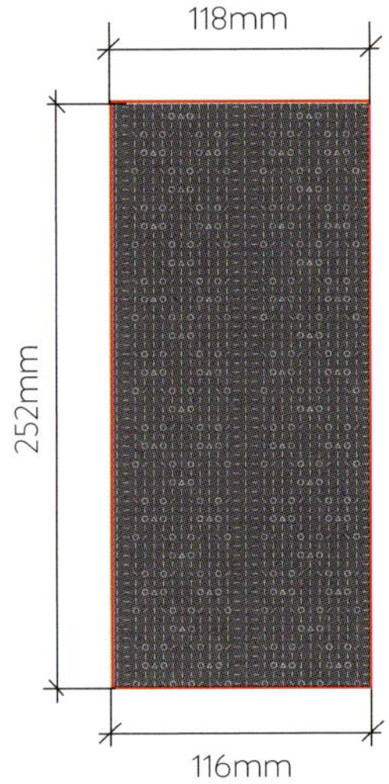

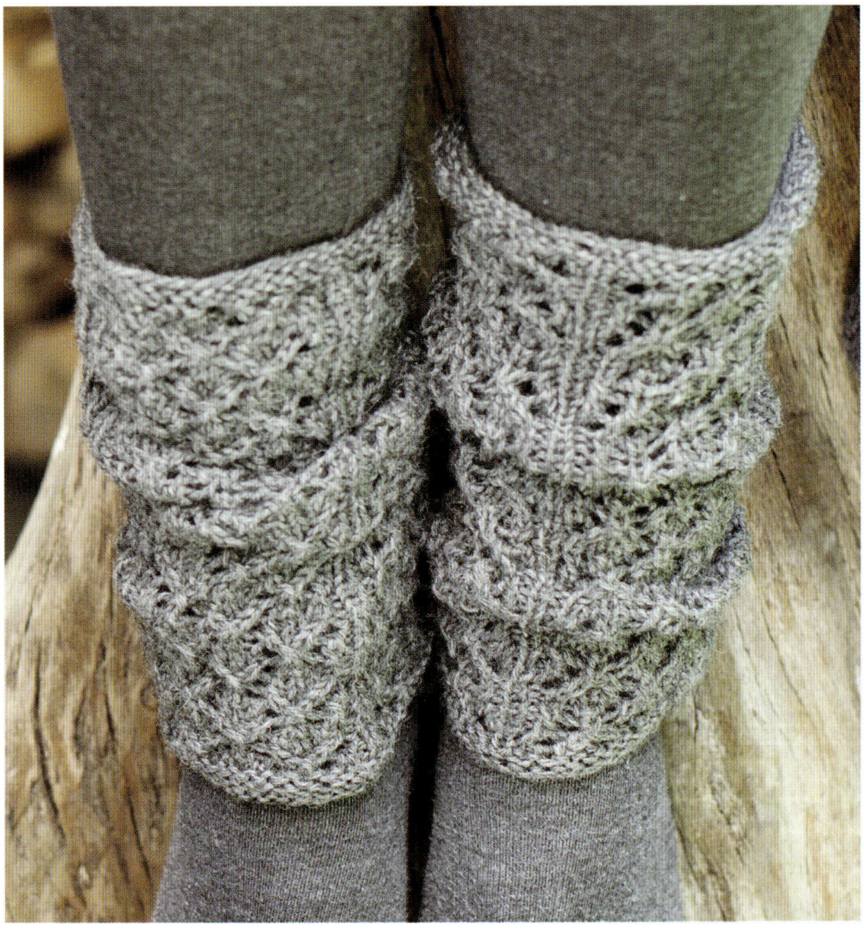

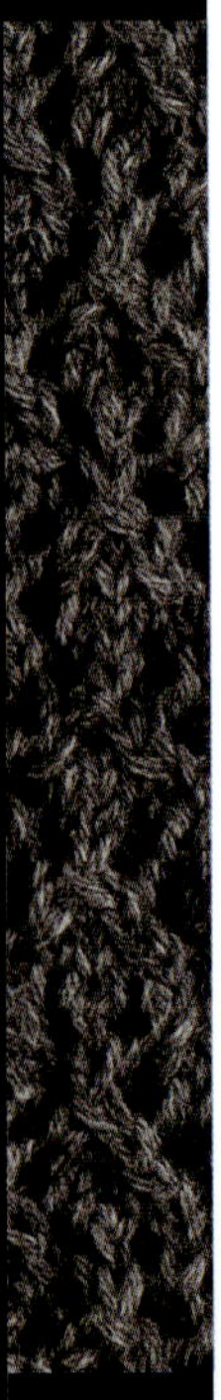

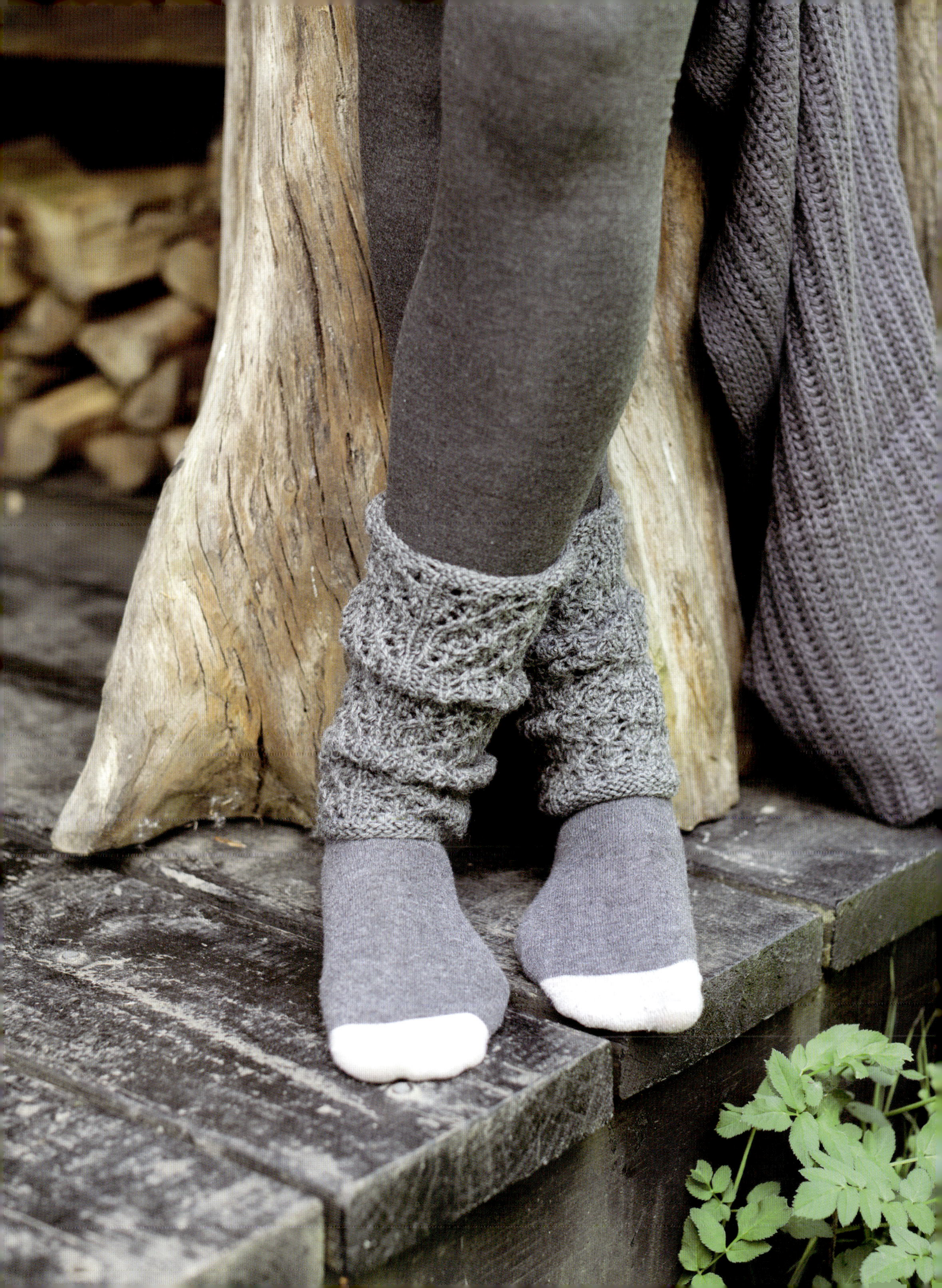

GRAU-ROTES ZICKZACK

Anleitung

3 Farben: eine Grundfarbe (Grau) und zwei Kontrastfarben (Rot und Schwarz).

2–3,5 mm Nadeln und 6-fädige Sockenwolle.

1. 72 M in der Grundfarbe auf den dickeren Nadeln anschlagen.

2. In der 1. Runde die Maschen gleichmäßig auf 4 Nadeln verteilen (18 M pro Nadel).

3. Laut Strickschrift 10 Runden 2 M re, 2 M li Rippen für den Bund stricken.

4. Das Bein laut Strickschrift stricken. Die Strickschrift von rechts nach links lesen und zweimal arbeiten, nach der ersten kompletten Musterwiederholungen auf die dünneren Nadeln wechseln.

5. Wenn 2,5 komplette Musterwiederholungen gestrickt wurden, mit 16 Runden (2 M re, 2 M li) Rippen enden.

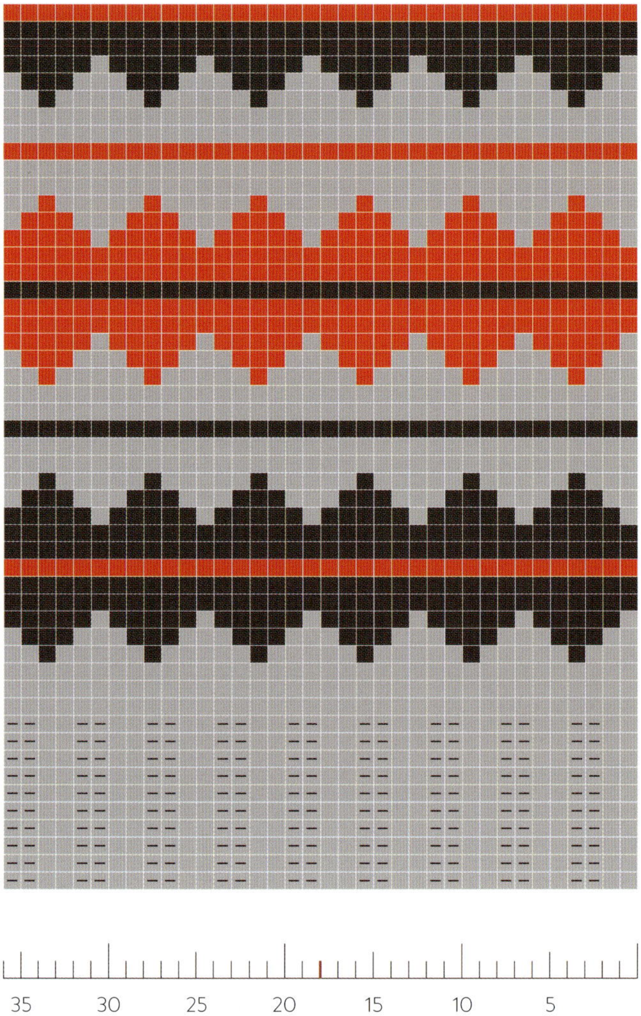

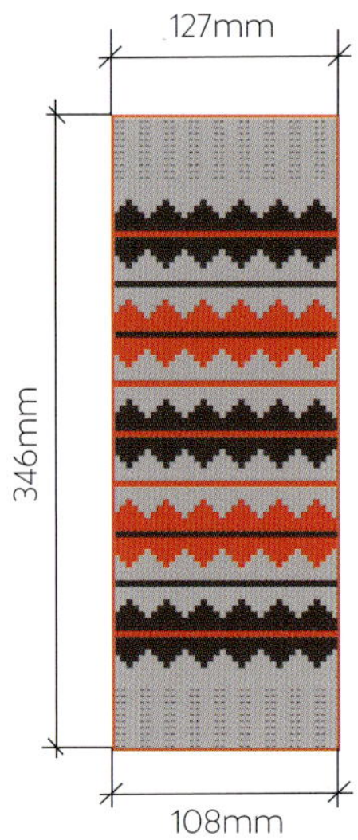

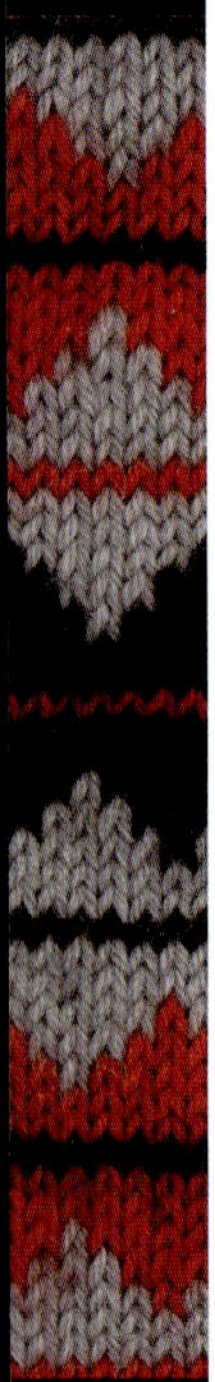

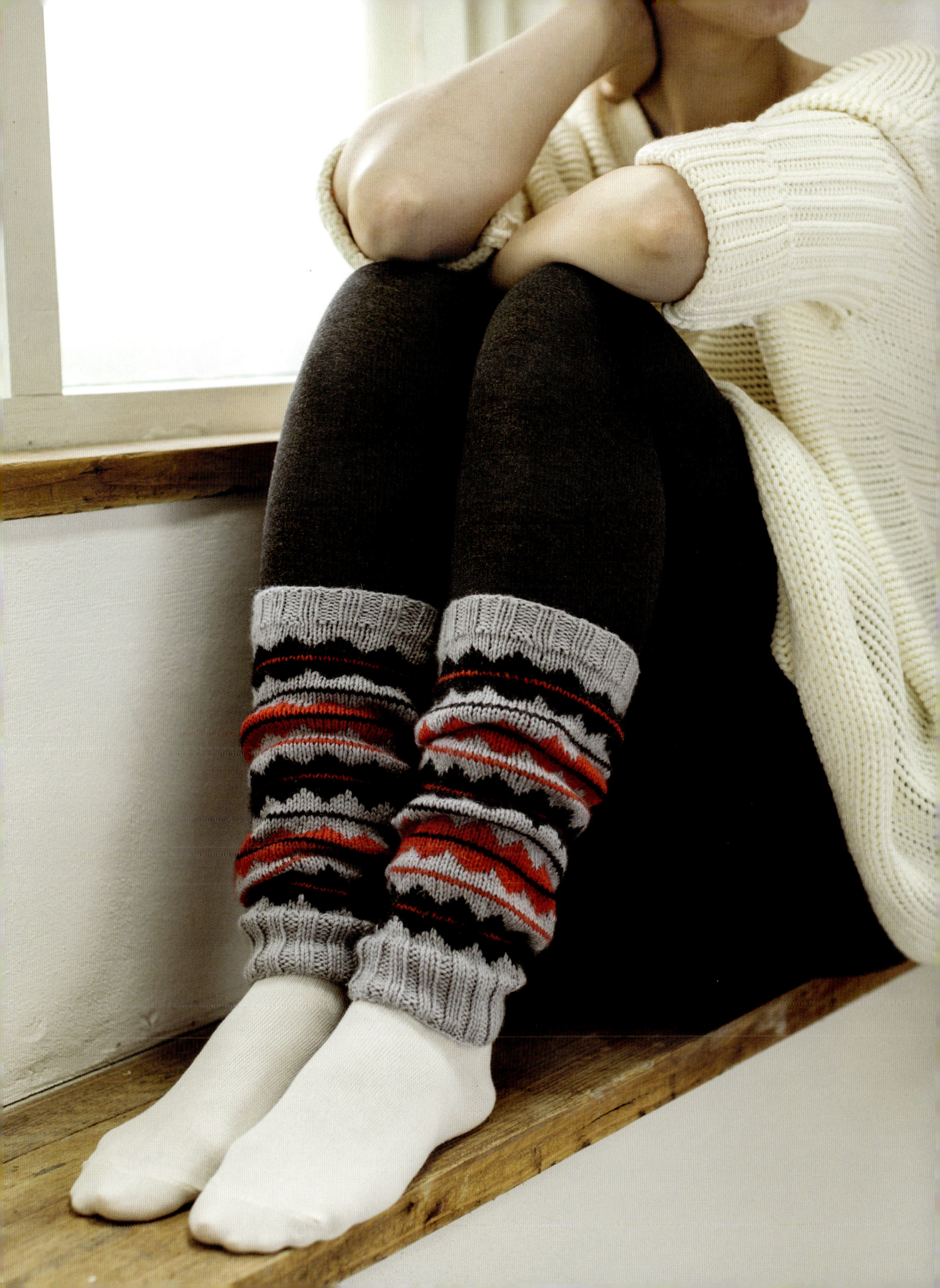

PINKES ZICKZACK

Anleitung

2 Farben: eine Grundfarbe (Schwarz) und eine Kontrastfarbe (Pink).

2–2,5 mm Nadeln und 2-fädige Wolle.

1. 96 M in der Grundfarbe auf den dickeren Nadeln anschlagen.

2. In der 1. Runde die Maschen gleichmäßig auf 4 Nadeln verteilen (24 M pro Nadel).

3. Laut Strickschrift 24 Runden 2 M re, 2 M li Rippen für den Bund stricken.

4. Das Bein laut Strickschrift stricken. Die Strickschrift von rechts nach links lesen und zweimal arbeiten, nach den ersten 7 kompletten Musterwiederholungen auf die dünneren Nadeln wechseln.

5. Wenn 14 komplette Musterwiederholungen gestrickt wurden, mit 18 Runden (2 M re, 2 M li) Rippen enden.

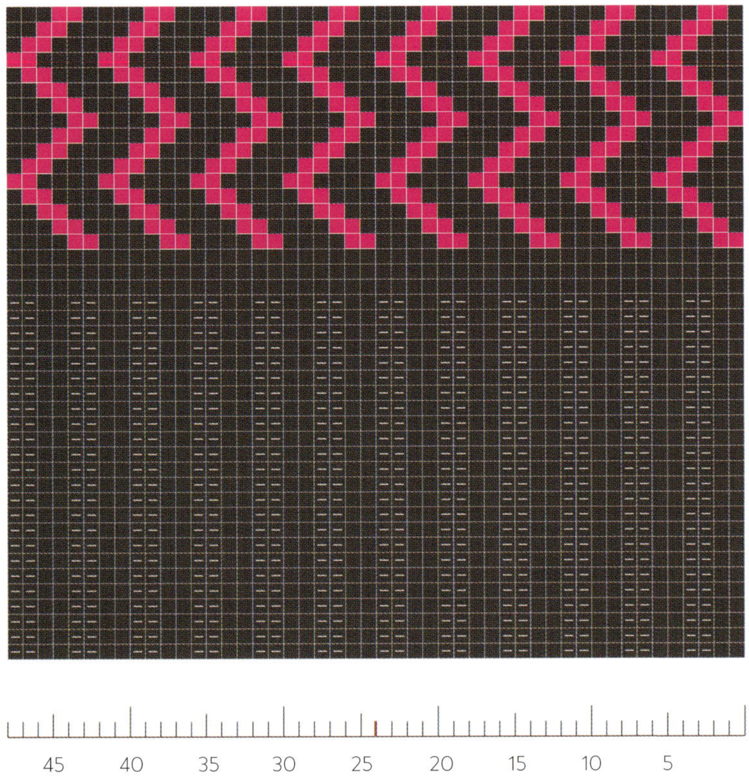

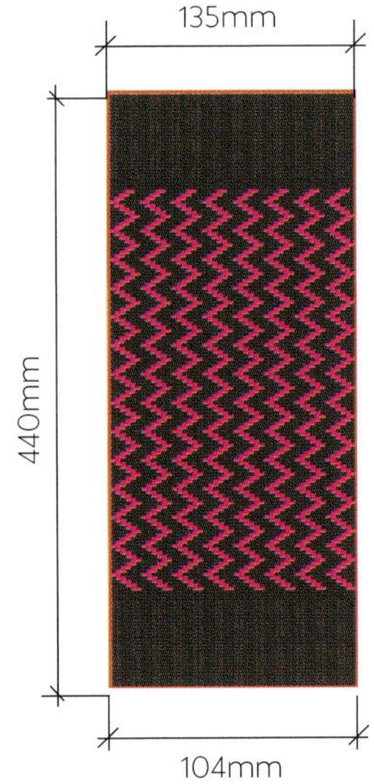

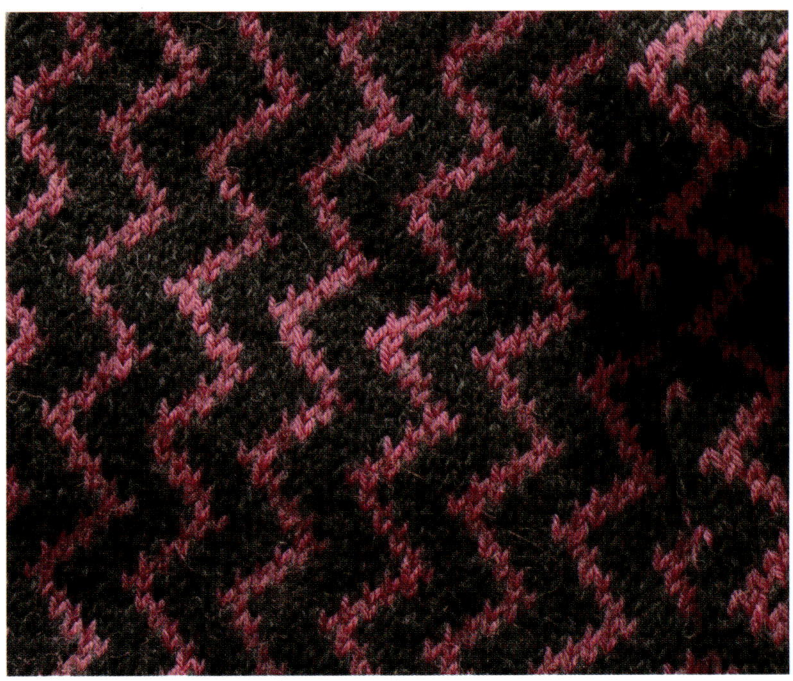

(Inspiriert vom Ausstellungsstück Nr. MNM Nr.1933, Audona. Frühes 19. Jahrhundert)

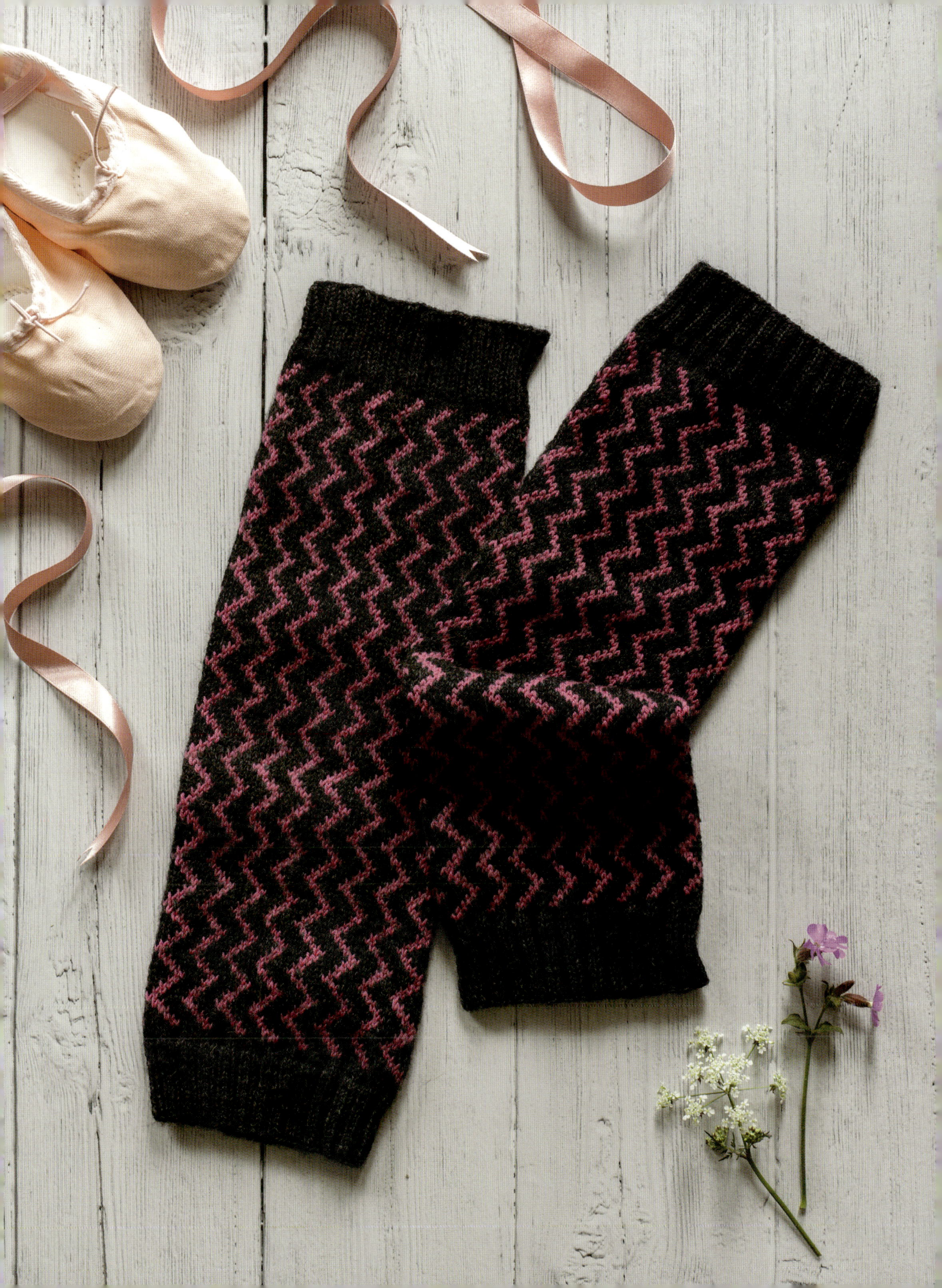

LEUCHTENDE STERNE

Anleitung

4 Farben: eine Grundfarbe (Lila) und drei Kontrastfarben (Blau, Rot und Gelb).

2–3 mm Nadeln und 2-fädige Wolle.

1. 108 M in der Grundfarbe anschlagen.

2. In der 1. Runde die Maschen gleichmäßig auf 4 Nadeln verteilen (27 M pro Nadel).

3. Laut Strickschrift 10 Runden 2 M re, 2 M li Rippen für den Bund stricken.

4. Das Bein weiter laut Strickschrift stricken, wie angegeben zunehmen, bis auf 116 M. Die Strickschrift von rechts nach links lesen und zweimal arbeiten, nach den ersten 2 kompletten Musterwiederholungen auf die dünneren Nadeln wechseln.

5. Wenn 4 komplette Musterwiederholungen gestrickt wurden, mit 10 Runden (2 M re, 2 M li) Rippen enden.

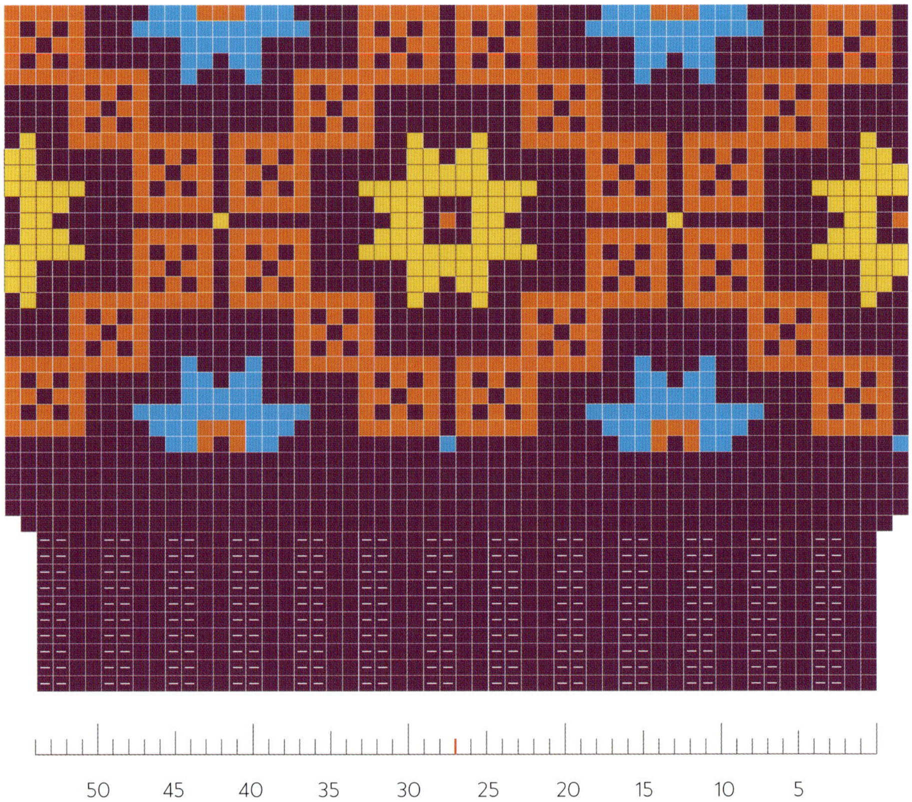

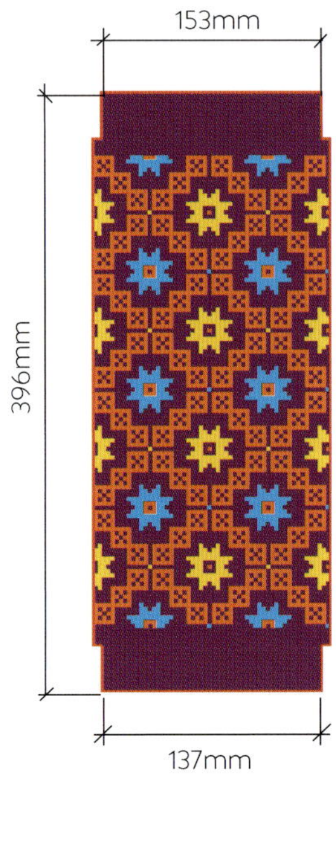

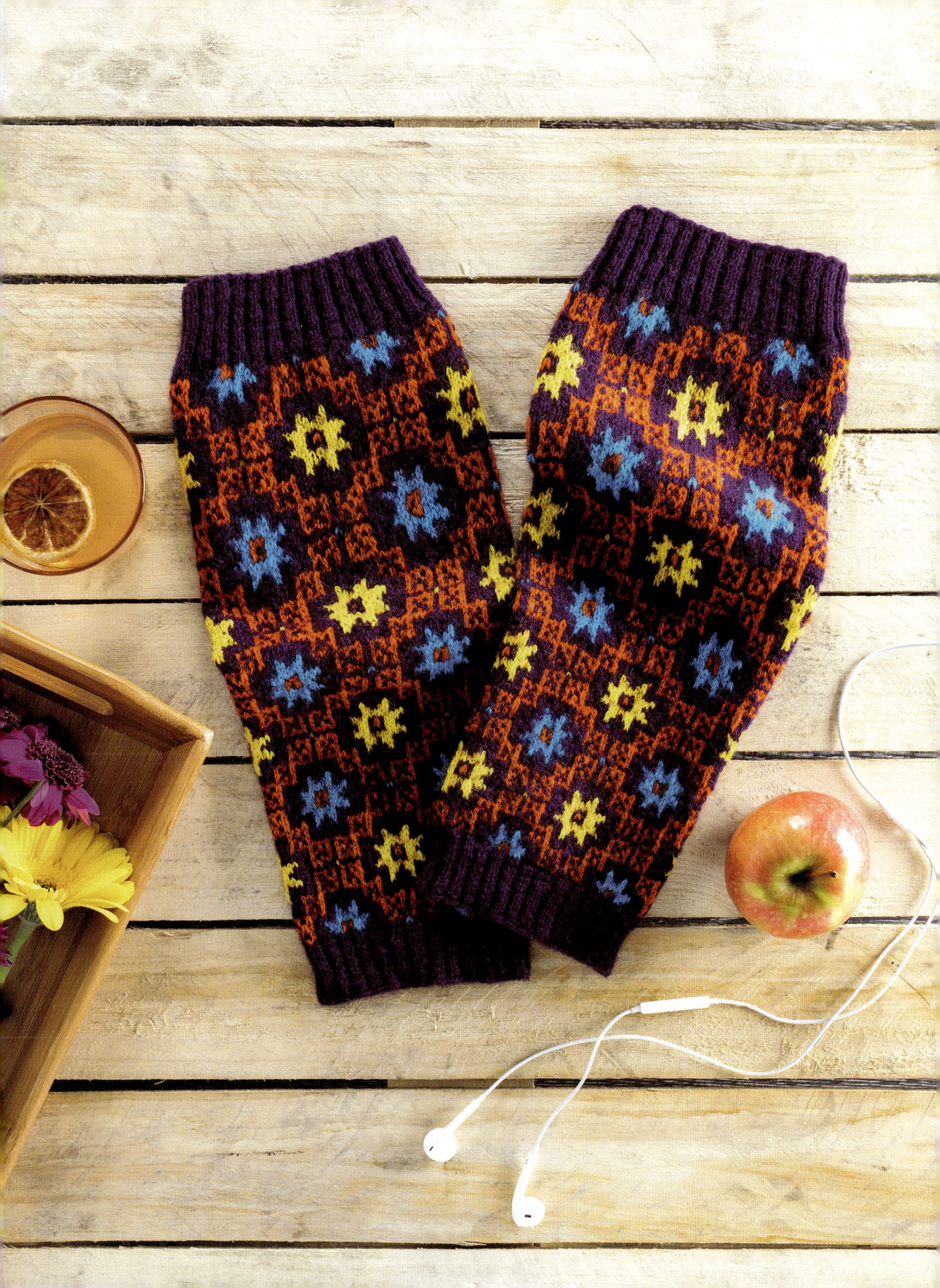

BLAUES GITTER

Anleitung

4 Farben: eine Grundfarbe (Hellgrau) und drei Kontrastfarben (Marineblau, leuchtend Grün, Pink).

2–2,5 mm Nadeln und 2-fädige Wolle.

1. 96 M in der Grundfarbe anschlagen.

2. In der 1. Runde die Maschen gleichmäßig auf 4 Nadeln verteilen (24 M pro Nadel).

3. Laut Strickschrift 10 Runden 2 M re, 2 M li Rippen für den Bund stricken.

4. Das Bein weiter laut Strickschrift stricken, wie angegeben abnehmen. Mit der rechten Strickschrift beginnen, Die Strickschrift einmal von rechts nach links lesen, mit 10 Runden (2 M re, 2 M li) Rippen enden.

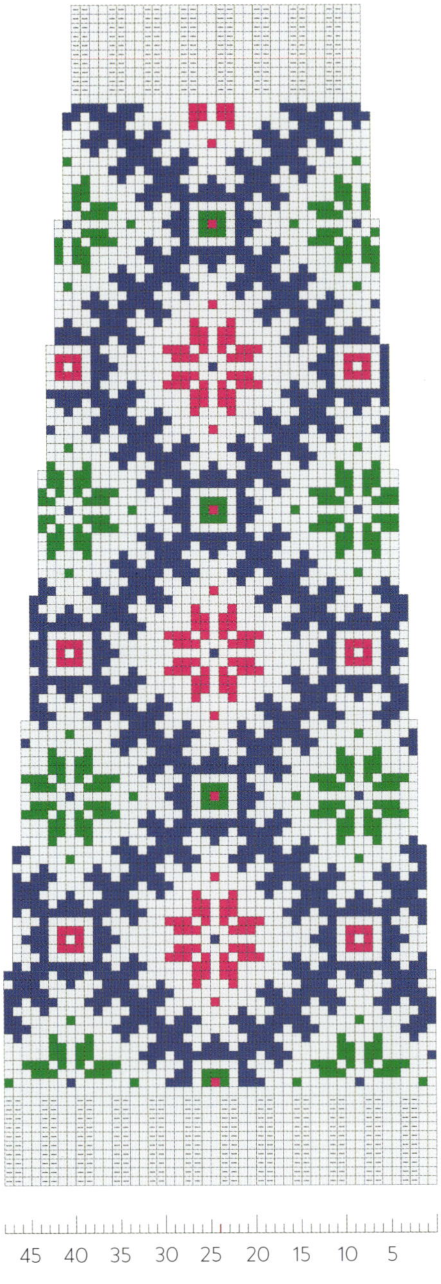

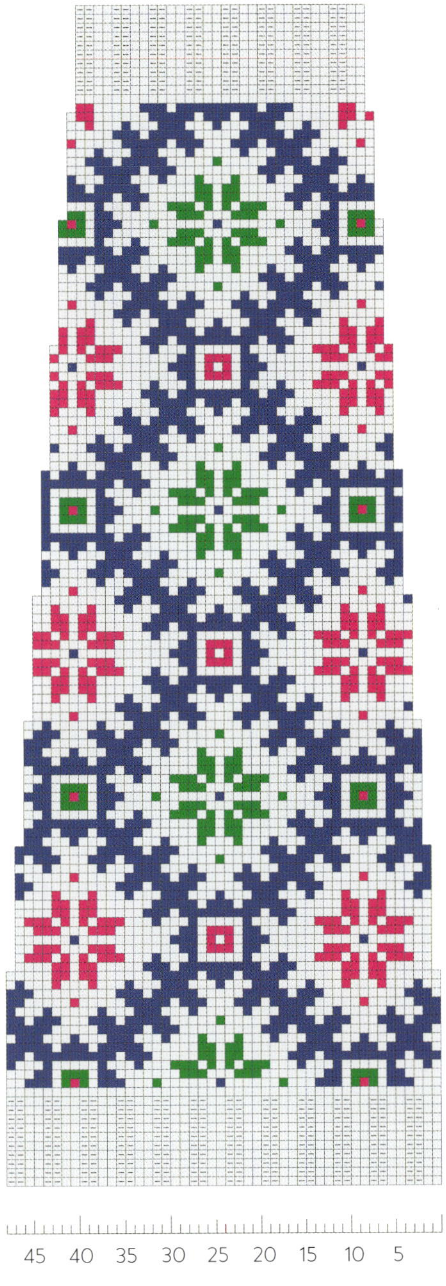

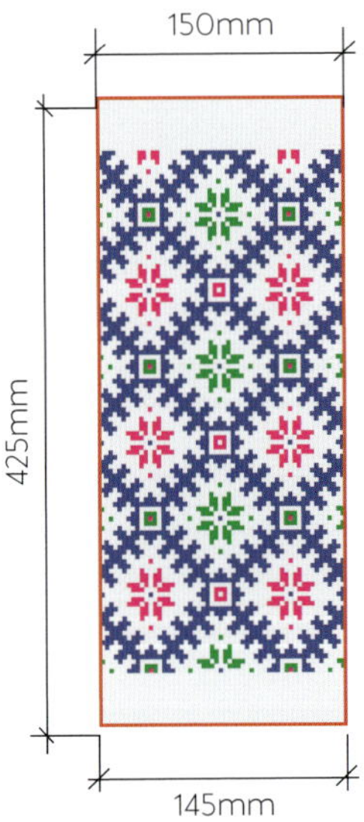

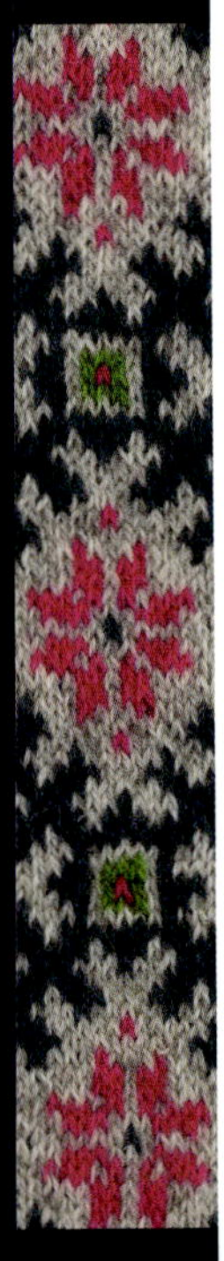

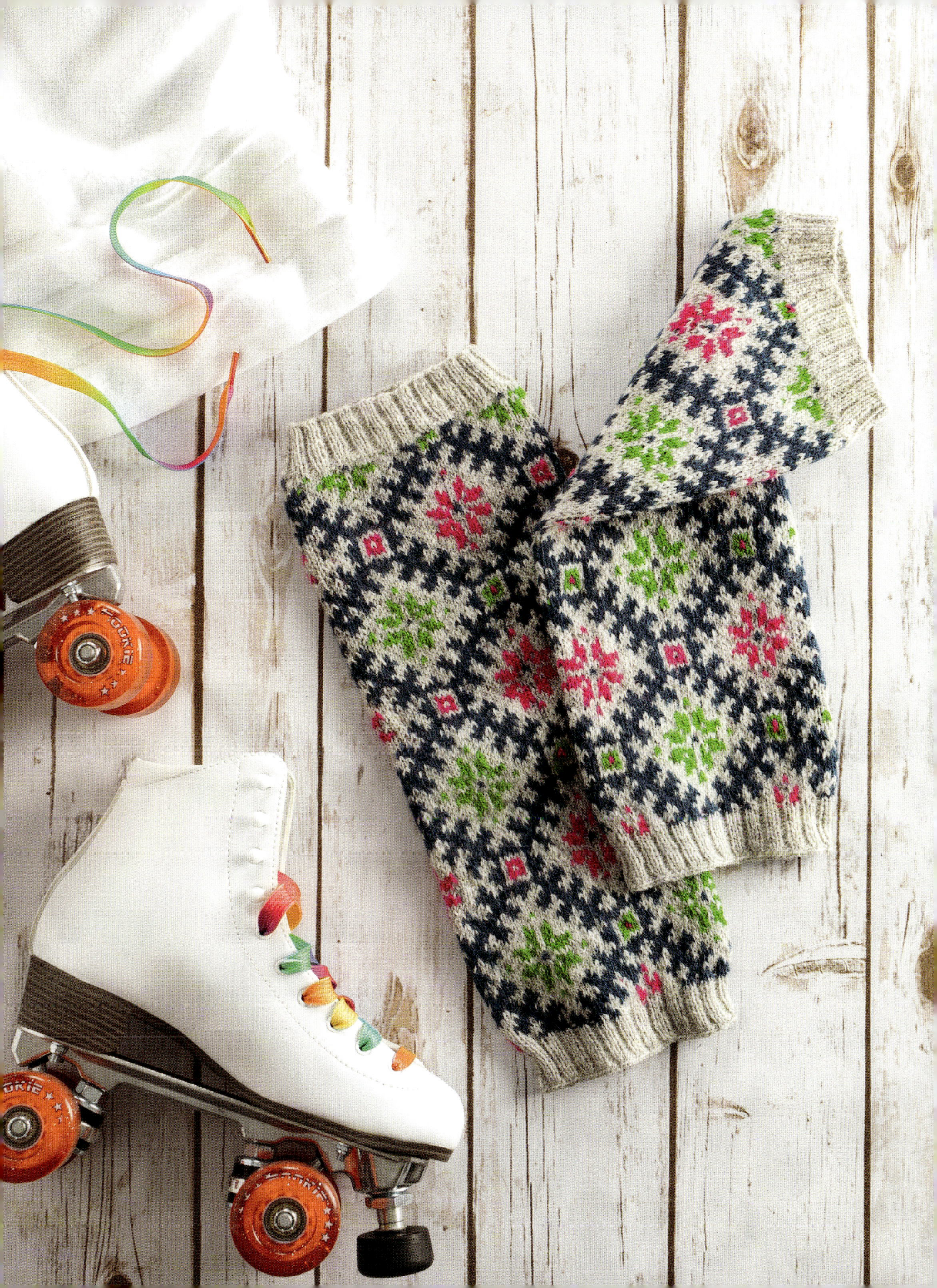

STERN

Anleitung

4 Farben: eine Grundfarbe (Weinrot) und drei Kontrastfarben (Blau, Türkis und Weiß).

2–2,5 mm Nadeln und 2-fädige Wolle.

1. 96 M in Weiß anschlagen.

2. In der 1. Runde die Maschen gleichmäßig auf 4 Nadeln verteilen (24 M pro Nadel).

3. Laut Strickschrift 10 Runden (1 M re, 1 M li) Rippen stricken.

4. Das Bein weiter laut Strickschrift stricken, wie angegeben abnehmen. Die Strickschrift von rechts nach links lesen und 3 Mal arbeiten, mit 10 Runden (2 M re, 2 M li) Rippen enden.

5. Für die Riemen um die Sohle 48 M in der Grundfarbe anschlagen und 22 Reihen krausrechts (jede Reihe rechts) stricken. Abketten und innen festnähen, dort wo die Rippen des Bündchens beginnen.

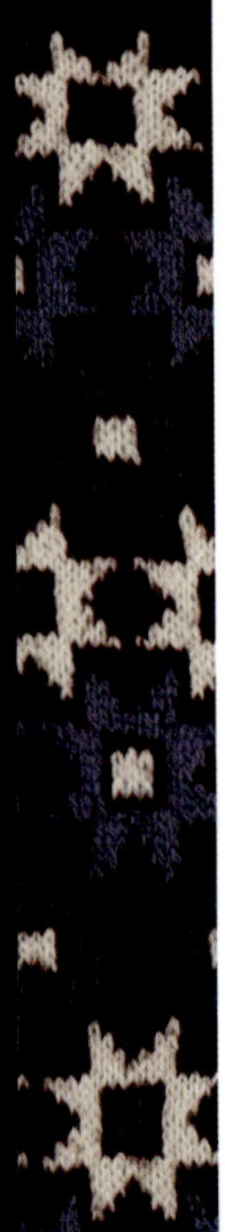

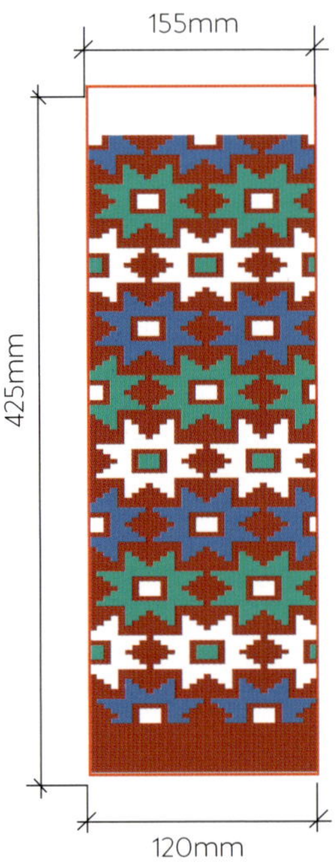

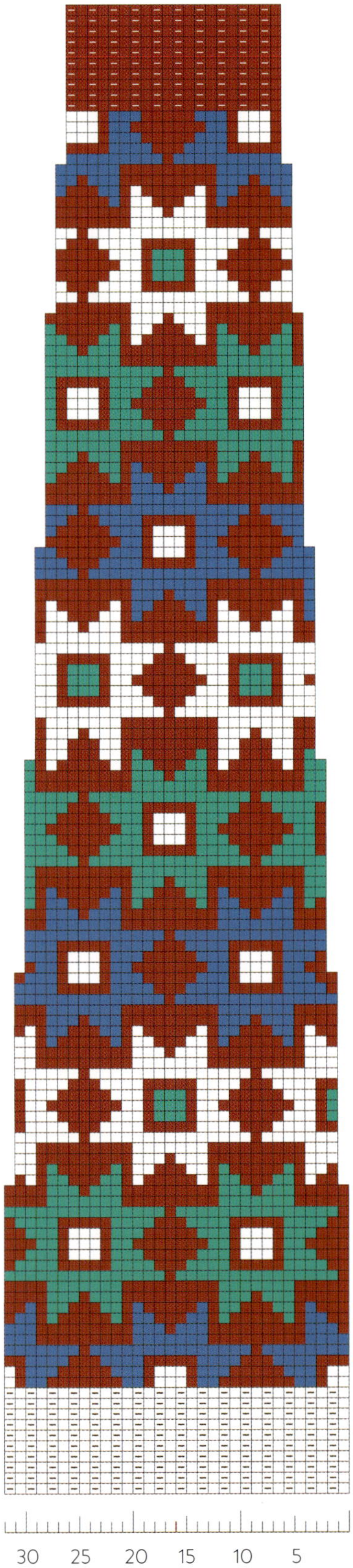

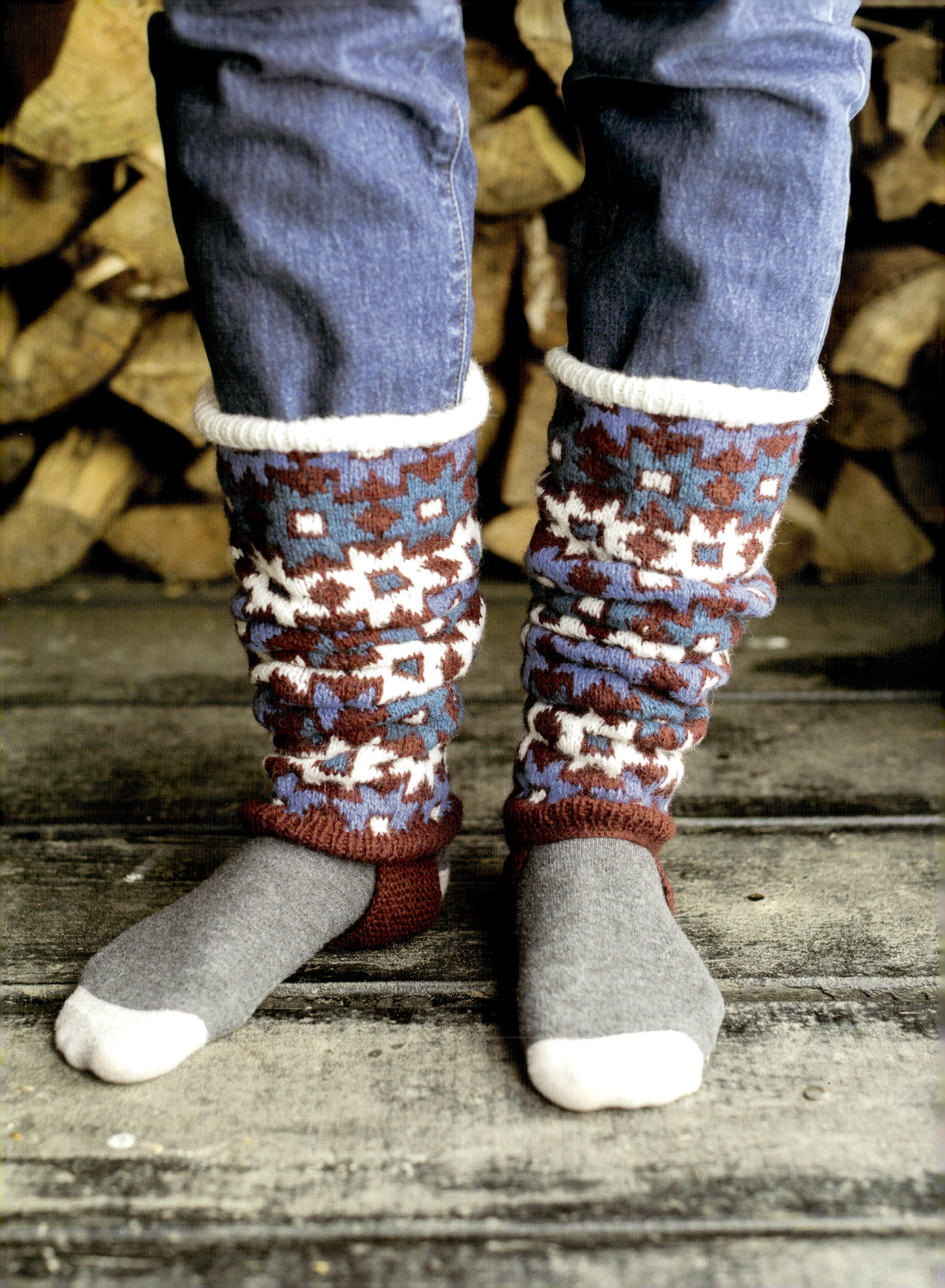

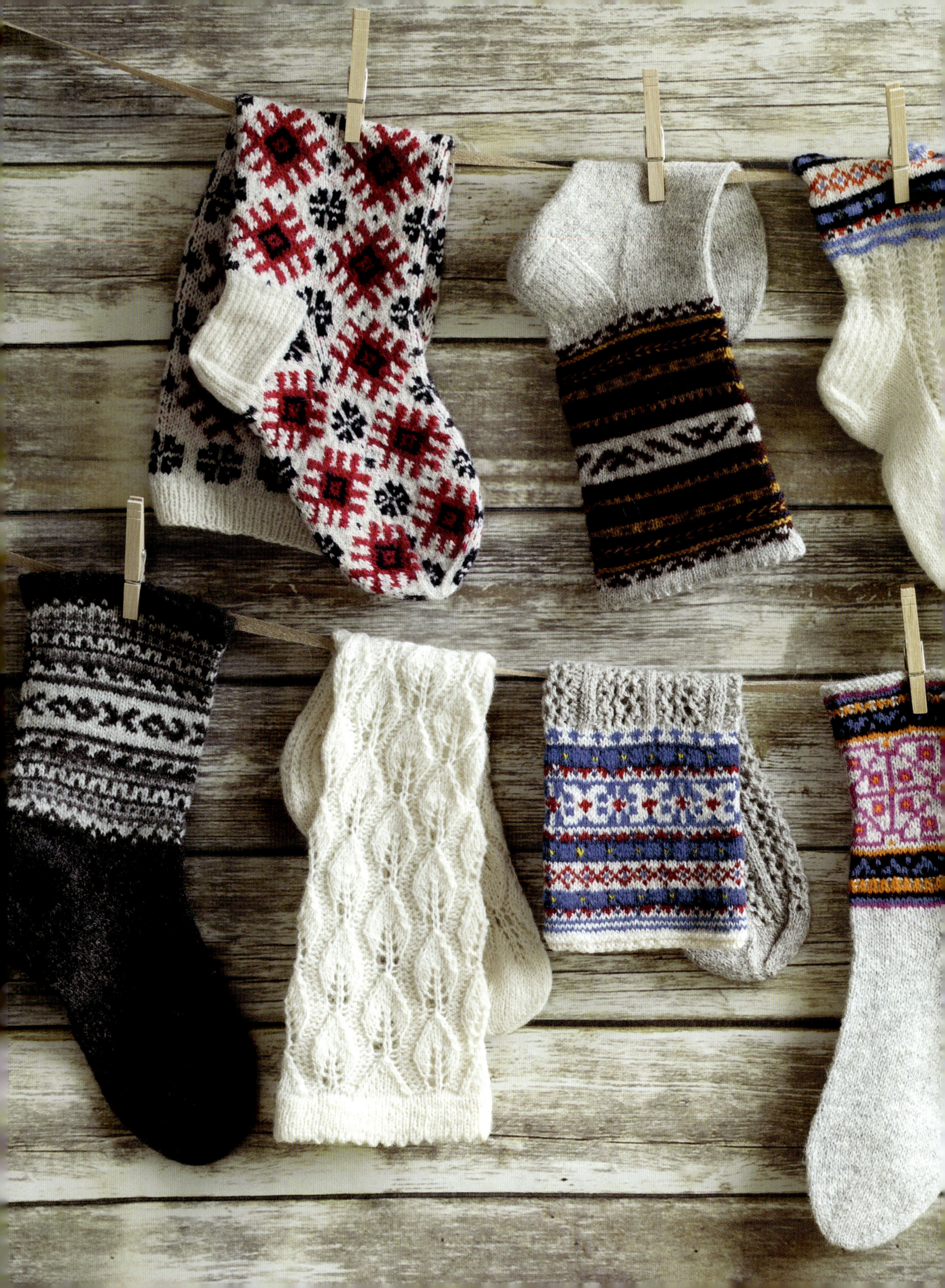

Techniken

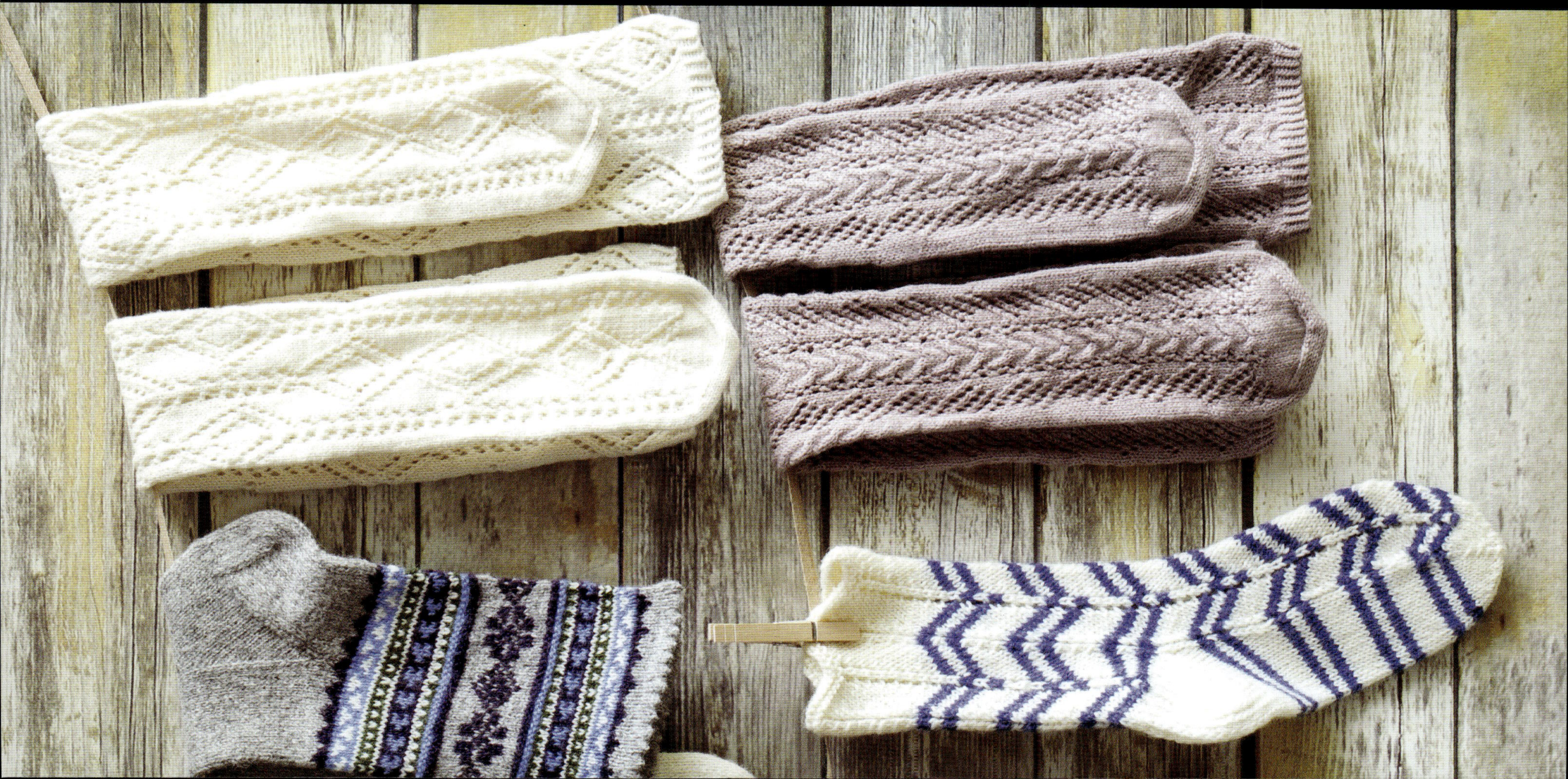

ZEICHENERKLÄRUNG

In dieser Übersicht werden alle Symbole erläutert, die in den Strickschriften und der Grundanleitung vorkommen.

ANLEITUNG	SYMBOL IN STRICK-SCHRIFT	SYMBOL IN GRUND-ANLEITUNG
Rechte Masche – Die rechte Nadel in die nächste Masche auf der linken Nadel von links nach rechts einstechen, den Faden gegen den Uhrzeigersinn um die rechte Nadel legen und eine Schlaufe durchziehen. Die ursprüngliche Masche von der linken Nadel gleiten lassen; die neue rechte Masche liegt auf der rechten Nadel.	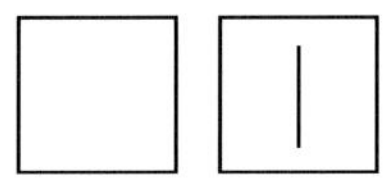	
Linke Masche – Den Faden vor die Arbeit legen, die rechte Nadel von rechts nach links in die nächste Masche auf der linken Nadel einstechen, den Faden gegen den Uhrzeigersinn um die rechte Nadel legen und eine Schlaufe durchziehen. Die ursprüngliche Masche von der linken Nadel gleiten lassen; die neue linke Masche liegt auf der rechten Nadel.	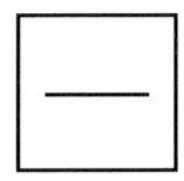	
2 M re zus (2 Maschen rechts zusammenstricken) – Mit der rechten Nadel in die folg. 2 Maschen auf der linken Nadel einstechen und beide zusammen als eine Masche rechts stricken. Die linke Masche legt sich über die rechte; es wird 1 M rechts geneigt abgenommen.	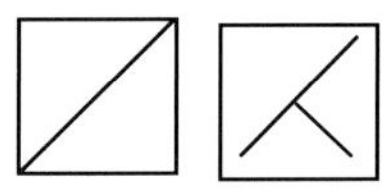	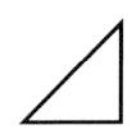
2 M überzogen zus – Mit der rechten Nadel wie zum Rechtsstricken in die folg. Masche einstechen und sie auf die rechte Nadel heben, ohne sie zu stricken. Folg. Masche rechts stricken. Mit der linken Nadel in die abgehobene Masche auf der rechten Nadel einstechen und sie über die rechts gestrickte Masche hinweg von der Nadel heben. Die rechte Masche legt sich über die linke, es wird 1 M links geneigt abgenommen.	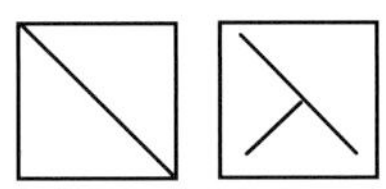	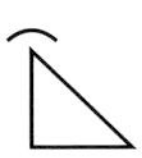
2 M li zus (2 Maschen links zusammenstricken) – Die rechte Nadel wie zum Linksstricken in die nächsten 2 Maschen auf der linken Nadel einstechen und beide zusammen als eine Masche links stricken.		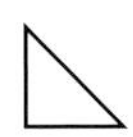
3 M überzogen zus – Die rechte Nadel wie zum Rechtsstricken in die nächste Masche einstechen und die Masche auf die rechte Nadel heben, ohne sie zu stricken. Die nächsten 2 Maschen rechts zusammenstricken. Die linke Nadel in die abgehobene Masche auf der rechten Nadel einstechen und sie über die zwei zusammengestrickten Maschen von der Nadel heben; es werden 2 M links geneigt abgenommen.	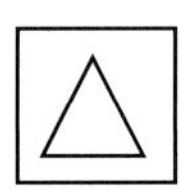	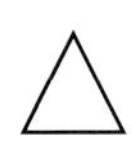

ANLEITUNG	SYMBOL IN STRICK-SCHRIFT
Hebemasche – Dadurch entsteht ein zweifarbiges Muster, weil die abgehobene Masche noch die Farbe der vorigen Reihe hat, wohingegen die gestrickte Masche die Farbe der aktuellen Reihe hat. So strickt man zum Beispiel in den ersten zwei Reihen eine Masche links (mit Weiß) und eine Masche rechts (mit Rot), in der nächsten Runde strickt man dann die weiße Masche und hebt die rote ab.	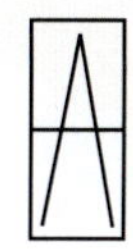
LiZopf – Die nächsten 2 Maschen auf eine Zopfnadel abheben und vor der Arbeit stilllegen, die nächsten 2 Maschen von der linken Nadel rechts stricken, dann die zwei Maschen von der Zopfnadel rechts stricken (es wird nach links gezopft).	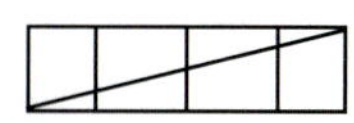
ReZopf – Die nächsten 2 Maschen auf eine Zopfnadel abheben und hinter der Arbeit stilllegen, die nächsten 2 Maschen von der linken Nadel rechts stricken, dann die zwei Maschen von der Zopfnadel rechts stricken (es wird nach links gezopft).	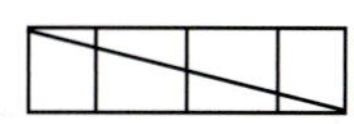
Umschlag – Den Faden über die rechte Nadel legen, damit eine zusätzliche Masche entsteht.	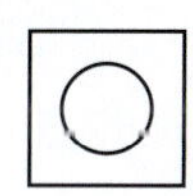

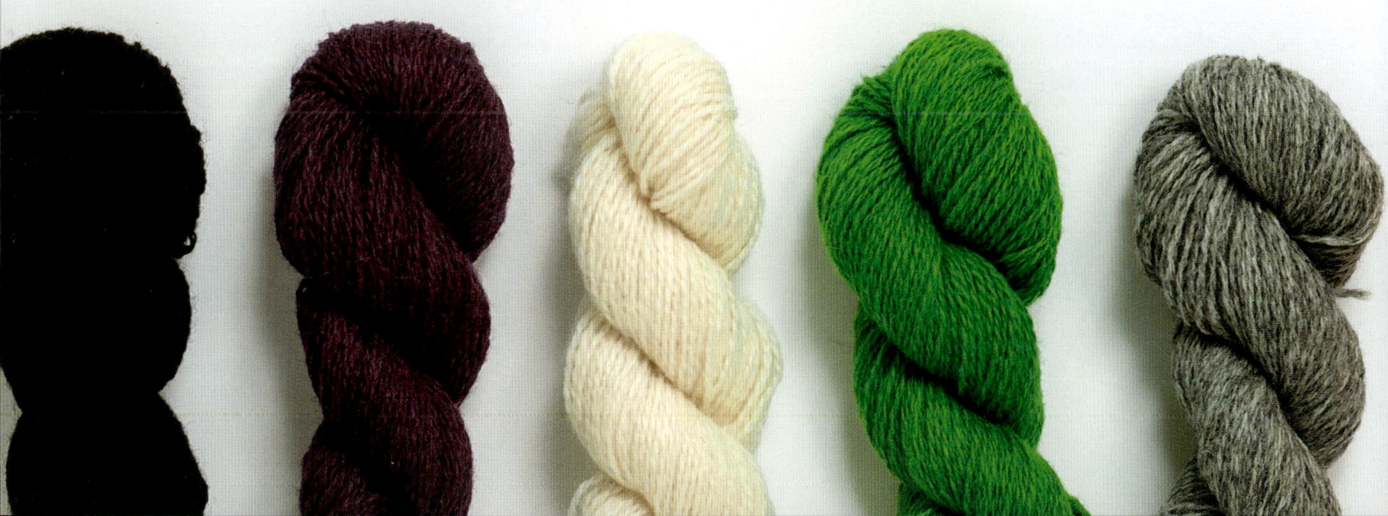

GRUNDANLEITUNG

ERSTE SCHRITTE

Alle Socken in diesem Buch werden nach derselben Grundanleitung gestrickt und bestehen aus Bündchen, Bein, Ferse, Spann (Zwickel), Fuß und Spitze.

Folgen Sie beim Stricken der Anleitung unten und zugleich der Strickschrift des ausgewählten Modells.

In der Grundanleitung werden Symbole verwendet, die in der Zeichenerklärung erläutert werden. Mit diesen sollten Sie sich vor Beginn vertraut machen.

Bevor ein komplettes Projekt gestrickt wird, unbedingt eine Maschenprobe anfertigen (siehe »Zum Gebrauch dieses Buchs«, S. 10).

In der korrekten Maschenprobe passen die Socken unterschiedlichen Fesselmaßen, je nach der Maschenzahl an dieser Stelle der Anleitung, siehe unten:

Fesselmaschen	56	60	64	68	72
Fesselumfang	18,75cm	20cm	21,5cm	22,75cm	24cm

Sie können die meisten Projekte auch an Ihren Fesselumfang anpassen, wenn gewünscht. In der Anleitung für das Bein (siehe »Socken Stricken Schritt 3«) wird erklärt wie.

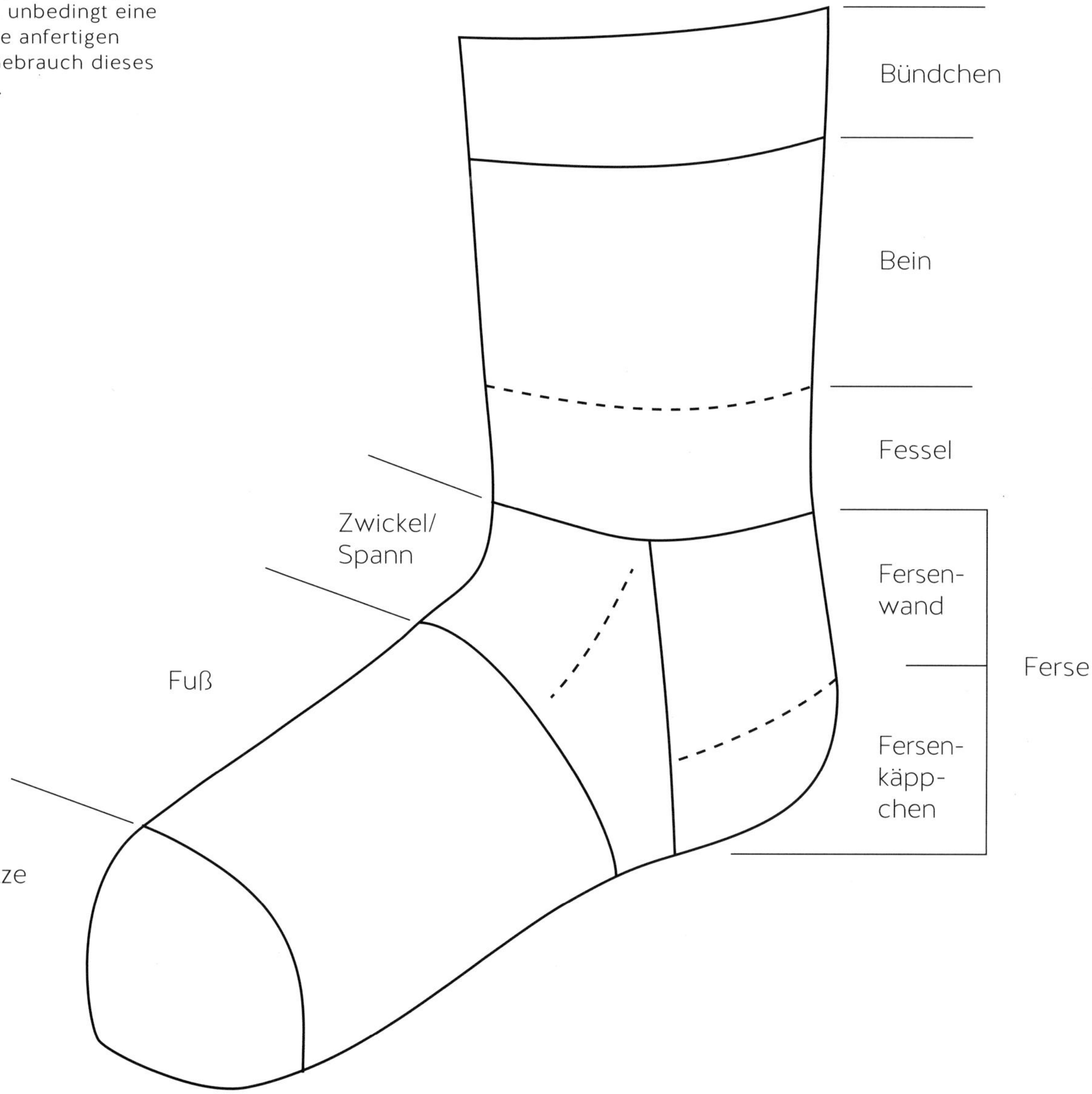

SOCKEN STRICKEN

SCHRITT 1 – MASCHENANSCHLAG

1. Die erforderliche Maschenzahl auf einer Nadel anschlagen, dabei einen langen Faden stehen lassen. Die Gesamtmaschenzahl wird in der jeweiligen Anleitung angegeben. Manche Socken haben weitere, andere engere Bündchen, je nach Stil.

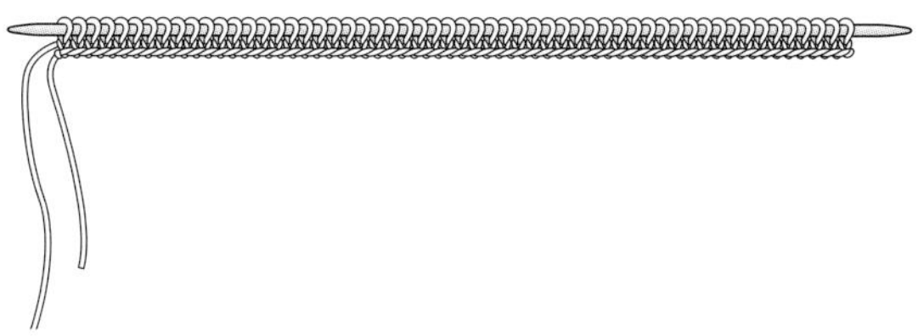

2. Beim Stricken der ersten Bündchenrunde die Maschen gleichmäßig auf 4 Nadeln eines Nadelspiels verteilen. Bei jedem Modell wird angegeben, wie viele Maschen pro Nadel.

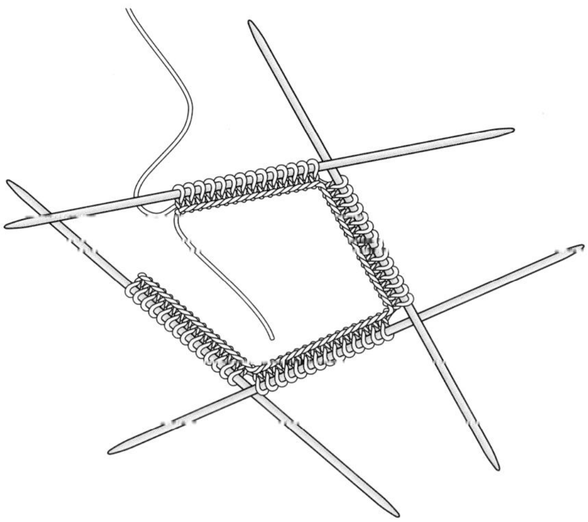

3. Zum Schließen der Runde den Ansatz des Maschenanschlags mit dem Arbeitsfaden so anziehen, dass zwischen den Maschen der ersten und letzten Nadel keine Lücke bleibt.

4. Mit einem Fadenende den Rundenbeginn markieren.

5. Stets von rechts nach links stricken.

SCHRITT 2 – DAS BÜNDCHEN

Das Bündchen je nach Modellanleitung beginnen. Unter »Bündchentechniken« werden Picotkante und lettische Flechtborte genau beschrieben.

Das Bündchen wird in der Regel 15 cm lang gestrickt oder in der Länge, die in der Anleitung des ausgewählten Modells angeben ist.

Sie können das Bündchen an Ihre Wünsche anpassen und länger oder kürzer stricken. Wenn Sie die Picotkante zu schwierig finden, können Sie sie auch wie folgt durch ein einfaches Bündchen aus rechten und linken Maschen ersetzen: Nach dem Anschlag die erste Runde links, die zweite rechts, die dritte links und die vierte rechts stricken. Daran anschließend nach der Anleitung weiterarbeiten.

SCHRITT 3 – DAS BEIN

Das restliche Bein wird entweder glatt rechts (jede Runde rechts) oder krausrechts gestrickt, je nach Muster. Die Strickschrift wird in jeder Runde von rechts nach links gelesen. Ist nur eine Strickschrift angegeben, diese für jeden Strumpf zweimal arbeiten, bei zwei Strickschriften wird jede einmal gestrickt.

Bei manchen Anleitungen sind nach Beendigung der Strickschrift noch ein paar Runden zu stricken, eventuell muss auch abgenommen werden, um auf die korrekte Maschenzahl für Fessel, Ferse und Fuß zu kommen.

In jeder Anleitung wird genau beschreiben, wie abgenommen wird, an dieser Stelle kann man das Projekt an den eigenen Fuß anpassen. Wenn Sie zum Beispiel 72 Maschen im Bündchen haben, möchten Sie vielleicht weitere Abnahmerunden stricken, um für schmale Fesseln eine geringere Maschenzahl zu haben (s. »Erste Schritte«, linke Seite).

SCHRITT 4

A – DIE FERSENWAND (RECHTER FUSS)

1. Wenn das Bein fertig ist und die letzte Runde gestrickt wurde, alle Maschen von Nadel 2 auf Nadel 1 schieben.

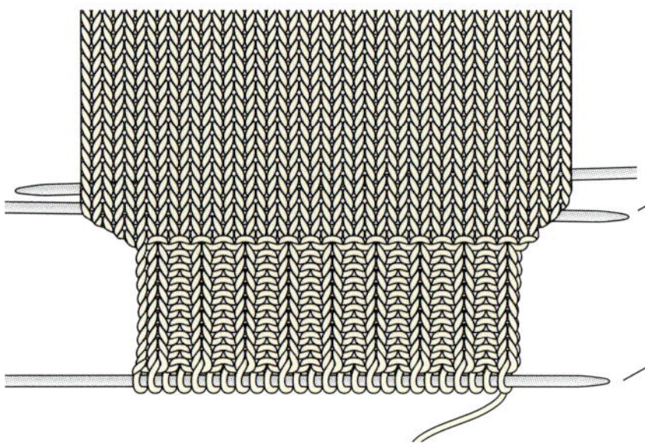

Das sind jetzt die Fersenmaschen und gleichzeitig die Hälfte aller Sockenmaschen.

Die Anzahl der Fersenmaschen, die sich jetzt auf Nadel 1 befinden, sind für jede Größe unten aufgelistet:

Sockenmaschen	56	60	64	68	72
Fersenmaschen	28	30	32	34	36

Nadel 2 wird eine Weile nicht benutzt, und die M auf Nadel 3 und 4 sind stillgelegt, während man über Nadel 1 die Ferse strickt.

2. Alle Fersenmaschen werden in einem Hebemuster gestrickt, wodurch die Ferse dicker und robuster wird als der restliche Strumpf.

3. 1. Reihe: *Die erste M abheben (ohne sie zu stricken), dann die 2. M rechts; ab * bis Nadelende wiederholen.

4. 2. Reihe: Wenden, die erste M abheben, dann die restlichen Fersenmaschen bis Ende links stricken.

5. Schritte 3 und 4 wiederholen, bis so viele Reihen gestrickt sind, wie es Fersenmaschen gibt. Wenn Sie zum Beispiel 32 M Fersenmaschen haben, stricken Sie insgesamt 32 Reihen.

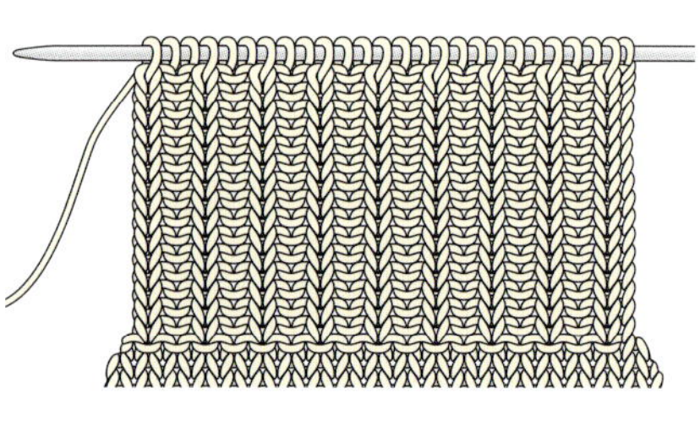

Fersenmaschen	28	30	32	34	36
Fersenreihen	28	30	32	34	36

Sie werden feststellen, dass die abgehobenen Maschen an der Ferse eine rippenartige Struktur ergeben – ein dickes, robustes Gestrick, sodass die Ferse nicht schnell durchscheuert.

Es ist wichtig, dieses Hebemaschenmuster beizubehalten, wenn Sie das Käppchen stricken, auch wenn dadurch manchmal vielleicht 2 Hebemaschen direkt nebeneinander landen. Durch die Abnahmen wird das nicht auffallen.

B – DIE FERSENWAND (LINKER FUSS)

1. Wenn das Bein fertig ist, und die letzte Runde gestrickt wurde, über Nadel 1 und 2 stricken, dann alle Maschen von Nadel 4 auf Nadel 3 schieben.

Das sind jetzt die Fersenmaschen und gleichzeitig die Hälfte aller Sockenmaschen.

Die Anzahl der Fersenmaschen, die sich jetzt auf Nadel 3 befinden, sind für jede Größe unten aufgelistet:

Sockenmaschen	56	60	64	68	72
Fersenmaschen	28	30	32	34	36

Nadel 4 wird eine Weile nicht benutzt, und die M auf Nadel 1 und 2 sind stillgelegt, während man über Nadel 3 die Ferse strickt.

2. Jetzt genauso stricken wie die Fersenwand (rechter Fuß) ab Schritt 2 bis zum Ende.

VARIANTE – FERSE MIT SCHRÄGNAHT

Für den rechten Fuß wie unter Schritt 4A Punkt 1 (linke Spalte oben) die Maschen aufteilen. Die Fersenmaschen befinden sich jetzt auf Nadel 1 (wie in der oben stehenden Tabelle). Nur diese Maschen stricken.

1. 1. Reihe (HinR): Die erste M abheben dann rechts bis zu den letzten 3 M auf Nadel 1, 2 M re zus, 1 M re, wenden.

2. 2. Reihe: Die erste M abheben dann links bis zu den letzten 3 M, 2 M li zus, 1 M li, wenden.

3. Diese zwei Reihen wiederholen, bis noch 12 M übrig sind. In der zweiten Hälfte der Ferse werden die abgehobenen Maschen vom Anfang jeder vorigen Reihe wie folgt aufgenommen:

4. 1. Reihe (HinR): Die erste Masche abheben, bis Reihenende rechts, die abgehobene Masche der nächsten Reihe der ersten Hälfte aufnehmen und rechts stricken, wenden.

5. 2. Reihe: Die erste Masche abheben dann links bis Reihenende und die nächste abgehobene Masche der ersten Hälfte links stricken, wenden.

6. Diese zwei Reihen wiederholen, bis sich auf Nadel 1 wieder so viele Maschen wie zu Beginn befinden. Diese Maschen wieder auf Nadel 1 und 2 verteilen und laut Fußanleitung weiterarbeiten (bei dieser Art Ferse wird kein Zwickel gestrickt).

7. Den linken Fuß genauso arbeiten, für die Maschenaufteilung Schritt 4 B Punkt 1 (linke Seite) folgen.

SCHRITT 5 – FERSENKÄPPCHEN (FÜR BEIDE FÜSSE)

1. Für alle Größen wie folgt das Käppchen und fortlaufend das Hebemaschenmuster stricken. Wählen Sie innerhalb der Anleitung jeweils Ihre Größe anhand der ursprünglichen Maschenzahl an der Fessel: 56 [60] [64] [68] [72] M.

Die erste M abheben, die nächsten 16 [17] [18] [19] [21] M im Muster, die nächste Masche abheben, die nächste Masche rechts, dann die abgehobene Maschen darüberziehen, um eine Masche abzunehmen (⊿).

2. Wenden, die letzten 9 [10] [11] [12] [12] M nicht stricken. Die erste M abheben, 6 [6] [6] [6] [8] M li, dann 2 M li zus, um 1 M abzunehmen (⊿). Arbeit wenden.

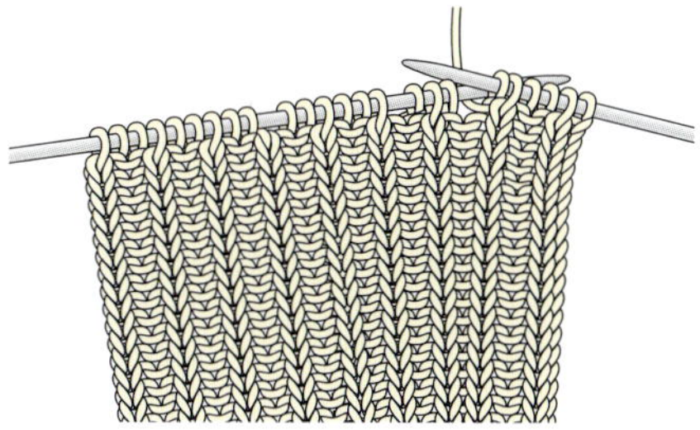

Es befinden sich jetzt je 9 [10] [11] [12] [12] M zu beiden Seiten der Abnahmen. Nach jeder Abnahme entsteht eine kleine Lücke, in den folgenden Reihen werden die 2 M zu beiden Seiten der Lücke zusammen gestrickt, um noch eine Masche abzunehmen, dabei wird die Lücke geschlossen.

3. In der nächsten Reihe die erste Masche abheben, im Muster bis zur Abnahme stricken, die nächste Masche abheben, die nächste Masche rechts, dann die abgehobene Masche darüberziehen, um noch eine Masche abzunehmen (⊿). Arbeit wenden.

4. In der nächsten Reihe die erste Masche abheben, dann links bis zur Abnahme, dann 2 M li zus, um 1 M abzunehmen (⊿). Arbeit wenden.

Es befinden sich jetzt je 8 [9] [10] [11] [11] M zu beiden Seiten der Abnahme, dazu die Maschen in der Mitte. Weiter auf diese Weise abnehmen (wie in der linken Spalte, Schritt 5 Punkt 2, beschrieben), die beiden Maschen an der Lücke zusammenstricken, bis alle Fersenmaschen aufgebraucht sind.

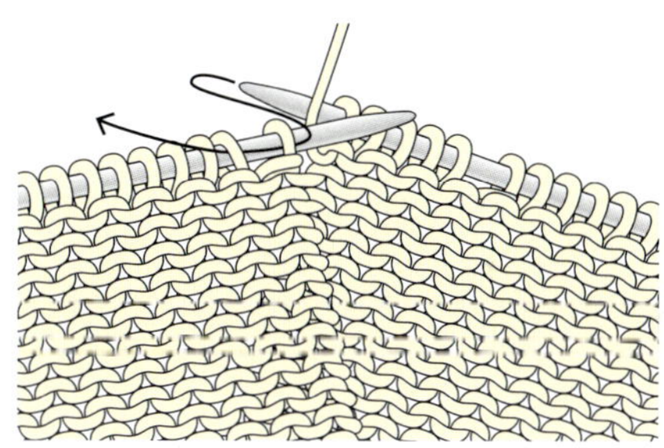

5. Die letzten 2 Reihen (Schritte 3 und 4) wiederholen, bis zu beiden Seiten der Abnahmen keine Maschen mehr übrig sind.

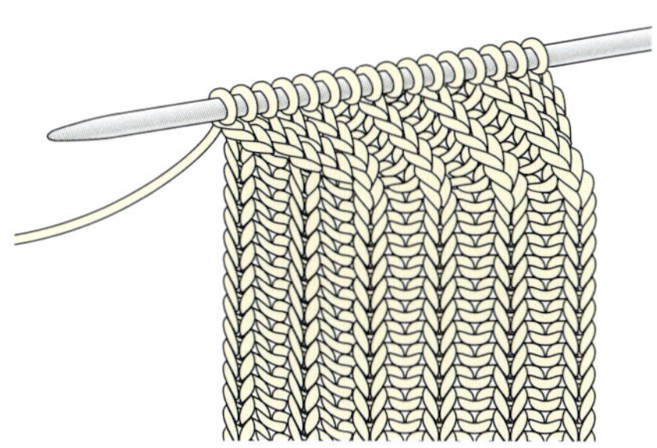

SCHRITT 6 – DER SPANN/ZWICKEL

Jetzt werden Maschen aus den Randmaschen an den seitlichen Rändern der Fersenwände aufgenommen, dabei von rechts nach links arbeiten. Wichtig ist es, die Nadel unter beide Maschenglieder einzustechen (und nicht bloß unter eines), da so eine ordentliche Linie entsteht, ohne hässliche Lücken.

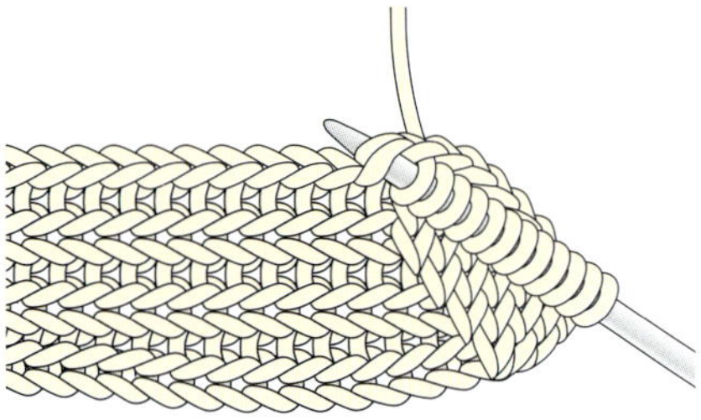

1. Mit dem Arbeitsfaden und der leeren Nadel (ab jetzt Nadel 1) die 8 [8] [8] [8] [10] Fersenmaschen rechts stricken.

2. 14 [15] [16] [17] [18] M aus den Randmaschen der ersten Seite der Fersenwand aufnehmen.

3. Damit vor den Maschen auf der nächsten Nadel keine Lücke entsteht, 1 zusätzliche Masche aufnehmen.

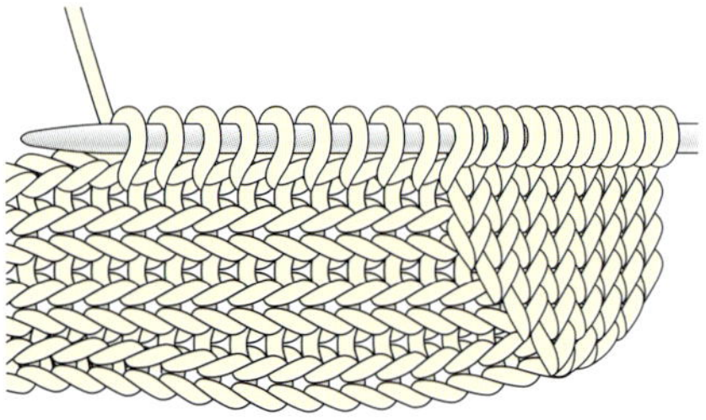

4. Mit Nadel 2 die M auf der nächsten Nadel abstricken.

5. Mit Nadel 3 die M auf der nächsten Nadel abstricken.

6. Mit Nadel 4 1 Masche direkt nach den gerade gestrickten Maschen aufnehmen (damit vor der Ferse keine Lücke entsteht), dann 14 [15] [16] [17] [18] Maschen aus den Randmaschen der anderen Seite der Fersenwand aufnehmen.

7. 4 [4] [4] [4] [5] Fersen-M noch einmal stricken, sodass die Runde in der Fersenmitte endet.

8. Es sollten jetzt 64 [68] [72] [78] [82] M sein, verteilt wie folgt:

Ursprüngliche Maschenzahl an der Fessel	56	60	64	68	72
Spannmaschen	64	68	72	78	82
Maschen auf Nadel 1 und 4	18	19	20	22	23
Maschen auf Nadel 2 und 3	14	15	16	17	18

Jetzt wie folgt abnehmen:

9. Bis zu den letzten 3 M auf Nadel 1 rechts, 1 M abheben, 1 M re, die abgehobene M darüberziehen, um 1 M abzunehmen (◺), 1 M rechts.

10. Alle M auf Nadel 2 und 3 rechts.

11. Die erste M auf Nadel 4 rechts, dann 2 M re zus, um 1 M abzunehmen (◿), dann rechts bis Rundenende.

12. Eine Runde ohne Abnahmen stricken.

13. Die letzten 2 Runden wie in Schritten 9–12 beschrieben wiederholen, bis wieder dieselbe Maschenzahl auf den Nadeln ist wie zu Beginn der Ferse.

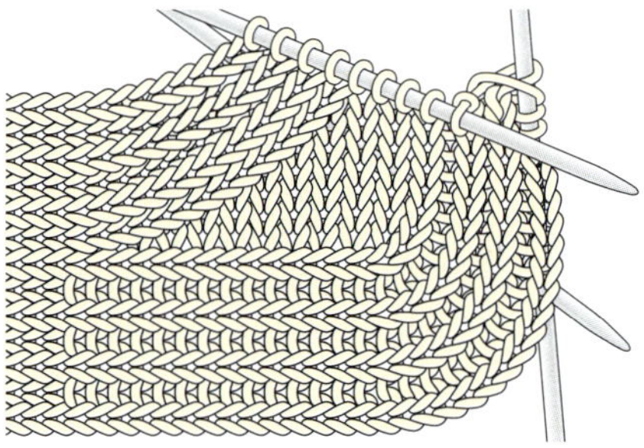

SCHRITT 7 – DEN FUSS BEENDEN

Den Fuß weiter glatt rechts stricken, bis er den kleinen Zeh halb bedeckt (auf einer Linie mit dem Gelenk des großen Zehs).

Zählen Sie, wie viele Runden bis jetzt gestrickt wurden und notieren Sie die Zahl, damit der zweite Strumpf exakt gleich lang wird.

SCHRITT 8 – SPITZE

VARIANTE 1 – STERNCHENSPITZE

Die Sternchenspitze wird glatt rechts gearbeitet, die Abnahmen erfolgen jeweils in der Mitte und am Ende jeder Nadel.

1. Mit 56 [60] [64] [68] [72] M, (14 [15] [16] [17] [18] M pro Nadel), *5 [5] [6] [6] [7] M re, 2 M re zus (◿), bis zu den letzten 2 M auf der Nadel rechts, 2 M re zus (◿); ab * auf jeder Nadel bis Rundenende wiederholen, insgesamt 8 M abgenommen. 5 [5] [6] [6] [7] Runden rechts.

2. Nächste Runde: *4 [4] [5] [5] [6] M re, 2 M re zus(◿), bis zu den letzten 2 M auf der Nadel rechts, 2 M re zus (◿); ab * bis Rundenende wiederholen. 4 [4] [5] [5] [6] Runden rechts.

3. Nächste Runde: *3 [3] [4] [4] [5] M re, 2 M re zus (◿), bis zu den letzten 2 M auf der Nadel rechts, 2 M re zus (◿); ab * bis Rundenende wiederholen. 3 [3] [4] [5] [6] Runden rechts.

4. Wie in Schritt 3 weiterstricken, dabei in jeder Abnahmerunde 1 M weniger vor den Abnahmen stricken, bis noch 8 M übrig sind.

5. Den Faden abschneiden, dabei einen langen Rest stehen lassen. Die Wolle auf einer Stopfnadel durch die Maschen fädeln, auf die linke Seite ziehen und dann mit ein paar Stichen vernähen.

6. Fäden auf der linken Seite vernähen und abschneiden.

VARIANTE 2 – BANDSPITZE

Die Bandspitze wird glatt rechts gearbeitet, mit Abnahmen jeweils am Ende der ersten und dritten Nadel sowie am Anfang der zweiten und vierten Nadel.

1. Die Maschen auf Nadel 1 abstricken. Das ist jetzt der neue Rundenbeginn, daher wird die nächste Nadel zu Nadel 1. Wenn gewünscht, können Sie diesen neuen Rundenbeginn mit einem Maschenmarkierer oder einem Wollrest markieren.

2. Abnahmerunde: Auf der ersten und der dritten Nadel bis zu den letzten 3 M stricken, 2 M re zus (◿), letzte M re. Auf der zweiten und vierten Nadel die erste M rechts, die nächste M abheben, die nächste M rechts und die abgehobene M darüber ziehen (◿). 52 [56] [60] [64] [68] M.

3. Die Abnahmerunde noch weitere 2 [2] [3] [4] [5] Mal wiederholen. 44 [48] [48] [48] [48] M.

4. 1 Runde rechts stricken, dann die Abnahmerunde wiederholen. 40 [44] [44] [44] [44] M.

5. Die letzten 2 Runden wiederholen, bis noch 8 [12] [12] [12] [12] M übrig sind.

6. Den Faden abschneiden, dabei einen langen Rest stehen lassen. Die Wolle mit einer Stopfnadel durch die Maschen fädeln, auf die linke Seite ziehen und dann mit ein paar Stichen vernähen.

7. Fäden auf der linken Seite vernähen und abschneiden.

Variante 1

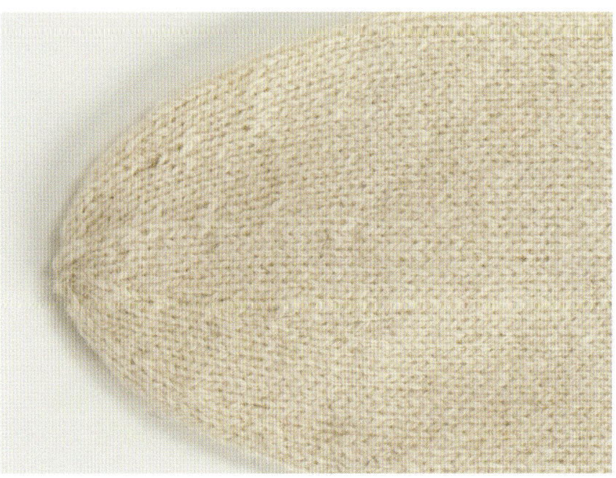

Variante 2

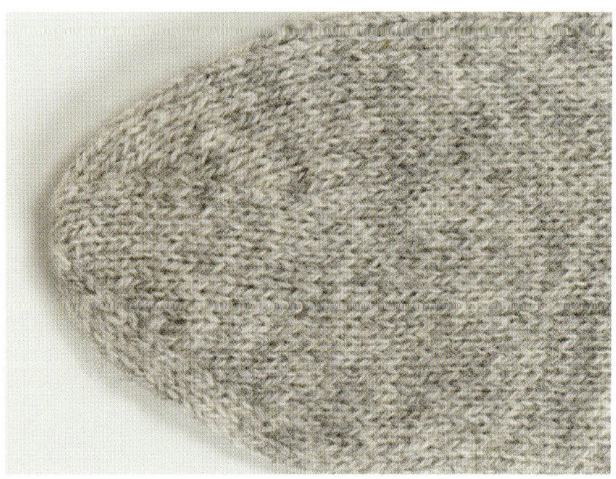

BÜNDCHENTECHNIKEN

PICOTKANTE

1. 5 Runden (oder so viele Runden wie angegeben) rechts stricken.

2. Folgende Runde: Fortlaufend [2 M re zus, U].

Durch die Umschläge entsteht eine Lochreihe. An dieser Reihe wird später die Arbeit umgeschlagen.

3. Noch 5 Runden (oder so viele Runden wie angegeben) rechts stricken.

4. Die Arbeit an der Lochreihe umschlagen, sodass der Maschenanschlag direkt hinter den Nadeln liegt.

5. In der folgenden Runde fortlaufend 1 Masche der linken Nadel exakt mit der entsprechenden Masche des Maschenanschlags rechts zusammenstricken. Dazu die Masche des Maschenanschlags mit der rechten auf die linke Nadel heben, dann diese und die folgende Masche zusammen rechts abstricken.

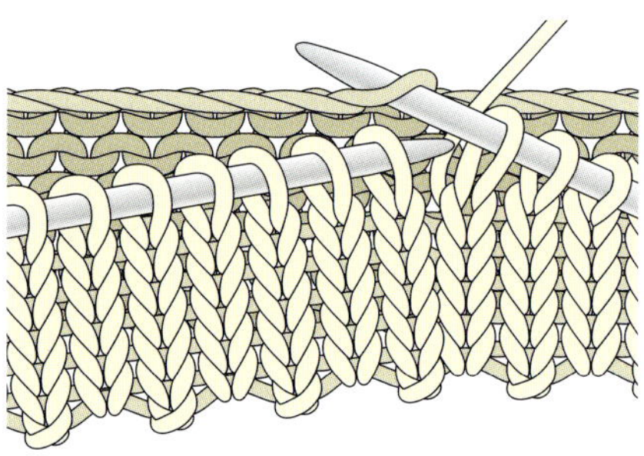

Bis zum Rundenende wiederholen. Damit ist das Bündchen mit Picotkante fertig.

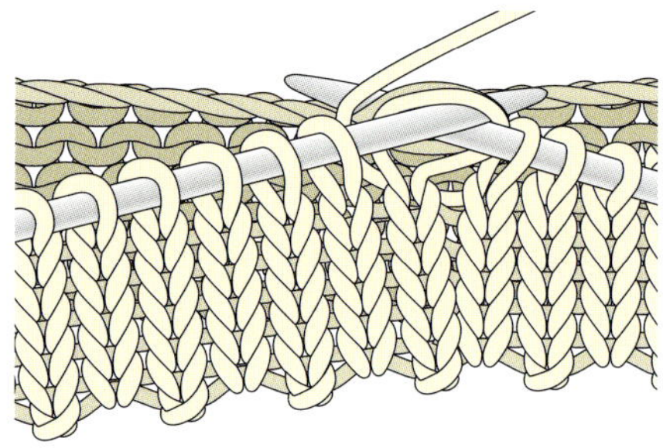

Darstellung der Picotkante in der Strickschrift.

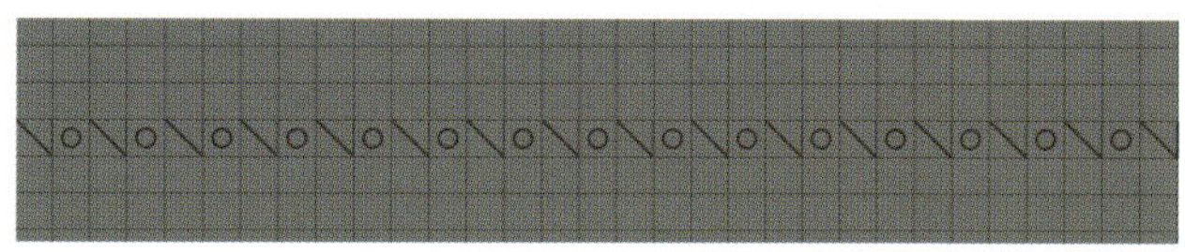

KRAUSRECHTES BÜNDCHEN

Nach dem Anschlag die erste Runde links, die zweite Runde rechts stricken, die dritte links und die vierte rechts. Dann laut der Modellanleitung weiterarbeiten.

Darstellung des krausrechten Bündchens in der Strickschrift.

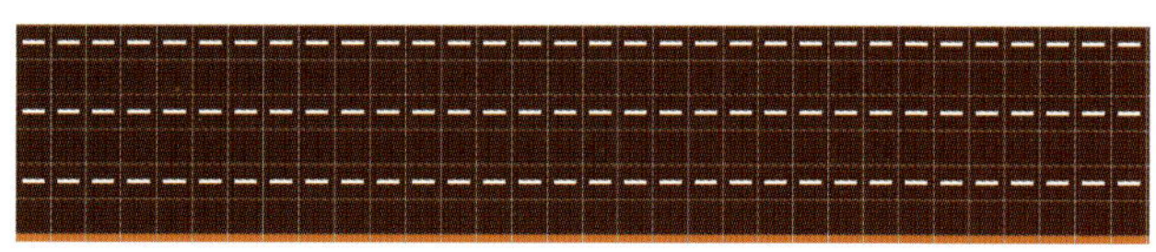

LETTISCHE FLECHTBORTE

Diese wird in 2 Farben über 2 Runden gestrickt.

1. Eine Farbe A und eine Farbe B auswählen.

2. 1. Runde: *1 M re in Farbe A, 1 M re in Farbe B, ab * fortlaufend wiederholen.

3. Beide Arbeitsfäden zwischen den Nadeln nach vorn vor die Arbeit legen.

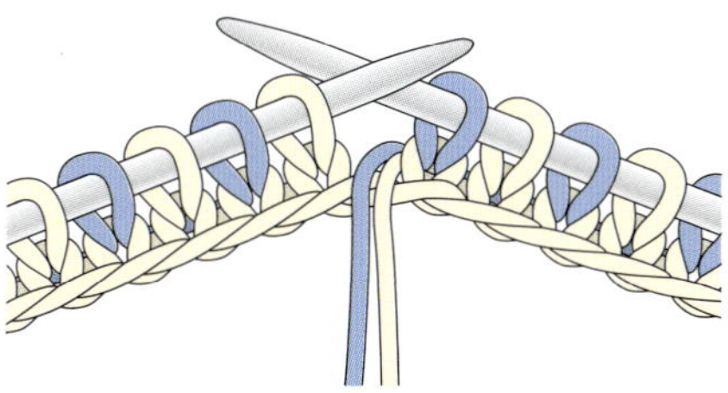

4. Die 2. Runde in der gleichen Farbfolge links stricken: *1 M li in Farbe A, 1 M li in Farbe B; ab * fortlaufend wiederholen. Dabei für den Zopfeffekt die nächste Farbe stets über den Faden legen, mit dem die vorige Masche gestrickt wurde.

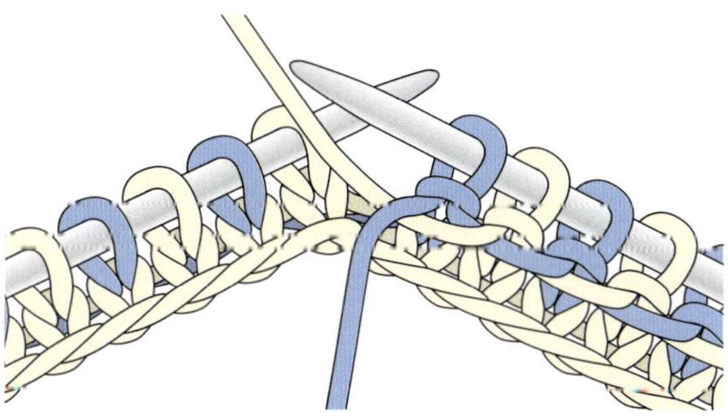

5. Für die Flechtborte Schritt 4 wiederholen, aber jedes Mal die nächste Farbe unter den Faden legen, mit dem die vorige Masche gestrickt wurde.

6. Beide Fäden zwischen den Nadeln hinter die Arbeit legen. Eine Runde in der Grundfarbe des Musters stricken, dann weiter nach der Strickschrift arbeiten.

Die lettische Flechtborte in der Strickschrift:

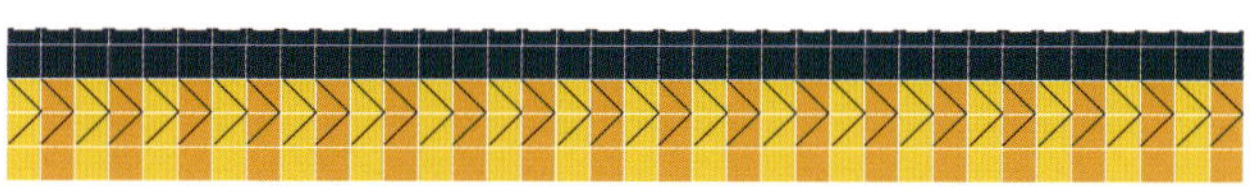

KNÄUEL TRENNEN

Wird gleichzeitig mit zwei oder mehr Farben gearbeitet, müssen die Knäuel auseinandergehalten werden, damit sie sich nicht verwirren. Am besten man platziert ein Knäuel rechts und eines links vor sich.

Das nicht benutzte Garn stets locker hinter der Arbeit mitführen, bis es wieder benötigt wird. Nicht zu fest anziehen, sonst verzieht sich das Gestrick.

Für die Farbwechsel eine Farbe auswählen, die immer von oben zugeführt wird, und eine, die immer von unten zugeführt wird. Wird diese Reihenfolge während der gesamten Strickarbeit beibehalten, sieht das Einstrickmuster ordentlich und gleichmäßig aus.

SPANNEN

Wenn die Socken, Strümpfe oder Stulpen fertig gestrickt sind, sollte man sie spannen, um das Maschenbild zu glätten. Eine Seite des Gestricks mit kaltem Wasser einsprühen, bis es durchfeuchtet, aber nicht tropfnass ist. Das Wasser mit den Händen sanft in die Maschen drücken, dann flach in Form feststecken oder auf Sockenbrettern trocknen lassen. Wenn die Socken etwas gedehnt werden müssen, damit sie passen, in der gewünschten Größe feststecken und trocknen lassen.

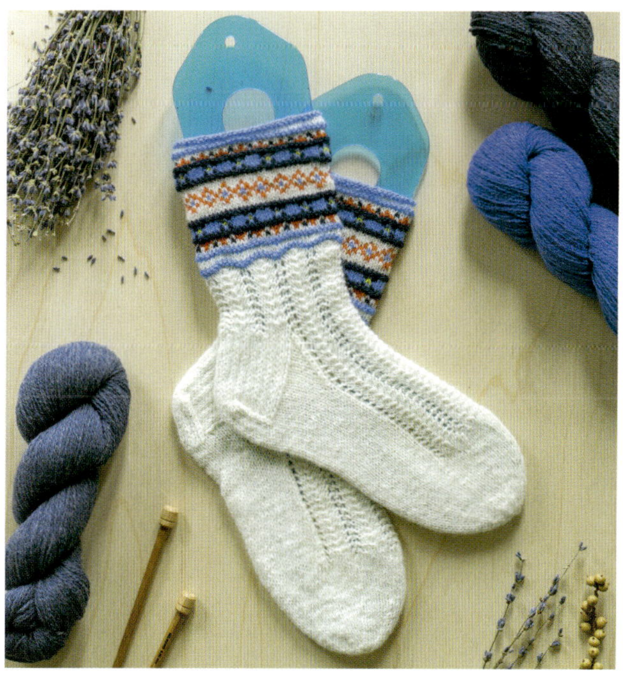

ÜBER DIE AUTORIN

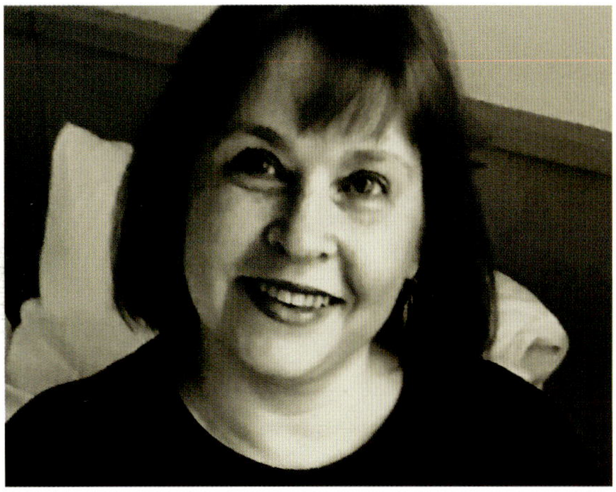

Ieva Ozolina ist die Gründerin der »Knit like a Latvian«-Marke von Stricksets und Büchern. Mit 14 Jahren lernte sie stricken und ist seither eine passionierte Strickerin.

Ieva ist mit ihren Stricksets auf über 40 internationale Messen und Ausstellungen gereist, um ihre geliebten lettischen Socken, Fäustlinge und andere lettische Stricktraditionen weltweit bekannter zu machen.

2009 gründete sie zusammen mit ihrem Mann Maris das Strick- und Wollgeschäft Hobbywool.

Ieva lebt in Riga, der lettischen Hauptstadt, einem wunderschönen UNESCO-Weltkulturerbe. Dort findet man auch ihren Laden Hobbywool.

Sie sind jederzeit willkommen!

QUELLEN

Ģibiete, Lia Mona (2017). Suitu rakstainās zeķes. Lettisches Nationales Kulturzentrum

Jansone, Aija (2008). Dzīvā cimdu un zeķu adīšanas tradīcija Vārkavā. Riga, Lettland: Zinātne

Jansone, Aija (2011). Rucavas rakstaino adījumu mantojums. Riga, Lettland: Zinātne

Karnups Adolfs (1939). Novadu tērpi. Jelgava, Lettland: Latvijas pilsētu savienības izdevums

Slava, Mirdza (1990).Latviešu rakstainie cimdi. Riga, Lettland: Zinātne

Latvijas Vēstures Muzejs (1995-1997-2003). Latviešu tautas tērpi (drei Bücher). Riga, Lettland: Lettisches Nationalmuseum für Geschichte

WEITERE QUELLEN

Das Lettische Ethnographische Freilichtmuseum (EBM)

Heimat- und Kunstmuseum Madona (MNM)

Museum des Kreises Kuldiga (KNM)

Liepaja Museum (LM)

Dank

Zuallererst möchte ich all den Lettinnen danken, die seit Jahrhunderten gestrickt und unsere Traditionen lebendig gehalten haben. Durch sie sind uns die schönsten Strickmuster überliefert.

Ich möchte der Cheflektorin Sarah Callard danken, die mir die Chance gegeben hat, dieses Buch zu schreiben.

Ein besonderer Dank geht an Betija Markusa, die die Musterzeichnungen angefertigt hat und mir bei der Entstehung dieses Buches die größte Hilfe war.

Dank an Dr. hist. Aija Jansone, deren Bücher und immenses Wissen über lettische Stricktraditionen mich zu meinen eigenen Stricksets und auch zu diesem Buch inspiriert haben, an Lia Mona Gibiete für Inspiration und Ratschläge zur Stricktechnik der Suiti Socken, an Jolanta Medina vom Museum des Kreises Kuldiga für all ihre Unterstützung, Sandra Lipska, Lubov Yakimova, Henisa Silina, Zinta Blanka, Solvita Cipruse, Dina Gravite, Sigita Lielpetere und Inta Zile für ihre Hilfe beim Stricken.

Danke Iveta Kulina von Hobbywool für die Hilfe beim Entstehen dieses Buchs.

Und last but not least einen GROSSEN Dank an meine liebe Familie für ihre Unterstützung.

REGISTER

HERSTELLERANGABEN

Die 2-fädigen Hobbywool-Garne aus reiner Schurwolle werden in Lettland hergestellt und sind ideal für das Stricken von Socken und Fäustlingen. Alle Garne bestehen aus reinen Naturfasern. Bei Hobbywool finden Sie eine breite Farbpalette von Erdfarben bis zu leuchtenden Farbtönen.

Alle Hobbywool-Garne und anderes Strickzubehör sind direkt erhältlich bei:

www.hobbywool.com

David and Charles is an imprint of David and Charles, Ltd
1 Emperor Way, Exeter Business Park, Exeter, EX1 3QS

First published in the UK and USA in 2019

Titel der Originalausgabe: Knit like a Latvian ... socks

Bibliografische Information der Deutschen Nationalbibliothek
Die Deutsche Nationalbibliothek verzeichnet diese Publikation in der Deutschen Nationalbibliografie; detaillierte bibliografische Daten sind im Internet über http://dnb.d-nb.de abrufbar.

Übersetzung aus dem Englischen: Christine Heinzius
Satz und Redaktion der deutschen Ausgabe: Verlags- und Redaktionsbüro München, www.vrb-muenchen.de

Wir produzieren unsere Bücher mit großer Sorgfalt und Genauigkeit. Trotzdem lässt es sich nicht ausschließen, dass uns in Einzelfällen Fehler passieren. Unter www.stiebner.com/errata/2091-1.html finden Sie eventuelle Hinweise und Korrekturen zu diesem Titel. Möglicherweise sind die Korrekturen in Ihrer Ausgabe bereits ausgeführt, da wir vor jeder neuen Auflage bekannte Fehler korrigieren. Sollten Sie in diesem Buch einen Fehler finden, so bitten wir um einen Hinweis an verlag@stiebner.com. Für solche Hinweise sind wir sehr dankbar, denn sie helfen uns, unsere Bücher zu verbessern.

ISBN: 978-3-8307-2091-1
Printed in the EU
www.stiebner.com